职业院校公共基础课系列教材

大学生心理健康教育

主　编	刘晰凝	李雅莉	于　洋
副主编	柏晓娅	赵　丽	郑　迎
参　编	刘博涵	任雅萱	戴　烨
	焦义丛	敬灵敏	

西安电子科技大学出版社

内 容 简 介

本书共三个部分，分别为心理健康教育理论、大学生自我认知和大学生心理调节与培养。其中，心理健康教育理论包括大学生心理健康概述和大学生心理咨询与心理治疗两个项目；大学生自我认知包括大学生的自我意识和大学生的健全人格两个项目；大学生心理调节与培养包括大学生的情绪健康、大学生人际交往、大学生恋爱心理及性心理、大学生学习心理健康、大学生家庭与个人成长、大学生心理危机与危机干预等六个项目。书中通过理论阐述与案例分析相结合的形式，培养大学生在学习、人际交往、情感、家庭观念等方面重视心理健康的科学观念，帮助大学生掌握心理调节的基本技巧。

本书既可作为职业院校"心理健康教育"公共课的教材，也可作为相关人员了解大学生心理健康知识的参考书，还可作为青少年提高自身心理素质的自学用书。

图书在版编目(CIP)数据

大学生心理健康教育/刘晰凝，李雅莉，于洋主编. --西安：西安电子科技大学出版社，2023.8(2024.8重印)
ISBN 978 - 7 - 5606 - 6962 - 5

Ⅰ. ①大… Ⅱ. ①刘… ②李… ③于… Ⅲ. ①大学生－心理健康－健康教育
Ⅳ. ①G444

中国国家版本馆 CIP 数据核字(2023)第 138683 号

策 划 杨航斌 刘小莉
责任编辑 刘小莉
出版发行 西安电子科技大学出版社(西安市太白南路 2 号)
电 话 (029)88202421 88201467 邮 编 710071
网 址 www. xduph. com 电子邮箱 xdupfxb001@163.com
经 销 新华书店
印刷单位 陕西天意印务有限责任公司
版 次 2023 年 8 月第 1 版 2024 年 8 月第 5 次印刷
开 本 787 毫米×1092 毫米 1/16 印 张 14.5
字 数 344 千字
定 价 48.00 元

ISBN 978 - 7 - 5606 - 6962 - 5

XDUP 7264001 - 5

* * * 如有印装问题可调换 * * *

前　言

　　新时代为大学生提供了前所未有的发展机遇，同时也使大学生面临着更加激烈的竞争和挑战。大学生是民族振兴、国家富强的重要生力军，他们的自我定位高、成才愿望强烈，但他们的心理尚未完全成熟、稳定，心理承受和适应能力相对较弱。健康的心理素质是大学生顺利完成学业，解决各种生活、工作问题和获取最大发展的前提。因此，加强大学生的心理健康教育，完善心理健康教育课程设置，不仅有利于培养大学生坚韧不拔的心理素质，而且对实现中华民族伟大复兴的"中国梦"也具有重要意义。

　　心理素质是大学生最重要的素质之一，是大学生全面发展的中介和载体，也是他们健康成长、成才的基础和保证。加强和改进大学生心理健康教育是新形势下全面贯彻党的教育方针、推进素质教育的重要举措，是促进大学生健康成长、培养高素质合格人才的重要途径，是加强和改进大学生思想政治教育的重要任务。

　　党的二十大报告提出"推进健康中国建设""把保障人民健康放在优先发展的战略位置，完善人民健康促进政策"，其中提到要"重视心理健康和精神卫生"。为深入贯彻落实习近平总书记关于学生心理健康工作的重要指示批示和全国教育大会精神，进一步加强和改进新时代大学生心理健康教育，不断增强大学生心理健康教育工作的针对性和实效性，着力提升大学生心理健康素质，我们结合大学生心理健康教育工作实际，组织在高校长期从事心理教育和研究的教师编写了本书。

　　本书兼具理论性、实践性和可操作性，以心理健康知识的基本理论为基础，紧紧围绕大学生人格养成和完善过程中经常遇到的心理问题，通过对心理健康知识理论和简单实用的心理调适方法的介绍，帮助大学生更好地认识自我，并能够及时对可能发生的心理问题进行必要的预防，从而增强心理健康自我教育的自觉性、主动性和积极性，提升心理健康自我教育的能力。

　　本书由刘晰凝、李雅莉、于洋担任主编并统稿，柏晓娅、赵丽、郑迎担任副主编，刘博涵、任雅萱、戴烨、焦义丛、敬灵敏参与编写，具体编写分工如下：项目一、项目二由刘晰凝编写，项目三、项目五由李雅莉、柏晓娅、郑迎、刘博涵编写，项目四由于洋、赵丽编写，项目六、项目七由刘晰凝、任雅萱、戴烨、焦义丛编写，项目八、项目九、项目十由刘晰凝、柏晓娅、刘博涵、敬灵敏编写。

　　由于编者水平有限，书中难免存在不足之处，恳请广大读者批评指正。

编　者

2023 年 3 月

目录
CONTENTS

第三部分 大学生心理调节与培养

第一部分

心理健康教育理论

项目一 大学生心理健康概述

⬤ 项目要点

· 健康与心理健康的含义
· 大学生心理健康的标准

⬤ 学习目标

通过本章的学习，了解健康和心理健康的基本概念，了解心理健康的等级，掌握心理健康的标准，了解常见的心理问题，掌握维护心理健康的途径，并能够自觉进行心理调适。

⬤ 案例导入

早在半个多世纪之前，心理学家荣格就提醒人们，要防止远比自然灾害更危险的人类心理疾病的蔓延。他认为，随着人们对外部空间的拓展，人们对心灵的提升却停滞了；人们在智力方面收获过剩，在心灵方面却沦丧殆尽。世界卫生组织有关专家也断言："从现在到 21 世纪中叶，没有任何一种灾难能像心理危机那样带给人们持续而深刻的痛苦。"心理健康问题已成为"世纪性"问题，抑郁症被世界卫生组织称为"世纪病"。还有更多的人，虽然表面看起来一切正常，但内心也在默默承受着越来越大的心理压力。

随着我国经济水平的快速发展，人们的物质生活水平迅速提高，人们在追求身体健康的同时，也开始关注心理健康。大学生有许多特有的、需要认真面对的问题，如对新的学习环境与任务的适应问题、理想与现实的冲突问题、人际关系的处理问题等。大学生作为思想最活跃、感受最灵敏、对自己期望很高但对挫折的承受力不强的一个群体，心理健康问题相较于其他社会群体显得尤为突出。习近平总书记在党的二十大报告中要求"广大青年要坚定不移听党话、跟党走，怀抱梦想又脚踏实地，敢想敢为又善作善成，立志做有理想、敢担当、能吃苦、肯奋斗的新时代好青年，让青春在全面建设社会主义现代化国家的火热实践中绽放绚丽之花。"对于大学生而言，心理健康更是其学业、生活的基础。因此，掌握心理健康知识，及时调整不良心理状态，提高心理健康水平，已经成为高等教育和大学生自身成长过程中的一项重要任务。

第一节　心理健康概述

健康的心理是一个人全面发展必须具备的条件和基础，优良的心理素质在大学生整体素质的提高中有着举足轻重的作用，因此大学生首先应该具备优良的心理素质。

一、心理健康及其发展

心理健康（Mental Health）也称为精神卫生，一般而言是指心理幸福安宁的状态。关于心理健康更准确的定义，在后面还将进一步介绍。通常心理健康状态可以大致分为四类：心理健康、心理困扰、心理问题和心理疾病。若以积极心理学或全观的观点来看，心理健康也包括一个人有能力去享受生活，在生活的多样活动及努力中取得平衡，以达到心理弹性。

近年来，人们越来越意识到心理健康在实现全球发展目标中的重要作用，将心理健康纳入可持续发展目标就是例证。研究数据显示，抑郁症是导致残疾的主要原因之一，自杀是15～29岁人群的第四大死因，与此同时，患有严重精神健康疾病的人比没有患有严重精神健康疾病的同龄人平均寿命要短。因此，早在2019年，世界卫生组织就启动了精神卫生特别倡议（2019—2023年）：精神卫生全民健康覆盖，以确保在12个重点国家向另外1亿人提供优质和负担得起的精神卫生服务。

新时代我国心理健康教育发展可期，但任重而道远。《中华人民共和国国民经济和社会发展第十四个五年规划和2035年远景目标纲要》明确要求"完善心理健康和精神卫生服务体系""加强儿童心理健康教育和服务""健全社会心理服务体系和危机干预机制"。这是进一步推动我国心理健康教育蓬勃发展，构建幸福校园、和谐社会、健康中国的新思维、新格局、新方向。

针对青少年的心理健康，教育部办公厅印发《关于加强学生心理健康管理工作的通知》（教思政厅函〔2021〕10号），要求进一步提高学生心理健康工作的针对性和有效性，切实加强专业支撑和科学管理，着力提升学生心理健康素养。同时通知中也提到，将心理健康教育纳入校本课程，加大教师心理健康教育培训力度，高校按师生比例不低于1∶4000的比例配备心理健康教育专职教师等。

知识拓展1

二、大学生心理健康现状

随着我国社会经济发展速度的加快，急剧的社会变迁和社会问题引发的心理问题也日益增多，心理障碍和精神疾病已经成为影响人们健康的主要因素之一。近年来，中国教育发展迅速，各类高等学校大规模扩招，大学教育已从精英教育转变为大众教育。大多数青年有机会进入大学学习，大学生不再是"天之骄子"，而回归于普通与平凡；大学生活不再是梦想之旅，而要更多地承载理想与现实的冲突；大学校园也不再是"象牙塔"和世外桃源，而是一块真正的磨刀石。社会问题和矛盾对大学生的精神生活所产生的冲击，会引发各种各样的心理问题。

大学阶段是人生发展的转折期和关键期，大学生作为文化层次较高的年轻群体，富有理想和激情，具有创造性和挑战性，具备理性，内心敏感，情感丰富，但是，面对瞬息万变的社会环境、日趋激烈的社会竞争以及来自学习、专业、就业、经济和情感等诸多方面的问题，他们往往不知所措，加之人生阅历较少，容易产生各种不良的心理反应和心理问题，甚至罹患心理疾病。

近年来，对大学生心理状况的调查研究结果表明，我国当代大学生的心理健康状况不尽如人意，有相当数量的在校大学生存在不同程度的心理健康问题，有的已经发展为不同程度的心理障碍，如屡见报端的大学生伤害同学案件、在校大学生因心理问题而跳楼的事件等。当代大学生的心理健康问题引起了社会各界的广泛关注，这不仅对我国高等教育提出了严峻的考验，而且对构建和谐社会也形成了严峻的挑战。

当代大学生的心理素质不仅影响到他们自身的发展，而且关系到全民族素质的提高。一项关于当代人主要素质的调查表明，一些人不能适应社会进步和发展的需要，其最欠缺的是心理素质，具体表现为意志薄弱，缺乏挫折承受能力、适应能力和自理能力，缺乏竞争意识和危机意识，缺乏自信心，依赖性强等。究其原因，与教育不重视人的心理素质的培养与塑造有关。在大学生中，有人因自我否定、自我拒绝而几乎失去从事一切活动的愿望和信心；有人因考试失败或恋爱受挫而产生轻生念头或自毁行为；有人因现实不理想而玩世不恭或万念俱灰；有人因人际关系不和谐而逃避群体，自我封闭。大量调查表明，目前影响我国大学生健康成长的主要原因是心理障碍，精神疾病已成为大学生的主要疾病，具体表现为焦虑、强迫、抑郁和情感危机、神经衰弱等。

大学生心理问题概括起来可以分成两大类：一类是成长性心理问题，有心理障碍倾向但并不严重，大学生的心理问题主要表现为此类问题；另一类则是障碍性心理问题，即出现了程度不等的心理障碍。成长性心理问题主要包括：① 环境改变与心理适应的问题；② 学习心理调适不当而出现的心理问题；③ 情绪控制、自我认知、人格发展、意志品质相对较弱而造成的人际交往、恋爱、性心理等方面出现的心理与行为偏差等。障碍性心理问题主要包括：① 严重的心理异常，如精神分裂症、躁狂抑郁性精神病、偏执性精神病、反应性精神病、病态人格和性变态等；② 轻度的心理异常，如神经衰弱、癔症、焦虑症、强迫症、疑病症、抑郁症等；③ 心身障碍，如与躯体疾病伴发的精神障碍，包括肝、肺、心、肾、血液等内脏疾病，内分泌疾病，周期性精神病等。

三、健康与心理健康

（一）健康观念的演变

1. 传统健康观

健康是人类生存和发展的基础。那么，什么是真正的健康呢？近代西方医学的生物医学模式从生物学的角度界定了健康和疾病。在生物医学模式下，传统的健康是指没有躯体疾病，即没有临床症状，临床测量、体格检查和各项生物学指标均正常。生物医学模式下的传统健康观不仅把人的身体与心理割裂开来，也忽视了人的社会性，没有考虑心理社会因素对人的健康的影响，因而这一健康概念是片面的、不完整的。

2. 现代健康观

随着社会的发展，影响人类健康的因素逐渐多元化，疾病谱和死亡谱发生了很大的变化，人们对健康的认识也随之发生了改变，健康观念也由传统的身体健康发展为现代的整体健康。

1948年世界卫生组织成立时，在宪章中把健康定义为："健康乃是一种身体、心理和社会适应功能上的完好状态，而不仅仅是没有疾病和虚弱的状态。"1977年美国学者恩格尔在《科学》杂志上发表的论文中提出要用一种新的医学模式(生物—心理—社会模式)取代传统的生物医学模式，认为健康和疾病是生物、心理、社会因素相互作用的结果，要从这三者的相互作用中把握人的健康和疾病问题。1989年世界卫生组织又将健康的定义修改为："健康不仅仅是身体没有缺陷和疾病，而是身体、心理、社会适应和道德上的完好状态。"

世界卫生组织还对健康的具体内容提出了十条标准：

(1) 有充沛的精力，能从容不迫地担负起日常生活和工作的压力，而不感到过分疲劳和紧张。

(2) 态度积极，乐于承担责任，事无巨细不挑剔。

(3) 精神饱满，情绪稳定，善于休息，睡眠良好。

(4) 能适应外界环境的各种变化，应变能力强。

(5) 能抵抗一般性感冒和传染病。

(6) 体重得当，身体匀称，站立时头、肩、臀的位置协调。

(7) 眼睛明亮，反应敏捷，眼睑不发炎。

(8) 牙齿清洁，无空洞，无痛感，无出血现象，牙齿和牙龈颜色正常。

(9) 头发有光泽，无头屑。

(10) 肌肉和皮肤有弹性，走路轻松协调。

由此可见，现代健康概念包含身体健康、心理健康和社会适应三个方面的内涵。健康与疾病就是个体的生理、心理与社会环境相互作用过程中的平衡与失衡的状态，对于健康和疾病，生理、心理和社会具有同等重要的作用。心理与社会环境的相互作用，更多地反映了健康与疾病过程中的宏观变化过程，如人格特征、应对方式、生活事件、负性情绪等，而生理因素则反映了健康与疾病过程中的微观变化过程，如基因突变、组织细胞损伤、生理生化系统紊乱等。应该说，心理健康是身体健康的基础，身体健康是心理健康的有力保障，社会适应是联系心理健康和身体健康的重要桥梁，三者的和谐统一构成了人类健康的基础。

(二) 心 理 健 康

1. 心理健康的含义

对于什么是心理健康，迄今为止还没有一个统一的、公认的定义，心理健康的评判还受很多因素的影响，如种族、社会文化、宗教信仰等。国内外许多学者从各自不同的角度对心理健康进行了论述。

古希腊哲学家苏格拉底认为，人的正常状态与人的自我认识有关，即没有一个完全正常的人，因为自我认识永远无法完备，人格永远在不断发展中。而且，生活中的挫折不可避免，心理无时不在寻求平衡中，心理上的完美就是在变化中取得平衡，在平衡中寻求变化。

1946年，第三届国际心理卫生大会将心理健康定义为："所谓心理健康，是指在身体、智能以及情感上与他人的心理健康不相矛盾的范围内，将个人心境发展成最佳状态。"

《简明不列颠百科全书》将心理健康定义为："个体心理在本身及环境条件许可范围内所能达到的最佳功能状态，而不是绝对的十全十美。"

《心理学百科全书》对心理健康的定义是："心理健康也叫心理卫生，包括两方面含义。一是指心理健康的状态，即心理功能良好，没有心理疾病，能以正常稳定的心理状态和积极有效的心理活动，面对现实的、发展着的自然环境、社会环境和自身内在的心理环境，具有良好的调控能力、适应能力，保持切实有效的功能状态。二是指维护心理的健康状态，即有目的、有意识、积极自觉地按照个体不同年龄阶段身心发展的特点和规律，遵循相应的原则，有针对性地采取各种有效的方法和措施，营造良好的家庭环境、学校环境和社会环境，通过各种形式的宣传、教育和训练，以预防心理疾病，提高心理素质，维护和促进心理活动良好的功能状态。"

心理学家英格利希认为："心理健康是指一种持续的心理情况，当事者在那种情况下能进行良好的适应，具有生命的活力，并能充分发展其身心的潜能，这乃是一种积极的丰富的情况，而不仅仅是没有心理疾病。"

我国心理学家郭念锋等人认为："心理健康，最概括、最一般地说，是指人的心理，即知、情、意活动的内在关系的协调，心理的内容与客观世界保持统一，并据此能促使人体内外环境平衡和促使个体与社会环境相适应的状态，由此不断地发展健全的人格，提高生活质量，保持旺盛的精力和愉快的情绪。"

综上所述，我们认为，心理健康是一种持续的、生活适应良好的状态，在这种状态下，个体的认识活动、情绪反应和意志行为均处于积极状态，具有适当的自我调控能力，并能充分发挥其身心潜能，达到心理上的完美。

2. 心理健康的标准

世界心理卫生联合会1946年提出了心理健康的具体标准，即身体、智力、情绪十分调和；适应环境，人际交往中能彼此谦让；有幸福感；在学习和工作中，能充分发挥自己的能力，过着有效率的生活。

美国心理学家、人本主义创始人马斯洛从"自我实现者"理论的角度，提出了心理健康的15条标准：

（1）现实知觉良好，即能如实看待世界，而不是按自己的欲望和需要来看待世界。

（2）接纳自然、他人与自己，即能接受别人、自身及自然的不足与缺憾，而不会为这些缺憾所困扰。

（3）自发、坦率、真实，即行为坦诚、自然，没有隐藏或伪装自己的企图，除非这样一种直率的表现会伤害别人。

（4）以自身热爱的工作为中心，即热爱自己所从事的工作，工作起来刻苦、专注。

（5）有自立和独处的需要，即不靠别人来求得安全和满足，遇到问题时喜欢冷静、独立地思考，把解决问题的希望寄托在自己身上。

（6）在自然与社会文化环境中能保持相对的独立性，即无论在什么样的环境中都能独立地发挥思考的功能，并具有自制的能力。即使在碰到挫折、受到打击的情况下，也是这样。

（7）有持久的欣赏力，即对于某些经验，特别是审美体验，有着奇特而经久不衰的欣赏力，不会因事物的重复出现而为之烦恼，相反，却为能保留和享受这些美好回忆而欣慰不已。

（8）具有难以形容的高峰体验，即在人生中存在这样的体验，感受到强烈的陶醉、狂喜和敬畏情绪，感觉到极大的力量、自信和决断意向，甚至连平凡的日常活动也被夸大为无限美好、不可言喻。

（9）关注社会道德，即把帮助穷困受苦的人视为自己的天职，具有同世间所有的人同甘苦、共患难的强烈意识，能够千方百计地为他人利益着想。

（10）具有强烈的伦理道德观，绝不为达到某种个人目的而不择手段。

（11）人际关系深刻，即注重友谊和爱心，但交友的数目一般不多，同伴圈子较小。

（12）具有民主的性格结构，即谦虚待人，不存偏见，尊重别人的权利和个性，善于倾听不同意见。

（13）富于创造性，即具有同儿童天真的想象类似的倾向，具有独创、发明和追求革新的特点。

（14）处事幽默、风趣，即善于观察人世间的荒诞和不协调现象，并能以一种诙谐、风趣的方式将其恰当地表现出来，但绝不会把这种本领用于有缺陷的人身上，对不幸者总是寄予同情。

（15）反对盲目遵从，即对随意附和他人的观点和行为的人或事十分反感，有自己的主见，认定的事情就坚持去做，而不顾及传统的力量或舆论的压力。

我国学者黄坚厚 1982 年也提出了关于心理健康的 4 条标准：

（1）乐于工作，并能在工作中发挥智慧和能力，以获取成就和满足。

（2）乐于与人交往、建立良好关系，正面态度（如尊敬、信任、喜悦等）常多于反面态度（如仇恨、怀疑、憎恶等）。

（3）对自己有适当的了解并能悦纳自己。

（4）和环境有良好的接触，并能用有效的方法解决所遇到的问题。

第二节　大学生心理健康的标准

在校大学生的年龄一般为 18～24 岁。这个年龄段正是心理各要素逐渐成熟的重要时期，自我意识、独立人格、价值体系日趋完善。同时，大学生的整体心理机能尚未完全成熟，自我控制和自我调节能力还不强，所以当面临现实困境，诸如学习、考试、交友、爱情等问题时，往往会茫然不知所措，情绪波动很大，心理容易失衡。这种不良状态如不能及时得到改善，就会引起心理的不适应、焦虑和紧张，长久积累，则容易导致心理疾病及生理病症。

一、大学生心理健康状况

维护和促进大学生的心理健康，必须了解大学生心理健康状况，而要了解大学生心理健康状况，既要研究大多数正常学生的心理健康状况，也要考虑少数问题学生的心理健康状况。

1. 大学生心理健康现状

随着社会生活节奏的加快和竞争的加剧，大学生的心理负荷日益加重，在学习、生活、人际交往、自我意识和升学就业等问题上遇到的挫折越来越多，苦闷、孤独、焦虑、冷漠、抑郁等对大学生的困扰越来越大，甚至精神崩溃、自伤、自杀、杀人等恶性事件频频发生。有数据显示，16％～25.4％的大学生都存在着不同程度的心理障碍，其中最为困扰大学生的是焦虑、抑郁、强迫症、神经衰弱等症状，较严重的心理障碍者约占10％，严重心理异常者约占1％，且有逐年攀升之势。

2. 大学生心理健康的特点

（1）大学生心理健康水平符合正态分布的规律，多数人是健康的。

以心理健康的六个特征（生活态度、学习动机、自我观念、情绪状态、自控能力和人际关系）作为尺度编制调查问卷，对石家庄理工职业学院的672名大学生进行心理健康水平调查，结果发现得分是以"中间大，两头小"的正态规律分布的。此调查还发现，大学生心理健康水平随年级上升而提高，特别是生活态度与学习动机两项，年级越高则得分越多，只有人际关系一项在各个年级之间波动较大，这说明我国大多数大学生心理的发展是健康的。

（2）大学生心理健康的主要问题是成长和发展中的矛盾。

大学时期是个人成长过程中又一次面临新的心理矛盾发生、转化而趋向成熟的时期。这个时期产生的心理矛盾有环境适应问题、学习问题、人际关系问题、自我观念问题、恋爱和性的问题，还有进一步升学和就业的问题，这些问题是每一个大学生都会面临的。

大学生从入学开始就面临对环境的适应问题。他们离开家庭，离开中学时熟悉的老师和同学，进入大学这个陌生的环境中。新的学校生活、新的学习秩序、新的老师和同学关系都使大一新生感到生疏而一时难以适应。

入学后的另一个难题是原有的自我观念面临新的挑战。在中学时，他们都是各自学校拔尖的学生，受到家庭的宠爱、学校的重视和同学们的尊重。度过了高考难关，他们的自尊心和自信心得到加强，自感是"天之骄子"而自豪不已。然而，进入大学以后，身处强手如林的集体中，许多学生原有的优势不复存在，可能会有很大落差，从而产生了失落感。有的学生感到自卑，开始同别人和集体疏远；有的学生为了博得新的成功和荣誉而重新努力自我完善，加入了新的竞争行列。大学生又开始了自我观念重新调整的过程，这时正是需要心理辅导的时候。

进入大学以后，在学习问题上又产生了新的心理矛盾，有的学生对所报考的学校或专业不满意，有的学生则不适应大学教与学的方法，有的学生对自己的专业成绩感到不满意等。

到了大学三、四年级，恋爱问题、择业问题等将成为引起新的困惑和焦虑的问题。这

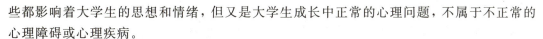

些都影响着大学生的思想和情绪，但又是大学生成长中正常的心理问题，不属于不正常的心理障碍或心理疾病。

（3）大学生是心理障碍的高发群体。

心理障碍是心理与行为失常的总称，通常所说的精神疾病、心理异常和变态异常行为都属于心理障碍。大学生常见的心理障碍包括神经症、精神病以及人格障碍等几种类型，这几种类型又可以细分为各种不同的心理疾病。

近几年来，国内许多大学应用"SCL-90症状自评量表"对大学生的心理障碍进行测查，发现该量表所测的十项因子中，除躯体化一项外，其他各项因子皆显著高于国内成年人的常模。这些测查结果表明，大学生是心理障碍的高发群体。有的调查甚至认为有心理障碍的大学生占全体学生数的30％～40％。这些调查普遍反映大学生心理健康的总体水平低于同年龄青年和成年人。

二、大学生心理健康的标准

心理是否健康一般采用量表测查，其标准不是固定不变的。心理健康标准随着时代的变迁、文化背景的变化而变化。根据我国大学生的实际情况，评判大学生的心理健康水平应从以下几个标准着重考虑。

1. 智力正常

智力，是人的观察力、注意力、记忆力、想象力、思维力、创造力及实践活动能力等的综合体现，包括在经验中学习或理解的能力、获得和保持知识的能力、迅速而成功地对新情境做出反应的能力、运用推理有效地解决问题的能力等。这是大学生学习、生活与工作的基本心理条件，也是适应周围环境变化所必需的心理保证，因此，大学生的智力是否正常，关键在于其是否可以正常、充分地发挥自我效能，如具有强烈的求知欲，乐于学习，并积极参与学习活动。

2. 情绪健康

情绪健康的标志是情绪稳定和心情愉快，包括的内容有愉快情绪多于负性情绪、乐观开朗、富有朝气，对生活充满希望；情绪较稳定，善于控制与调节自己的情绪，既能克制又能合理宣泄自己的情绪，情绪的表达既符合社会要求，又符合自身需要，在不同的时间和场合有恰如其分的情绪表达；情绪反应与环境相适应，反应的强度与引起这种情绪的情境相符合。

3. 意志健全

意志是人在完成一种有目的的活动时进行的选择、决定与执行的心理过程。意志健全者在行动的自觉性、果断性、顽强性和自制力等方面都表现出较高的水平。意志健全的人在各种活动中都有自觉的目的性，能适时地做出决定并运用切实有效的方式解决所遇到的问题，在困难和挫折面前，能采取合理的反应方式，能在行动中控制情绪并做到言而有信，而不是盲目行动、畏惧困难、顽固执拗。

4. 人格完整

人格是个体比较稳定的心理特征的总和。心理健康的人，人格是健全统一的，具有相对稳定性，即个人的所想、所说、所做都是协调一致的。人格完整包括人格结构的各要素完整统一；具有正确的自我意识，不产生自我同一性混乱；以积极进取的人生观作为人格的核心，并以此为中心把自己的需要、目标和行动统一起来。

5. 自我评价正确

正确的自我评价是心理健康的重要条件，大学生在进行自我观察、自我认定、自我判断和自我评价时，能做到自知、恰如其分地认识自己，摆正自己的位置，既不以自己在某些方面高于别人而自傲，也不因某些方面低于别人而自卑，面对挫折与困境，能够自我悦纳，喜欢自己，接受自己，自尊、自强、自制、自爱适度，正视现实，积极进取。

6. 人际关系和谐

良好而深厚的人际关系，是事业成功与生活幸福的前提。其表现为：乐于与人交往，既有广泛而深厚的人际关系，又有知心朋友；在交往中保持独立而完整的人格，有自知之明，不卑不亢；能客观评价别人和自己，善取人之长补己之短；宽以待人，乐于助人；具有积极的交往态度，交往动机端正。

7. 社会适应正常

个体应与客观现实环境保持良好接触，既要进行客观观察以取得正确认识，以有效的办法应对环境中的各种困难，不退缩，又要根据环境的特点和自我意识的情况努力进行协调，或改变环境而适应个体需要，改造自我而适应环境。

8. 心理行为符合大学生的年龄特征

因为正处于特定年龄阶段，因而大学生具有与年龄和角色相适应的心理行为特征。心理健康的大学生精力充沛、思维敏捷、情感活跃，与之相适应，行为上应该表现为朝气蓬勃、热情洋溢、生龙活虎、反应敏捷、勇于探索、勤学好问。

心理健康的标准是一种理想尺度，它既为人们提供了衡量心理是否健康的标准，也为人们指出了提高心理健康水平的努力方向。如果每个大学生在自己现有基础上能够做不同程度的努力，追求自身心理发展的更高层次，那么他们就能够不断发挥自身的潜能。大学生心理健康的基本标准是能够有效地学习和生活。如果连正常的学习和生活都难以维持，那么就应该及时进行心理调适。

第三节　影响大学生心理健康的因素

大学生正处在人生发展的黄金时期，是国家的希望、民族的未来。大学生的身心处在特定的阶段，在成长中会遇到各种各样的矛盾和问题。加强和改进新时代学生心理健康工作，有利于落实立德树人根本任务、坚持健康第一的教育理念。以对国家和民族未来高度负责的使命感，以"时时放心不下"的责任感，多措并举促进学生心理健康，就能为大学生健康成长营造良好环境。全面、科学地了解大学生心理健康的影响因素，对培养大学生良好的心理素质具有重要意义。

影响大学生心理，造成大学生心理问题的因素是多方面的，其中包括生物、心理、社会等因素。

一、生物因素

对大学生心理健康产生影响的生物因素主要有以下几种。

1. 遗传因素

人的心理主要是先天和后天相互作用的结果，因此人的心理发展与遗传因素有着密切的关系。统计调查和临床观察资料表明，很多的精神疾病和血缘远近有一定的关联。北京医科大学精神卫生研究所曾经对躁狂抑郁症和精神分裂症患者亲属的患病率进行调查，结果如表1－1所示。表中数据显示，躁狂抑郁症和精神分裂症患者受遗传和生物学因素影响。

表1－1　躁狂抑郁症和精神分裂症患者亲属患病率统计

疾病种类	关　系	百分比/%
躁狂抑郁症	父母	11.5
	子女	22.2
	异卵双生	23.0
	同卵双生	95.7
精神分裂症	表兄弟姐妹	3.9
	堂兄弟姐妹	7.3
	父母	9.8
	同胞兄弟姐妹	11.9
	异卵双生	12.5
	子女	16.4
	同卵双生（分居）	77.6
	同卵双生（同居）	91.5

通过对比同卵双生和异卵双生的相关统计数据，可以发现，血缘关系越近，对患者遗传影响也就越明显，这是遗传因素起作用的最为明显的证据。

2. 病毒感染与躯体疾病

由病菌、病毒等引起的中枢神经系统的传染病会损害人的神经组织结构，导致器质性精神障碍或精神失常。

各种躯体疾病，尤其是慢性疾病，会使人自卑、心情低落、敏感多疑、兴趣缺乏、不愿与他人打交道，并影响睡眠和食欲，严重的还可能导致心理障碍，如抑郁症、躁狂症、回避型人格障碍等。

3. 神经系统发育健全性

神经系统是机体内对生理功能活动的调节起主导作用的系统，分为中枢神经系统和周围神经系统，其中中枢神经系统的主要功能是传递、储存和加工信息，产生各种心理活动，支配与控制人的行为和心理。神经系统发育不健全，更容易出现行为和心理的偏差，如易激惹、冲动、偏激等。

二、心理因素

1. 个性特征

个性亦称人格，是指个人的精神面貌或心理面貌。每个人都有自己独特的个性，例如，有的人性格沉稳，谨小慎微，墨守成规，自我克制；有的人则个性急躁，热情活泼，开放度高。个性对人的心理健康有非常重要的影响。

同样的环境、同样的问题，不同个性的人会有不同的反应模式。个性对人的活动、生活有直接的影响，对个人的前途也有直接的作用。

2. 心理冲突

心理冲突是指人们面对难以抉择的处境时产生的心理矛盾状态，是心理不平衡的重要原因。

由于心理冲突带来的是一种心理压力，多数情况下会对个体的身心健康和工作产生不良的影响，因此当人长期处在冲突中难以调节时，就会产生焦虑、烦躁、崩溃等情绪，严重的还会导致心理疾病。因此及时化解心理冲突、释放情绪，对维持心理健康有重要意义。

3. 应对方式

应对方式是指个体在面对挫折和压力时所采取的认知和行为方式，又可称作应对策略或应对机制。它是心理应激过程中一种重要的中介调节因素，个体的应对方式影响着应激反应的性质与强度，并进而调节应激与应激结果之间的关系。

应对方式可以分为积极应对方式和消极应对方式两种。积极的应对方式包括自我调整、问题解决、寻求支持等；消极的应对方式包括抱怨、压抑、回避问题等。同样的压力和挫折，应对方式不同，心理状态会有很大的差别。

三、社会因素

1. 生活环境因素

生活中的物质条件恶劣，生活习惯不当，如摄取烟、酒、食物过量等，都会影响和损害身心健康。生活环境的巨大变迁也会使个体产生心理应激反应，并由此造成心理的不适。

2. 文化教育因素

教育因素包含家庭教育和学校教育两个方面。

父母作为孩子出生后的第一任老师，对孩子的心理发展有重要影响。此外，儿童与父母的关系，父母教养的态度、方式，家庭的类型等也会对个体以后的心理健康产生影响。

学校教育的失当，如学校的教育方法、管理方式、校风等方面出现的问题，老师的教育态度不当、人格状况不良等，都会导致学生心理健康问题的产生。

此外，不同的社会文化对人的心理健康也有重大的影响。针对同一事件，不同文化有不同的观点、看法、行为方式及接纳程度，因此不同文化(科学、教育、宗教、风俗、传统文化、社会习惯等)中精神病的发病率与临床表现形式存在着显著的差异。例如，在发展中国家，狂躁或抑郁性精神病较少见，而在发达国家，抑郁症却是常见的病症。

3. 重大生活事件

生活中遇到的各种各样的事件，常常是导致心理失常或精神疾病的原因，如家人死亡、失恋、离婚、天灾、疾病等。面对不同的生活事件，人都要付出精力去调整和面对；如果在一段时间内发生太多的不良生活事件，个体的身体和心理健康状况就极易受到影响。压力的长期累积可能会导致严重的心理或精神问题。

理想信念是人生的定盘星，也是奋斗的原动力。习近平总书记勉励青年人：人生的扣子从一开始就要扣好。扣好人生第一粒扣子，就是端正志向，树立正确的世界观、人生观、价值观。当今中国正奋进在实现中华民族伟大复兴的历史征程中。当代青年要树立与时代主题同心同向的理想信念，勇于担当这个时代赋予的重任。立志干大事，而不是求大名、图大利；立志为国家、为人民、为社会多作贡献，而不是只顾个人、只顾小家。有了高远志向，就有了正确的人生航向，就会有不竭的前进动力。

课后拓展

❖ 心理测试

心理成熟水平测试

【测试说明】下面有 15 道题，与自己情况相符的打"√"，不相符的打"×"。

1．你是否曾特意选定一个夜晚独自度过？　　　　　　　　　　　　　　　　　（　　）
2．你提议去某餐厅吃饭，而你的同学决定去另一家，结果那家餐厅的菜糟糕透顶了，你会向同学抱怨吗？　　　　　　　　　　　　　　　　　　　　　　　　　　（　　）
3．对一项同学们都赞同的议案，你觉得不妥，在投票前你会据理力争吗？　　（　　）
4．如果学习紧张，你会放弃一些课余活动吗？　　　　　　　　　　　　　　（　　）
5．如果有一项重要的方案需要你参加推行，你是否会比别人多出一点力量？（　　）
6．几年前你对事物的看法是否比较有趣？　　　　　　　　　　　　　　　　（　　）
7．对同学的一项新发明，你是否急着要看它的效能？　　　　　　　　　　　（　　）
8．听到老同学取得了重大成绩，你是否有点嫉妒？　　　　　　　　　　　　（　　）
9．你有耐心等待一件你非常想得到的东西吗？　　　　　　　　　　　　　　（　　）
10．在课堂上，你是否害怕因提问时措辞不当而不敢发问？　　　　　　　　（　　）
11．你对社会工作热心吗？　　　　　　　　　　　　　　　　　　　　　　　（　　）
12．对自取其辱的人，你是否不予同情？　　　　　　　　　　　　　　　　　（　　）
13．在过去的一两年，你曾深入研究过一些事物吗？　　　　　　　　　　　　（　　）
14．学生时代的生活是最快乐的吗？　　　　　　　　　　　　　　　　　　　（　　）
15．以上问题，你是否据实回答？　　　　　　　　　　　　　　　　　　　　（　　）

【计分方法】编号为单数的题打"√"的每题得 2 分，编号为双数的题打"×"的每题得 2 分，相加得出总分。

【测试结果】总分在 24 分以上的，心理比较成熟，能够很好地处理日常生活中的事务；总分在 18～22 分之间的，心理不是很成熟，容易感情用事；总分在 16 分以下的，心理不成熟，遇到问题总是优柔寡断。

❖ **实践训练**

画"自画像"

1. 活动目的：

(1) 通过画"自画像"，学生进一步认识自己，展示一个"内心的我"。

(2) 通过交流，让学生读懂你、我、他，促进彼此的了解。

2. 活动时间：大约需要 20 分钟。

3. 活动道具：彩色笔和 16 开大小的白纸。

4. 活动场地：以室内为宜。

5. 活动程序：

(1) 6～8 人一组，每位参与者准备一张 16 开大小的白纸，每组准备一盒彩色笔。

(2) 在 8～10 分钟内，每人在白纸上画一幅"自画像"。

(3) 小组内交流"自画像"的含义，同组成员可以提出质疑。

(4) 老师对典型的案例进行全班分享。

6. 注意事项：

(1) 老师可以暗示大家，"自画像"可以是形象的肖像画，也可以是抽象的比喻画；可以是一色笔画成，也可以是多色笔画成。

(2) 有的学生会因为自己的绘画技能差而感到为难，老师要提醒大家本游戏不是绘画比赛，只需所画内容能形象地反映对自我的认识即可。

(3) 老师在寻找典型案例时，可以关注"自画像"的大小、位置、色彩、内容等，还可以关注在画"自画像"和交流时每个人的神情。

课后思考

1. 大学生心理健康的标准有哪些？

2. 影响大学生心理健康的因素有哪些？

项目二 大学生心理咨询与心理治疗

● 项目要点

- 心理咨询的定义和作用
- 心理咨询与心理治疗的关系
- 大学生心理咨询的原则

● 学习目标

通过本项目的学习，了解大学生心理咨询与心理治疗的一些基本知识，建立正确的心理咨询观念以及自主求助的意识。

● 案例导入

小王从北方来到南方一所省城大学读书，临行前母亲反复叮嘱他，在大学里要和室友搞好关系，这样大学生活才会愉快。走进校园后，小王时刻用母亲的话提醒自己，但是由于和同寝室的一名南方同学在某些问题上有不同看法，经常斗嘴，导致彼此不服气，矛盾时有发生。而那位南方同学，用小王的话说就是比他会处理与室友的关系，最后室友都站到了他的对立面，因此他与室友的关系变得紧张起来，其他人都不理解他，少数同学甚至奚落他。小王对他们也充满怨恨和不信任，进而猜疑和反感。只要有两位同学当着他的面嘀咕几句，他就认为他们是在说自己的坏话，心里十分苦闷；而那位南方同学好像整天都过得很开心、很快乐。这一切让小王感到无能为力的同时又十分伤心，心胸也开始变得狭窄，并且一度产生了退学的念头。

随着经济社会的快速发展，大学生承受着来自社会、家庭等各方面的压力，他们的心理状况日益复杂化，某些方面甚至正在向不良方向发展。这种现象引起了家长、学校及社会各界人士的关注和重视。因此，为了提高大学生的心理素质在大学生中开展心理咨询或心理治疗就成为提高其心理素质的有效途径之一。

第一节　心理咨询与治疗概述

一、心理咨询的概念

1. 心理咨询的定义

对心理咨询可以从广义和狭义两个维度来理解。广义的心理咨询包括心理咨询和心理治疗，有时心理检查、心理测验也被列为心理咨询的范围。狭义的心理咨询不包括心理治疗和心理检查、心理测验，只局限于咨访双方通过面谈、书信、网络和电话等手段向来访者提供心理救助和咨询帮助。本书所涉心理咨询如无特殊说明，均指狭义的心理咨询。

关于心理咨询的概念，中外不同学者各有说法。

卡尔·兰塞姆·罗杰斯(Carl Ransom Rogers)将心理咨询定义为：通过与个体持续性的直接接触，向其提供助力并力图促使其行为、态度发生变化的过程。

D. 布洛克尔(D. Blocher)认为心理咨询就是帮助个体认识自己以及自己对环境中影响自己行为的因素的反应方式，然后进一步帮助个体确定这种行为方式的个人意义，并设法为进一步的行动弄清目标和价值。

D. R. 里斯曼(D. R. Riesman)对心理咨询所下的定义是："心理咨询乃是通过人际关系而达到的一种帮助过程、教育过程和增长过程。"

《心理学大词典》(朱智贤主编，1989 年)对心理咨询的定义为："对心理失常的人，通过心理商谈的程序和方法，使其对自己与环境有一个正确的认识，以改变其态度与行为，并对社会生活有良好的适应。心理失常有轻度的、重度的，有属于机能性的，有属于机体性的。心理咨询以轻度的属于机能性的心理失常为范围，至于重度的属于机体性的心理失常，则需住院并以药物治疗为主，不包括在心理咨询范围之内。心理咨询需根据某种理论并运用一定程序和方法进行。"

《心理学百科全书》(李维主编，1995 年)对心理咨询的定义是："咨询者就访谈对象提出的心理障碍或要求加以矫正的行为问题，运用相应的心理学原理及其技术，借助一定的符号，与访谈者一起进行分析、研究和讨论，揭示引起心理障碍的原因，找出行为问题的症结，探索解决的可能条件和途径，协商摆脱困境的对策，最后使来访者增强信心，克服障碍，维护心理健康。"

马建青在《辅导人生——心理咨询学》一书中对心理咨询的定义为："运用有关心理科学的理论和方法，通过解决咨询对象(来访者)的心理问题(包括发展性心理问题和障碍性心理问题)，来维护和增进身心健康，促进个性发展和潜能开发的过程。"

综上所述，心理咨询的定义可以概括为：咨询者运用心理学的原理、方法和技术，借助一定的媒体，协同来访者探索、发现和解决自身问题，积极挖掘来访者本身潜在的能力，改变其原有的认知结构和行为模式，提高其对生活的适应和调节能力的过程。简言之，就是心理咨询师帮助来访者解决心理问题的过程。

2. 心理咨询的对象

心理咨询的最一般、最主要的对象是健康人群或是在日常生活中因某种精神压力引起心理冲突而寻求帮助的正常人。他们有别于存在严重心理障碍或精神障碍的人群，不一定是病人，因而不称为患者，而称来询者或来访者，主要分为以下三类：

（1）精神正常，但遇到了与心理有关的现实问题并企求帮助的人群。

（2）精神正常，但是心理健康水平较低，产生心理障碍导致无法正常学习、工作、生活并寻求帮助的人群。

（3）特殊对象，即临床治愈或潜伏期的精神病患者，具备心理咨询和治疗介入条件的人。

3. 心理咨询的目的

心理咨询的目的是帮助精神正常但又存在某种心理困扰的人解决其在学习、工作、生活、人际交往以及疾病和康复等方面的心理不适或障碍，减轻他们内心世界出现的矛盾，增强对挫折的承受能力，在认识、情感、态度和行为方面有所变化，学会发掘自身的潜能，更好地适应环境、完善自我，提高心理素质，促进心理发展。

4. 心理咨询的性质

心理咨询是一种磋商行为，咨访双方是一种彼此合作的伙伴关系。双方必须有一定程度的相互理解和信任，咨询才能取得成效。心理咨询从某种意义上说，与教育、医疗、社交都有联系，但它又不是真正或纯粹的教育、医疗和社交行为。

5. 心理咨询的作用

心理咨询可以促进人从不同的角度看待自己和社会，用新的方式体验和表达自己的思想、情感，并产生全新的思维方式。具体来说，心理咨询的作用有以下几点：

（1）可以帮助来访者认识到自身问题在很大程度上源自尚未解决的内部冲突，而不是外部影响。

（2）为来访者更加有效地面对现实问题提供机会。

（3）可以深化来访者对自己的认识，引导他们发现真实的自我并适应生活。

（4）为来访者提供一种建立新型人际关系的机会。

（5）可以增加来访者的心理自由度，给予他们更多的心理自由的机会。

（6）可以纠正来访者的某些错误观念。

延伸阅读

现代心理咨询与现代心理治疗的兴起

心理治疗创立于19世纪，但心理咨询却兴起于20世纪40～50年代。它主要由三股力量所推动：一是人们对"精神分析疗法"日益不满（如治疗期过长、咨询关系完全像医患关系等）；二是20世纪20～30年代崛起的职业咨询运动；三是人本主义思潮的启发。由于心理咨询运动的不断深入和发展，心理咨询与心理治疗也日趋分化。概括来说，心理咨询主要为人们在日常生活中出现的心理困惑与烦恼提供咨询，而心理治疗则主要为人们在人格、情绪和行为上的障碍及变态行为提供治疗。两者之间没有截然分明的界线，却有着不同的专业评核和训练要求。

简单来说，心理治疗人员不但要有心理咨询的知识，也要具备一定的医学知识和训练，而心理咨询人员则没有医学方面的知识和训练的硬性要求。

心理治疗作为一种医学手段是自古就有的，但人们普遍将"催眠疗法"的创立作为现代心理治疗的开始。

18世纪末，维也纳医生梅斯梅尔提出了"人体磁场学说"，并将催眠暗示作为其"磁疗"方法的核心手段。19世纪中叶，法国医生夏可摒弃了梅斯梅尔的"人体磁场学说"，但保留了其催眠技术部分，并以此治愈了一些歇斯底里症患者。再后来，弗洛伊德从师于夏可，并在此基础上逐步创立了"精神分析学说"。从此，心理治疗作为一门独立的治疗手段，日益受到人们的肯定和应用。

二、心理咨询与心理治疗的关系

从心理咨询与心理治疗的内涵来看，两者并无相同之处。前者是"协助"，即协商和协同地进行帮助；后者则是"矫治"，即有强制性的矫正和按治疗师的方法进行调治。这两者显然是性质不同的操作。

（1）工作任务不同。心理咨询的任务主要在于促进成长，强调发展模式，帮助来访者发挥最大的潜能，为正常发展消除障碍，重点在于预防。而心理治疗多在弥补病人过去已经形成的损害，解决和改变发展结构障碍。

（2）对象和情景不同。心理咨询遵循教育的模式，来访者多为正常对象，主要涉及日常生活问题，一般在学校、单位、心理咨询机构等情景中开展工作。心理治疗的对象是心理异常的病人，是在临床和医疗情景中开展工作的。

（3）工作方式不同。心理咨询以多种方式介入来访者的生活环境之中，如参与来访者的直接环境，与来访者的家庭、亲友取得联系，应用更多的日常生活设施（如电话咨询等）设计和组织学习班及各种团体活动等。心理治疗的形式则更多为成对会谈。

（4）解决问题的性质和内容不同。心理咨询具有现实指向的性质，涉及的是意识问题，如有关职业选择、培养教育、生活和工作指导、学习辅导等，因此多采用认知和理论的途径。心理治疗涉及内在的人格问题，更多的是与无意识打交道。

我国学者钱铭将两者的区别进行了归纳，如表2-1所示。

表2-1　心理咨询与心理治疗的区别

项　　目	心理咨询	心理治疗
工作对象	正常人和恢复期病人	心理障碍患者
问题	人际、教育、家庭、就业	神经病、性变态、精神病等
所需时间	短，一次至数次	长，几十次至数月或数年
干预层次	在意识层次进行，重视其教育性、支持性，使之得到发展	主要在无意识领域进行，重点在于重建患者的人格
目标	具体，有限	比较模糊，促使患者改变

三、心理咨询与心理治疗的主要种类

心理咨询与心理治疗行业中有着众多的疗法，其中最常见的有"精神分析疗法""来访者中心疗法""行为疗法""格式塔疗法""森田疗法"等。根据美国心理咨询协会的统计，现在记录在册的心理咨询与治疗的方法已有 300 种之多，所有这些疗法大抵可分为两大类。一类是"认知领悟"(insights)疗法，旨在通过改变来提高认知方式，从而缓解人的心理困惑和障碍。另一类是"行为矫正"(behavioral modification)疗法，旨在以建立新的条件反射来矫正人的不良行为方式。现介绍日常咨询的一些主要种类。

1. 来访者中心的心理咨询

来访者中心的心理咨询是由罗杰斯所倡导的一种心理咨询，基本的假设为来访者有了解自己的问题的能力，也有解决问题的资源。因此，作为咨询者必须注重来访者自身的建设性以及健康的一面，把来访者所直接面临的现实场景作为咨询的重点，重视来访者对自身的感觉。咨询的目标是使来访者通过观察自身来获得成长和完善，不需要咨询者过多的干预和指导就可以产生变化；咨询者需要给出的是理解、真诚、支持、接受、关系和积极的评价。

2. 行为主义的心理咨询

行为主义的心理咨询是以学习理论和行为疗法理论为依据的心理咨询，认为人的问题行为、症状是由错误的认知与学习所导致的，主张把心理咨询的着眼点放在来访者当前的行为问题上，注重当前某一特殊行为问题的学习和解决，以促进问题行为的改变、消失或新行为的获得。

行为主义的创始人是华生，但对心理咨询产生较大影响的却是巴甫洛夫的经典条件反射、斯金纳的操作条件反射和班杜拉的社会学习理论。行为疗法中还有另外一些常用的方法，如系统脱敏法、想象厌恶法、强化法、思考停止法等。

3. 认知行为的心理咨询

认知行为的心理咨询又称认知疗法，是一组通过改变思维或信念和行为的方法来改变不良认知，进而达到消除不良情绪和行为的短程心理治疗方法，代表性的有埃利斯的合理情绪行为疗法(REBT)、贝克和雷米的认知疗法(CT)和梅肯鲍姆的认知行为矫正技术等。认知疗法对道德颓废、堕落(demoralization)、内疚感(guilt)和羞愧(shame)症状较有效。对于创伤后应激障碍(Post-traumatic Stress Disorder，PTSD)与情感性、焦虑性、人格疾患(反社会性、边缘性、自恋性人格疾患)并存的当事人，较常使用认知疗法。

4. 精神分析的心理咨询

精神分析的心理咨询又称为心理分析法，一般以 1895 年弗洛伊德与布洛伊尔出版的《关于歇斯底里的研究》作为心理分析法正式创立的标志。它是通过自由联想、移情，对梦和失误的解释等来治疗和克服婴儿期的无意识冲突带来的影响的一种方法。

第二节　大学生心理健康咨询

大学生在日常学习和生活中会遇到各种各样的困扰，一般的情绪、情感、人际交往、学习压力等心理问题可以通过向朋辈、家长倾诉，自我调节等方式解决或缓解。遇到诸如焦虑、强迫症、神经衰弱等严重心理障碍时，则一般无法通过自我调节来解决。有数据表明，只有约 10％的大学生会主动寻求心理咨询帮助，即使在老师及朋友的鼓励或建议下，前往心理咨询中心主动咨询的也不到50％，还有一半多需要进行心理咨询或干预的大学生没有接受专业、及时的帮助。造成此局面的原因一方面是部分大学心理咨询渠道不畅、资源不足，更重要的原因还是学生本人对心理咨询认识的缺乏甚至误解。因此，大学生在校学习期间了解必要的心理咨询知识，形成正确的心理咨询理念很有必要。

一、大学生心理咨询的内容

大学生心理咨询属于综合性的心理咨询，主要是在校园开展的咨询或干预活动。对在校大学生的适应、学习、就业、人际交往、恋爱与性心理发展等有着较为直接的指导和帮助作用，也包含对有心理障碍或是轻微精神疾病患者进行工作诊断和干预的内容。其主要目的还是帮助大学生发挥潜能，解决自身困扰，提高心理素质，促进其人格的健全发展。

大学生心理咨询主要包括以下四类。

1. 以校园适应为中心

（1）新生适应问题，包括心理适应、经济适应、环境适应、学习适应、生活适应等内容。

（2）人际交往问题，包括大学人际交往的规律、特点，人际交往的原则、技巧，尤其是宿舍人际交往方法，人际交往的心理障碍及调适等内容。

（3）学习指导问题，包括学习规律、习惯、方法、动机，考试应对及时间管理等内容。

（4）就业指导问题，包括专业选择困惑、职业生涯规划、就业选择、择业心理调适等内容。

2. 以自我发展为中心

（1）自我认知与评价，指导学生建立正确的自我认知，对自己进行合理评价，提高自我效能感，树立发展目标，养成良好的生活习惯。

（2）压力与挫折应对，指导学生重视挫折承受力和意志力的培养，培养学生对突发生活事件打击的及时介入干预能力。

（3）情绪管理，指导学生正确认识不良情绪，了解掌握调适的基本方法。

（4）健康的爱情观，指导学生正确面对恋爱问题，性生理、心理问题，性生活知识等问题。

（5）个性和能力发展指导，指导学生个性和能力发展，包括帮助大学生发展自我意识，发展并完善自身性格；帮助大学生组织、管理、协调、表达、创造、审美、自我教育、自我约束等基本能力的发展。

3. 以处理问题为中心

该类咨询主要包括的内容有大学生常见的各类神经症，如焦虑性神经症、抑郁神经症、恐怖神经症、强迫神经症、疑病性神经症、神经衰弱等。有些学校由于配备有较高专业技能的咨询师，将病态型人格、性变态等也纳入了学校心理咨询的范畴。

4. 以特殊事件介入为中心

该类咨询主要是指自杀的预防及危机干预。大学的心理咨询机构及人员可以对自杀的高危人群进行筛选、建档、跟踪、干预，降低自杀事件发生的概率。如果发生了自杀事件，那么就要及时对与自杀事件密切接触的人群，尤其是心理承受力较低的人群进行创伤性干预和辅导。

二、大学生心理咨询的类型

1. 按咨询内容分类

大学生心理咨询按咨询内容，可以分为发展咨询、适应咨询和障碍咨询。

（1）发展咨询。

这类咨询的对象是比较健康、无明显心理冲突且基本适应环境的学生。咨询的目的是更好地认识自己、扬长避短、开发潜能、提高学习与生活的质量、追求更完善的发展。例如，怎样处理好社会工作与学习的关系，怎样获得更多的朋友，选择什么职业更有利于自己的发展及人生价值的实现。

（2）适应咨询。

这类咨询的对象是基本健康，但学习生活中各种烦恼、心理矛盾时有发生的学生。咨询的目的是排解心理忧虑、减轻心理压力、改善适应能力。例如，因学习成绩不如意而忧虑，因陷入失恋痛苦而难以自拔，因人际关系不协调而苦恼，因远离父母、缺乏生活自理能力而焦虑，因环境改变而自我认知失调等。

（3）障碍咨询。

这类咨询的对象属于患有某种心理疾病而为此苦不堪言、影响正常生活与学习的学生。咨询的目的是通过系统的心理治疗，克服障碍、缓解症状、恢复心理平衡。例如，焦虑性神经症、严重的神经衰弱等。

2. 按咨询对象分类

大学生心理咨询按咨询对象的多少，可以分为个体咨询和团体咨询。

（1）个体咨询。

个体咨询是指咨询师与来访者之间建立一对一的咨询关系，着重帮助来访者解决个人的心理问题，是咨询活动中最为常见的形式，针对性强，保密性高，咨询效果好。

（2）团体咨询。

团体咨询是指咨询师根据多个来访者所提出问题的性质，将他们分成不同性质的小组，通过共同商讨、训练、引导，解决成员共同的发展或共有的心理问题，是在团体情境下进行的一种心理咨询形式。它是通过团体内的人际交往，促使个体在交往中通过观察、学习、体验，认识自我、探讨自我、接纳自我，调整改善与他人的关系，学习新的态度与行为模式，以促进个体发展出良好的生活适应能力的助人过程。

3. 按咨询时长分类

大学生心理咨询的期限并无硬性规定，要根据来访者意愿、咨询内容以及咨询师的建议等因素决定。一般分为短程咨询、中程咨询和长程咨询。

（1）短程咨询。

短程咨询是指咨询时间较短，重点在于问题的解决和症状的去除。多数短程咨询的目的是帮助来访者学习应对这些问题，以使问题不再对来访者造成过多负面影响，而不是避免问题再出现（因为没有人能完全控制自己周围的客观环境）。

短程咨询一般用于解决较为明确具体的情绪和心理问题，如焦虑、抑郁、愤怒、恐慌等，多数轻度、中度的情绪心理问题，都能在短程咨询中获得较好的效果，或至少能够缓解到一个可接受的范围内。

（2）中程咨询。

中程咨询在1～3个月完成，涉及较严重的心理问题，要求有完整的咨询计划、咨询预后，追求中期以上疗效。

（3）长程咨询。

长程咨询的周期在3个月以上，因咨询的目的不仅在于问题的解决和症状的消失，而且还要改善性格及行为的方式，促进心理成长，所以需要的时间较长。这类咨询常用于解决更深入复杂的心理问题，在遇到严重的心理问题或是神经症性的心理问题时可采用。

4. 按咨询方式分类

大学生心理咨询按照咨询的方式，可以分为面对面咨询、电话心理咨询和互联网咨询。

（1）面对面咨询。

面对面咨询就是咨询师与来访者在心理咨询机构进行面对面的咨询形式。这类咨询的特点是及时对来访者进行各类检查、诊断，及时发现问题，及时做出妥善指导和处理。因此这种方式是心理咨询中最主要且最有效的方法。

（2）电话心理咨询。

电话心理咨询是指咨询师利用电话给来访者进行支持性咨询，一般多用于心理危机干预，防止心理危机所导致的恶性事件，如自杀、暴力等行为。电话咨询涵盖面很广，是比较方便的一种方式，但它也有交流不透、共情效果不佳等局限性。

（3）互联网咨询。

互联网咨询是指咨询师通过互联网对来访者进行帮助。这种方式突破了地域限制，利用软件程序，对来访者进行心理评估与测量，并且可以对咨询全过程进行记录，便于深入分析来访者的问题以及进行案例讨论。

三、大学生心理咨询的重要原则

1. 保密性原则

这是心理咨询的首要原则。保密是咨访双方建立相互信赖关系的基础，是维护心理咨询工作信誉的重要方面，也是咨询成功的必要前提。只有这样，来访者才会打消顾虑，将积压在内心的难以启齿的内心"秘密"告诉咨询师；也只有如此，咨询师才能走进来访者的内心，从而发现问题所在，并与来访者一起找到问题解决的办法。否则，无论咨询师有意还是无意泄密，都会产生挫伤来访者的自尊心、侵犯来访者人身权利的不良后果，甚至会破坏来访者完整人格，导致来访者心理问题更加严重。

要做好保密，首先，要注意提高咨询室的保密性；其次，要注意相关咨询手续、资料的保密性；最后，咨询师要在咨询开始前向来访者解释并保证咨询的内容是保密的（涉及危害自身、他人及公共安全的除外）。

2. 自愿性原则

这是心理咨询开展的先决条件。心理咨询本着来访者自愿的原则，"来者不拒，去者不追"。只有自己感到心理不适，为此而烦恼并愿意找咨询师诉说烦恼以寻求咨询师的心理援助，才能够使问题得以解决。

3. 时间限定原则

心理咨询必须遵守一定的时间限制。咨询时间一般规定为每次50分钟左右（初次受理时可以适当延长），不能随意延长咨询时间或间隔。一般情况下，咨询次数为一周一次或两次比较合适，这样可以使来访者充分消化和吸收，从而用于实际生活。

4. 客观中立原则

咨询师在心理咨询过程中应保持客观、中立，做到情感中立，价值中立。不以咨询师自身的价值观评判来访者的心理和行为，不把个人的认识、判断强加给来访者，也不为来访者做决定。

5. 非指导性原则

非指导性原则是美国人本主义心理学家卡尔·兰塞姆·罗杰斯提出的。他认为心理咨询以咨访双方的真诚关系为基础，这种关系不是一种外部指导或灌输的关系，而是一种启发或促进内部成长的关系。该原则强调启发和鼓励来访者发挥个人可发展的潜能，而不是包办，从而强化来访者独立思考能力，进而不断强化来访者信心，避免了产生过分依赖心理咨询师的消极后果。

心理咨询的目的不在于帮助人做出明智的决定，而在于帮助人学会自己做出明智的决定。在大学生心理咨询过程中，由于大学生在各方面的能力与成年人有一定的距离，再加上心理咨询师还具有"老师"这个特殊身份，容易使来访者对心理咨询师产生依赖。但心理咨询师不应主观地指示"你应当怎样做"或"你不应当做什么"，而应与来访者共同分析、探讨有助于解决问题的方案及各种方案可能导致的后果；来访者究竟采用哪种方法解决自己的问题，不应由心理咨询师来选择，而应由来访者自己进行选择，真正实现"助人自助"。

6. 专业能力限定原则

咨询师的主要目的是帮助来访者分析问题所在，培养来访者积极的心态，树立自信心，让来访者的心理得到成长，自己找出解决问题的方法。当来访者面临的问题超出咨询师的专业能力范围时，咨询师应主动、及时地把当事人转介到合适的心理咨询机构或是专业医疗卫生机构。

四、大学生对心理咨询的误解

大学生对心理咨询存在诸多误解，主要如下：

（1）心理咨询面向的是不正常的人，与我无关。

很多大学生认为接受心理咨询的人都是存在严重心理问题或精神疾病的人，忽视了很重要的一点，心理咨询还包含对于正常且健康的人群进行的发展性心理咨询和对于正常但不健康的人群进行的健康心理咨询。

（2）心理咨询就是聊天。

很多大学生都认为心理咨询师的主要工作就是跟来访者聊聊天，安慰对方，开导对方，和思想政治工作差不多，这其实是对心理咨询行业的误解。心理咨询主要是以谈话的方式进行的，但心理咨询过程中的谈话与平时的聊天是不一样的，心理咨询的谈话是建立在专业的、严谨的、科学的理论之上的，主要以来访者为主，进行有方向、有目标的谈话；心理咨询不解决来访者现实生活中的具体问题，而是帮助来访者梳理问题，明确目标，提升内心动力，以促进个人发展良好的生活适应能力。

（3）通过自学看心理学知识就能解决自己的问题。

有很多大学生喜欢心理学，也会看很多关于心理学的书籍，主要是想通过学习来解决自己的问题。但是仅仅看一些心理学的书籍，或者学一些心理学的课程，是不能自我解决问题的。看心理学的书籍或者学习课程可以帮助来访者有意识的关注自己的问题情况，但对于调整和改变是远远不够的。

专业心理咨询师都接受过专门的知识学习和技能训练，至少熟知相关的心理学流派，熟练掌握了两种以上专门的心理疗法，具备专业的识别测试和问答技术；在咨询过程中，专业心理咨询师可以比较客观且准确地识别问题，并可以有针对性地进行引导和建议。这些都是一般非专业人士难以达到的。

（4）心理咨询一次就能解决问题。

心理问题的形成不是一朝一夕的结果，所以心理问题的解决也不可能是一次两次心理咨询就可以完成的。做过心理咨询的人可能会有这样的感觉，第一次咨询之后如释重负，但其实这种感觉只是暂时的，回到现实后就会发现，自己的心理问题并没有彻底解决。心理咨询很难立竿见影，它是一个连续、动态的过程，这个过程包含了咨询师和来访者双方信任关系的建立、来访者问题的澄清、来访者的个人成长与再发展等。这就决定了心理咨询很难一次就完全见效，第一次咨询过后，还需要继续预约咨询。

（5）心理咨询师能帮自己解决一切问题。

很多大学生认为心理咨询师是专门为人解决心理问题的人，不管遇到什么问题都喜欢让心理咨询师指导和帮助。心理咨询是咨询师协助求助者解决各类心理问题的过程，它的核心是"助人自助，自我成长"。咨询师通过启发、引导、支持、鼓励，帮助求助者领悟到内心存在的冲突，矫正错误的认知，做出新的有效行为，从而达到解决问题、促进发展、完善人格的目的。所以问题的解决不单单需要心理咨询师的引导与协助，更需要来访者的配合以及对自我问题的思考与领悟。

正确认识心理咨询，才能更好地借助心理咨询这一方式，进行发展和健康咨询，解决存在的心理问题，实现自我发展与成长。

五、大学生心理咨询时应注意的问题

许多大学生很害怕到心理咨询门诊或精神病院去，唯恐别人认为自己不正常。他们情愿长期忍受心理上的痛苦和折磨，也迟迟不去就诊，实际上心理也和身体上的疾病一样，如不及时治疗，常常会使病情逐渐加重或转为慢性。调查资料表明，在心理咨询师接待的全部来访者中，有一半以上是决定去心理咨询门诊之前很长时间就意识到自己有心理问题，有的人甚至已经被困扰了几年，因此不要期望自己能解决个人所有的心理问题。被心理问题困扰，难以解脱时，及时求得心理咨询工作者的帮助是很有必要的。

大学生进行心理咨询需要注意以下问题：

（1）你有求助的动机吗？接受心理咨询的人不等于心理障碍者。当你面对心理咨询师时，不要觉得面子上不好看。正视问题的存在，勇于与咨询师商讨是自信的表现，是明智的选择。

（2）不要羞于开口或含糊其词，或许你的问题是人性共同的弱点。不必有太多的顾虑，想要赢得对方的好感，咨询师关注的是你叙述的内容而不是其他。所以，开门见山的方式最好。

（3）你是否到处奔波，一心恳求名医指点？渴望寻求一位优秀的心理咨询师相助的心情可以理解；但问题的解决是需要坐下来认真探讨的，否则你的状况难以改善。因此，咨询切勿浅尝辄止。

（4）常言说："病来如山倒，病去如抽丝。"心理问题是长久的"积蓄"的结果，解决它需要时间和过程，更需要来访者个人的耐心和努力，急于求成、渴望速战速决的态度不可取。

（5）你是否渴望在心情特别糟糕的时候去见咨询师？这样做的效果未必好。因为波动的情绪定会影响你对事物的看法，判断缺乏客观性，且此时也不大能听得进他人的建议。因此，在非危急情况下，可以考虑在心绪平静后再去约见咨询师。

（6）倾诉是心理咨询所必需的，但注意不要纠缠枝节问题，咨询师在了解你的一般情况之后，更关注你对问题的感受和看法，不会就事论事给你一个结论。一般情况，倾诉不要占时过多，20分钟左右即可。

（7）不要期望咨询师为你"决策"什么。咨询师最终不会为你"拿主意"，对此你要有所准备。他们能做的事情是帮助你澄清事实，分析利弊，开阔和转变思路，疏导不良情绪，使你发现自己的优势和潜能。

（8）在咨询室里，来访者是绝对安全的。对于来访者的个人隐私，咨询师会保密，这一点请来访者尽管放心。保密是对从业者的基本要求之一，是咨询师必须遵守的行业信条。

六、正确对待身边有心理问题的同学

1．不鄙视，能接纳

每个人在人生道路中都会遇到各种各样的问题，也会产生各种心理问题，因此任何人都没有权利去嘲笑出现暂时社会功能失调的人。

2．尽己所能，给予帮助

倾听就是一种很好的帮助同学的方法，而且要洗耳恭听，要学会入神地听。此外，在同学向你倾诉心中的烦恼时，不要随便插话，更不要给予不适当的指责。不过，可以在适当的时候，设法消除其疑虑，或给予积极的鼓励。当同学或朋友感到伤心或难过时，静静地陪伴也是一种很好的支持。

3．及时反映，及时提醒

各高校的心理咨询机构是负责本校学生心理健康工作的机构，当你发现周围有同学的言行举止明显反常自己却又无法给他更多和更有效的帮助时，最好及时将这个同学的情况反映到学校的心理咨询机构，以便给予相应的处理。或是请你帮助安排这个同学去进行心理咨询，或是由心理咨询机构主动与他联系，或是向学校有关部门提出建议。

当你发现周围的同学或朋友、家人出现下列情况时，请提醒他们去进行心理咨询：

（1）生活中遇有重大选择犹豫不定时。

（2）学习压力大，无力承受但又不能自行调节时。

（3）初涉世事，对新环境适应困难时。

（4）经受挫折之后，精神一蹶不振时。

（5）过分自卑，经常感到心情压抑者。

（6）在社会交往方面，自感有障碍的人（如怯懦、自我封闭）。

（7）经历了失恋、失去亲人等情况之后，心灵创伤无法自愈者。

（8）婚姻及家庭关系不和睦，渴望通过指导改善者。

（9）时常厌食或暴食者或感觉有睡眠障碍者。

（10）患有某种身体疾病，对此产生心理压力者。

（11）轻度性心理障碍者。

（12）性格变化很大，或出现奇怪的行为者，如暑天一个月不洗澡，无缘无故长时间不去上课等。

第三节　大学生心理健康干预

心理健康问题是影响大学生成长成才的重要方面，集中表现为焦虑、抑郁、消极、自卑、失眠、强迫症状、自杀倾向等方面，若不进行有效干预，将不利于大学生健康成长，甚至影响校园安全、社会稳定。针对大学生存在的心理健康问题，必须审时度势、对症下药，通过心理辅导、心理咨询、心理健康教育等各种途径，开展积极的心理健康干预，使大学认识自我、悦纳自我和提高心理调适能力。

（1）高度重视，构建大学生心理健康服务体系。

俗话说："火车跑得快，全靠车头带。"在大学生心理健康干预工作中，高校领导重视是极其重要的一个方面。要建立大学生心理健康教育工作领导小组，由主管学生工作的校领导担任组长，统筹领导全校大学生心理健康工作，积极协调教务处、财务处、后勤、各院系、校团委、心理咨询中心等部门在大学生心理健康教育和危机干预中的工作，面向全体、关注个体，建立心理危机预防与干预机制，确保高校心理健康工作有序开展。学生工作部门直接与大学生接触，最了解大学生的心理健康状况，要会同教学部门、思政课教师、心理学教师等一同开展大学生心理健康教育，建立心理健康服务体系，创设发展性的心理健康教育模式，积极利用微信、抖音、QQ、钉钉等现代信息技术开展心理健康服务，建立"学校—院系—班级—宿舍"四级心理健康干预联动机制，发挥其大学生心理健康干预的主力军作用，助力大学生健康成长成才。

（2）强化教育，优化大学生心理健康课程体系。

积极心理学认为，大学生心理健康教育的使命在于帮助和引导大学生建立积极情绪、积极动机、积极自我、积极改变的生活方式，促进个人与社会的发展，提升个体在学习、生活中的获得感、幸福感、存在感。大学生心理健康教育是促进大学生心理健康的主渠道、主阵地，针对不同年级、不同阶段大学生心理发展特点，针对性地开展心理健康教育，比如：对于大一的学生，应以大学生活适应性教学为主，主要解决大学生学习与生活、人际交往、恋爱与情感、学习与成才、环境适应等方面的问题。对于大三的学生，则倾向于求职与就业、职场适应等方面的心理健康教育。积极普及心理健康知识，提升大学生自我效能感、自我认知能力和幸福感。在教学方式上，可以采用团体心理辅导与训练、主题讲座等方式，创新教学模式，比如"积极教学法"坚持以学生为中心，激发大学生在课堂教学中的积极性和主动性，以培养大学生心理健康能力为主，促进大学生人格的完善。

（3）注重创新，跟踪化解大学生心理健康问题。

大学生心理健康教育是一项应用性极强的工作，要看到，心理健康问题是一个相对隐私的问题，要求心理健康教育不能拘泥于课堂，而应该以多种多样的形式来开展心理帮扶，对大学生心理健康状况进行及时跟踪，采取有效的措施化解，实现大学生心理健康教育效果的最大化。首先，逐级干预辅导。高校要建立"学校—院系—班级—宿舍"四级心理健康干预联动机制，发挥思政课教师、心理学教师、班主任、朋辈等在大学生心理健康干预中的积极作用，对存在心理健康问题的大学生开展个性化心理健康干预，建立心理健康档案，持续性开展心理帮扶。其次，开展发展性咨询。高校要从积极心理学的视角出发，着眼于大学生未来的成长成才和可持续发展，采用不同的方式、借助不同的载体，对大学生开展发展性咨询服务，帮助大学生提升自我认知、健全人格，引导其在创新能力、发展能力、自我管理能力、人际沟通能力等方面健康发展。

（4）科学评价，建立大学生心理健康干预评价体系。

大学生心理健康干预的效果如何，科学的评价体系尤为重要。传统心理健康教育评价存在一些误区，主要表现为把评价指标放在心理健康的消极方面，而不是积极的方面，即大学生成长成才的积极品质、自我实现、自我潜能以及社会发展等维度，并不能科学的反应心理健康教育评价的功能和价值。积极心理学认为，高校心理健康教育应致力于培养大学生积极情绪、积极认知、积极情感、积极品质和积极心态。那么，在心理健康干预的效果评价方面，应围绕这些指标展开，不是把目光放在如何发展和治疗大学生心理健康问题的层面，而是放在如何培育大学生积极心理品质、健康社会心理以及良好心理调适能力等方面，引导大学生习得实用性强的心理调适方法，让他们在大学生涯中获得更多的满足感、幸福感。

大学生处于成长成才的关键时期，由于环境陌生性、学业适应性、心智未成熟性、情感受挫、就业压力等一系列主客观因素的影响，存在心理健康问题是正常的现象。关键在于如何消除心理亚健康状况，提升心理健康调适能力。对此，高校要积极发挥心理健康教育的作用，积极对大学生开展心理健康干预，结合校园文化建设、教学

知识拓展 2

工作、管理工作等，促进大学生心灵成长、心态成熟，为社会培养出更多具有良好心理品质、健康社会心态、乐观豁达、充满朝气的新时代大学生。

课后拓展

心理测试

康奈尔健康问卷

【测试说明】请仔细阅读下面每一道题，答案为肯定的得 1 分，为否定的不得分，然后计算总分。

A—眼和耳

1. 你读报时需要戴眼镜吗？

2. 你看远处时需要戴眼镜吗？

3. 你是否经常有一时性的眼前发黑（视力下降或看不见东西）的现象？

4. 你是否有频繁的眨眼和流泪？

5. 你的眼睛是否经常很疼？或是否经常出现看物模糊的现象？

6. 你的眼睛是否经常发红或发炎？

7. 你是否耳背（听力差）？

8. 你是否有过中耳炎、耳朵流脓？

9. 你是否经常耳鸣？（耳中自觉有各种声响，以致影响听觉）

B—呼吸系统

10. 你常常不得不为清嗓子而轻咳吗？

11. 你经常有种嗓子发堵的感觉（感觉喉咙里有东西）吗？

12. 你经常连续打喷嚏吗？

13. 你是否觉得鼻子老是堵？

14. 你经常流鼻涕吗？

15. 你是否有时鼻子出血很厉害？

16. 你是否经常得重感冒？或是否经常嗓子痛，扁桃体肿大？

17. 你是否经常有严重的慢性支气管炎（在感冒时咳嗽，吐痰拖很长时间）？

18. 你在得感冒时总是必须要卧床吗？或是否经常吐痰？

19. 你冬天是否经常感冒，使你一冬天都很难受？

20. 你是否有过敏型哮喘？（以某些过敏因素，如花粉等为诱因的哮喘）

21. 你是否有哮喘？（反复发作的、暂时性的、伴有喘音的呼吸困难）

22. 你是否经常因咳嗽而感到烦恼？

23. 你是否有过咳血？

24. 你是否有较重的盗汗（睡时出汗，醒时终止）？

25. 你除结核外是否患过慢性呼吸道疾病（如慢性支气管炎、支气管炎扩张、肺气肿）？或是否有低烧（热）（37～38度）？

26. 你是否有过结核病？

27. 你与得结核病的人在一起住过吗？

C—神经系统

28. 医生说过你血压很高吗？

29. 医生说过你血压很低吗？

30. 你有胸部或心区疼痛吗？

31. 你经常感到心动过速吗？

32. 你是否经常心悸（平静时有心脏跳动的感觉）？或是否经常感到脉搏有停跳？

33. 你是否经常感到呼吸困难？

34. 你是否比别人更容易发生气短（喘不上气）？

35. 你即使在坐着的情况下有时也会感到气短吗？

36. 你是否经常有严重的下肢浮肿？

37. 你即使在热天也因手脚发凉而烦恼吗？

38. 你是否经常腿抽筋？

39. 医生说过你心脏有毛病吗？

40. 你的家属中是否有心脏病人？

D—消化系统

41. 你是否已脱落了一半以上的牙齿？

42. 你是否因牙龈(牙床)出血而烦恼？

43. 你是否经常有严重的牙痛？

44. 你的舌苔是否常常很厚？

45. 你是否总是食欲不好(不想吃东西)？

46. 你是否经常吃零食？

47. 你是否吃东西时总是狼吞虎咽？

48. 你是否有时恶心呕吐？

49. 你饭后是否经常有胀满(腹部膨胀)的感觉？

50. 你饭后是否经常打饱嗝？或是否有胃灼热吐酸水？

51. 你是否经常犯胃病？

52. 你是否有消化不良？

53. 是否严重胃痛使你不得不弯着身子？

54. 你是否感到胃部持续不舒服？

55. 你的家属中有患胃病的人吗？

56. 医生说过你有胃或十二指肠溃疡病吗？或饭后或空腹时是否经常感到胃痛？

57. 你是否经常腹泻(拉肚子)？

58. 你是否曾因有肠道寄生虫而感到烦恼？

59. 你是否经常有严重便秘(大便干燥)？

60. 你是否有痔疮(大便时肛门疼痛、不适，或伴有大便表面带血或便后滴血)？

61. 你是否曾患过黄疸(眼、皮肤、尿发黄)？

62. 你是否得过严重胆囊疾病？

E—肌肉骨骼系统

63. 你是否经常有关节肿痛？

64. 你的肌肉和关节经常感到发僵或僵硬吗？

65. 你的胳膊或腿是否经常感到严重疼痛？

66. 是否严重的风湿病使你丧失活动能力？或是否有肩、脖子肌肉发紧的现象？

67. 你的家属中是否有人患风湿病？

68. 你是否经常感到腿、脚发酸？

69. 腰背痛是否达到使你不能持续工作的程度？

70. 你是否因身体有严重的功能丧失或畸形(形态异常)而感到烦恼？

F—皮肤

71. 你的皮肤是否对温度、疼痛十分敏感或有压痛？

72. 你皮肤上的切口通常是易愈合的吗？

73. 你是否经常脸很红？

74. 你即使在冷天也大量出汗吗？

75. 你是否因严重的皮肤瘙痒（发痒）而感到烦恼？

76. 你是否经常出皮疹（风疙瘩或疹子）？

77. 你是否经常因生疖肿（脓包）而感到烦恼？

G—神经系统

78. 你是否经常由于严重头痛而感到十分难受？

79. 你是否经常由于头痛，头发沉而感到生活痛苦？

80. 你的家属中头痛常见吗？

81. 你是否有一阵发热，一阵发冷的现象？

82. 你经常有一阵阵严重头晕的感觉吗？

83. 你是否经常晕倒？

84. 你是否晕倒过两次以上？

85. 你身体某部分是否有经常麻木或震颤的感觉？

86. 你身体某部分曾经瘫痪（感觉和运动能力完全或部分丧失）过吗？

87. 你是否有被撞击后失去知觉（什么都不知道了）的现象？

88. 你头、面、肩部是否有抽搐（突然而迅速的肌肉抽动）的感觉？

89. 你是否抽过疯（癫痫发作，也叫抽羊角风）？

90. 你的家属中有无癫痫病人？

91. 你是否有严重咬指甲的习惯？

92. 你是否因说话结巴或口吃而烦恼？或是否有过因舌头不灵活而导致说话困难？

93. 你是否有梦游症（睡眠时走来走去，事后不能回忆睡着时所做的事情）？

94. 你是否尿床？

95. 在小学和中学（8～14岁）阶段你是否尿床？

H—生殖泌尿系统

96. 你是否每天夜里因小便起床？

97. 你是否经常白天小便次数频繁？

98. 你是否小便时经常有烧灼感（火烧样的疼痛）？

99. 你是否有时有尿失控（不能由意识来控制排尿）？

100. 是否医生说过你的肾、膀胱有病？

（101～106题只限男性回答）

101. 你的生殖器是否有过某种严重毛病？

102. 你是否经常有生殖器疼痛或触痛（一碰就疼）的现象？

103. 你是否接受过生殖器的治疗？

104. 医生有说过你脱肛（直肠脱出肛门以外）吗？

105. 你是否有过尿血（无痛性的）？

106. 你是否曾因排尿困难而烦恼？

(107～112 题只限女性回答)

107. 你是否经常痛经(月经期间及前后小肚子疼)?

108. 你是否在月经期常得病或感到虚弱?

109. 你是否经常在月经期卧床?

110. 你是否经常有持续严重的脸部潮红和出汗?

111. 你在月经期是否经常情绪焦躁?

112. 你是否经常因白带(阴道白色黏液)异常而烦恼?

I—疲劳症

113. 你是否经常感到一阵一阵很疲劳?

114. 是否工作使你感到精疲力竭?

115. 你是否经常早晨起床后即感觉疲倦和筋疲力尽?

116. 你是否稍做一点工作就感到累?

117. 你是否经常因累而吃不下饭?

118. 你是否有严重的神经衰弱?

119. 你的家属中是否有患神经衰弱的人?

J—既往健康状况

120. 你是否经常患病?

121. 你是否经常由于患病而卧床?

122. 你是否总是健康不良?

123. 是否别人认为你体弱多病?

124. 你的家属中是否有易患病的人?

125. 你是否曾经因严重疼痛而不能工作?

126. 你是否总是因为担心自己的健康而受不了?

127. 你是否总是有病而且不愉快?

128. 你是否经常由于健康不好而感到不幸?

K—既往病史

129. 你得过猩红热吗?

130. 你小时候是否得过风湿热,四肢疼痛?

131. 你曾患过疟疾吗?

132. 你由于严重贫血而接受过治疗吗?

133. 你接受过性病治疗吗?

134. 你是否有糖尿病?

135. 是否医生说过你有甲状腺肿大(粗脖子病)?

136. 你是否接受过肿瘤或癌的治疗?

137. 你是否有什么慢性疾病?

138. 你是否过瘦(体重减轻)?

139. 你是否过胖(体重增加)?

140. 是否有医生说过你的腿部静脉曲张(腿部青筋暴露)?

141. 你是否住院做过手术？

142. 你曾有过严重的外伤吗？

143. 你是否经常发生小的事故或外伤？

L—习惯

144. 你是否有入睡很困难或睡眠不深易醒的现象？或经常做梦吗？

145. 你是否不能做到每天有规律地放松一下（休息）？

146. 你是否容易做到每天有规律地进行锻炼？

147. 你是否每天吸20支以上的烟？

148. 你是否喝茶或喝咖啡比一般的人要多？

149. 你是否每天喝两次以上的白酒？

M—不适应

150. 当你考试或被提问时是否出汗很多或颤抖得很厉害？

151. 接近你的主管上级时是否紧张和发抖？

152. 当你的上级看着你工作时，你是否不知所措？

153. 当必须快速做事情时，你是否有头脑完全混乱的现象？

154. 为了避免出错，你做事必须很慢吗？

155. 你经常把指令或意图体会（理解）错吗？

156. 是否生疏的人或场所使你感到害怕？

157. 身边没有熟人时你是否因孤单而恐慌？

158. 你是否总是难以下决心（犹豫不决）？

159. 你是否总是希望有人在你身边给你出主意？

160. 别人认为你是一个很笨的人吗？

161. 除了在你自己家以外，在其他任何地方吃东西你都感到烦扰吗？

N—抑郁

162. 你在聚会中也感到孤独和悲伤吗？

163. 你是否经常感到不愉快和情绪抑郁（情绪低落）？

164. 你是否经常哭？

165. 你是否总是感到孤独和悲伤？

166. 你是否对生活感到完全绝望？

167. 你是否经常想死（一死了事）？

O—焦虑

168. 你是否经常烦恼（愁眉不展）？

169. 你的家属中是否有愁眉不展的人？

170. 是否稍遇任何一件小事都使你紧张和疲惫？

171. 是否别人认为你是一个神经质（紧张不安，易激动）的人？

172. 你的家属中是否有神经质的人？

173. 你曾患过精神崩溃吗？

174. 你的家属中曾有过精神崩溃的人吗？

175. 你在精神病院看过病吗（因为你精神方面的问题）？

176. 你的家属中是否有人到精神病院看过病（因为其精神方面的问题）？

P—敏感

177. 你是否经常害羞和神经过敏？

178. 你的家属中是否有害羞和神经过敏的人？

179. 你的感情是否容易受到伤害？

180. 你在受到批评时是否总是心烦意乱？

181. 别人认为你是爱挑剔的人吗？

182. 你是否经常被人误解？

Q—愤怒

183. 你即使对朋友也存戒心吗（不放松警惕）？

184. 你是否总是凭一时冲动做事情？

185. 你是否容易烦恼和被激怒？

186. 你若不持续克制自己，精神就垮了吗？

187. 是否一点不快就使你紧张和发脾气？

188. 在别人指使你时，你是否易生气？

189. 别人常使你不快，常激怒你吗？

190. 当你不能马上得到你所需要的东西时就发脾气吗？

191. 你是否经常大发脾气？

R—紧张

192. 你是否经常发抖和战栗？

193. 你是否经常紧张焦急？

194. 你是否会被突然的声音吓一大跳（跳起或发抖得厉害）？

195. 是否不管何时，当别人大声叫你时，你都被吓得发抖和发软？

196. 你对夜间突然的动静是否感到恐惧（害怕）？

197. 你是否经常因噩梦而惊醒？

198. 你是否头脑中经常反复出现某种恐怖（可怕的）想法？

199. 你是否常常毫无理由地突然感觉畏惧（害怕）？

200. 你是否经常有突然出冷汗的情况？

【测试结果】其临界点参考值为：男性总分≥35分，女性总分≥40分；其中 M～R（共 51 项）得分主要反映情绪、适应性等心理方面的指标，男性 M～R 得分≥15 分，女性 M～R 得分≥20 分。当超过临界值时，可通过后面的要素判断问题主要出在哪些方面。

❖ **实践训练**

1. 你认为出现什么情况时可进行心理咨询与心理治疗？

2. 面对身边有学习困扰的同学，你觉得如何对其进行心理疏导？

3. 面对身边有生活困扰的同学，你觉得如何对其进行心理疏导？

4. 面对身边有感情困扰的同学，你觉得如何对其进行心理疏导？

 课后思考

1. 心理咨询与心理治疗有何区别？

2. 大学生心理咨询的重要原则有哪些？

3. 大学生心理咨询时有哪些注意事项？

第二部分

大学生自我认知

项目三　大学生的自我意识

项目要点
- 自我意识的概念
- 自我意识发展的规律
- 自我意识完善的方法及途径

学习目标

通过本项目的学习，大学生能了解自我意识的相关概念；了解大学生自我意识发展中存在的问题及矛盾冲突；理解形成正确自我意识的意义，掌握正确的自我意识评价标准，学会全面、正确认识自我的方法，培养健康的自我意识。

案例导入

古希腊德尔斐城神庙里唯一的石碑上刻着这样一句铭文："认识自我。"这句碑铭犹如一把火炬，表达了人类与生俱来的内在要求和至高无上的思想命题。这也是古希腊哲学家苏格拉底穷其一生探索的生命问题。宁静的夜晚，仰望深邃的星空，我们经常会扪心自问"我是谁？""在社会中我究竟处于一个什么位置？""我有什么目标？""我如何才能成为理想中的那类人？"，等等。我们可以将这些自我提问看作自我意识。自我意识是个体意识发展的高级阶段，是一个人心理成熟和健康的重要标志。

中学时代，许多学生对自我的认识主要来源于考试成绩，每当因为学习成绩优异而获得老师的表扬时，学生会很自信。但进入大学以后，对大学生的评价开始多元化，对自我的评价不仅仅来源于学习成绩，更多的来源于大学生的日常生活能力、人际交往能力、班级管理能力、为人处事能力等诸多方面，大学生独自面对各种各样的困难时，对自我产生"我不行"的片面认识和严重的自卑感，会导致他们采用逃避的方式处理问题，心理越来越封闭，从而影响了心理健康。因此，对大学生来说，学会全面而客观地认识自我和接纳自我非常重要，这是一个人成长成才和发展的必要条件。

第一节　自我意识概述

自我意识的发展是大学生心理健康的基础，在大学生人格形成和人格结构中占有极其重要的地位。大学生只有比较客观准确地认识自我和了解自我，秉持一种接受和开放的态度，才有可能发掘自己的潜能，幸福快乐地生活，才有可能保持心理健康，顺利成长成才。

一、自我意识的概念

自我意识也称自我，是个体意识发展的高级阶段，是对自我身心活动的觉察，即自己对自己的认识。与自我意识相对应，人们对自身以外世界的认识称为对象意识。

从古希腊哲学开始，人类就把自我意识作为哲学思考及研究的对象，自我意识是哲学的一个重要概念。苏格拉底在普罗泰戈拉"人是万物的尺度"思想的基础上，提出了"认识你自己"的命题，这个命题是自我反思意识的提升，突出了人的自我意识价值。亚里士多德认为自我意识是经验和知识的前提。笛卡儿的"我思故我在"是自我意识概念的继承和发展。康德在《纯粹理性批判》中进一步改造了自我意识的概念，他比笛卡儿更清楚自我意识的结构和功能，更强调自我意识的能动性。

弗洛伊德认为自我是根据现实原则调节本我和超我矛盾冲突的人格结构部分，在与由快乐原则支配的本我和由道德原则支配的超我比较中，自我是人类生活选择中居首要地位的人格部分，因此，它的完备与否，直接关系到一个人的生活质量和品位。姚本先教授总结了我国心理学界对"自我意识"的理解，认为"自我意识是指个体对自己的身心状况、自己与周围世界关系的认知、情感以及由此而产生的意向。"

综合国内外专家的观点，现在较普遍的观点认为自我意识是人对自身以及对自己同客观世界关系的意识，是一种多维度、多层次的心理系统，是人格调控系统的核心。

二、自我意识的结构

所谓自我意识的结构，主要是指自我意识具有哪些表现形式以及自我意识都包括哪些心理成分。

（一）自我认知、自我体验和自我调控

从意识活动的形式看，自我意识有认知的、情绪的和意志的三种形式或知、情、意三个维度，即自我认知、自我体验和自我调控。

1. 自我认知

自我认知是自我意识的认知成分和首要成分，它是主体自我对客体自我通过分析、判断、比较等思维活动得到的感知、评价等，既包括对自己的身高、体形、样貌等外形特征的认识，也包括对自己正在进行的记忆、分析、判断等心理活动的认识，还包括对自己的言谈举止、仪态风度等外显行为的认识。自我认知的意识过程，可以明确地告诉个体"我是谁""我是什么样的人"。自我认知包括自我概念、自我感觉、自我观察、自我分析和自我评价等，其中自我概念和自我评价是自我认知最主要的方面，反映了自我认知甚至是自我意识的发展水平。

2. 自我体验

自我体验属于自我意识的情绪成分，是一个主观的心理过程，是个体在自我认知的基

础上对自身产生的一种情绪体验。这种情绪体验既可以是正面的，如自尊、自爱、肯定、接纳、优越感等，也可以是负面的，如自卑、否定、不满意等。如果个体感知的现实自我比理想自我好，就比较容易产生正面的情绪体验；如果个体感知的现实自我没有理想自我好，则容易产生负面的情绪体验。自我体验以情绪体验的形式来表现个体是否悦纳自己，主要涉及"我是否满意自己或悦纳自己"等问题。良好的自我体验有助于个体进行自我调控。

3. 自我调控

自我调控体现的是意志的维度，是指个体对自己的外显行为和心理活动的制止和发动过程，表现为个体对自我的认知、情绪、行为、动机等有一定的控制能力，包括自我监督、自主、自立、自我塑造、自我克制、自我教育等。自我调控能力较强的个体，在做事的过程中更加自制、自律、独立和坚定，往往有详细的计划，不太容易受内在和外界影响；相反，自我调控能力较弱的个体更容易受到内部情绪的阻力和外在因素的诱惑，往往会缺乏主见，遇到困难容易产生退缩和畏难情绪。

综上所述，自我认知是自我体验和自我调控的基础，自我体验强化着自我认知，并决定了自我调控的方向和行动力度，自我调控又对自我认知、自我体验起着调节作用。

（二）生理我、社会我和心理我

从自我意识的心理成分来看，自我意识可以分为生理我、社会我和心理我。

生理我是指个体对自己生理属性的意识，包括个体对自己的身高、容貌、舒适感、病痛感等方面的意识；社会我是指个体对自己的社会属性的意识，包括个体对自己在各种社会关系中的角色、地位、权利、义务、人际距离等的意识；心理我是指个体对自己的心理属性的意识，包括对自己的人格特征、心理状态、心理过程、行为表现等的意识。

自我意识的这三个维度，体现了自我意识的发展历程。个体首先是对生理我的认识，然后在社会实践过程中逐渐认识到社会我，最后在生理和心理日渐成熟的时候认识到心理我。

（三）现实我、投射我和理想我

从自我观念的角度来看，自我意识可以分为现实我、投射我和理想我。

现实我是个体站在现实的角度所认识到的真实的自我，是对个体的现实状况和实际行为的最真实的反映；投射我是个体想象中的他人眼中的自我，与现实我可能存在差距，但是，对于现实我的形成却起着非常重要的作用，因为人们总是把他人对自己的看法和评价作为重要参考，来形成对自我的认知；理想我是指个体经由理想或为满足内心需要而在意念中建立起来的有关自己的理想化形象，由于人们总是按照理想自我来塑造自己，因此理想我往往是现实自我努力的方向。正常情况下，当理想我的形成建立在对现实我有较为客观的认识基础之上时，理想我和现实我就会慢慢协调一致，从而使自我意识得到健康而良好的发展。

总之，自我意识作为一个复杂的、高级的心理系统，无论从哪个角度分析它的结构，都会得出不同的结论。事实上，每一种结构都是一个健全的自我意识必不可少的一部分，这些不同的"我"互相作用、互相平衡、互相联系、互相补充，从而形成一个完整的自我意识体系。

三、自我意识的相关理论

自从苏格拉底两千多年前提出了"认识你自己"，人们便开始了对自我的不断探索。但真正较为科学、系统地对自我进行研究，却只有近百年的历史。关于自我意识的形成与发展，心理学家们从不同的角度进行了探索。

1. 弗洛伊德的自我三分结构论

奥地利著名心理学家弗洛伊德在其人格结构理论和人格发展理论中都强调自我意识的健康发展对个体的心理发展以及个体的行为风格有着重要的影响，他认为自我的结构由本我（id）、自我（ego）、超我（superego）三部分构成。人出生时有一个本能的我，即本我，它由先天的本能、原始的欲望所组成，处于最底层，只知道满足和释放而不知道约束自己，其遵循的原则只有快乐；它像一个幼儿，容不得紧张、欲望得不到满足，易冲动，无组织，非理性。自我是本我在与现实打交道的过程中分化出来的，因为本我这种原始的快乐欲望，在现实生活中是行不通的，所以经过大脑思考就产生了一种自我的意识，让它来解决本我与现实的矛盾和冲突，这就是自我，自我遵循现实原则来适应环境中的一些条件和限制，是人与外部世界的媒介，是人具有的符合现实生活的理智思维。超我是自我中最文明、最有道德的部分，是社会道德的化身，按照道德原则行事。

2. 詹姆斯的自我理论

著名心理学家威廉·詹姆斯在《心理学原理》一书中，首次提出了将自我分为主我（the "I"）与客我（the "me"）两个方面。这是在科学心理学创立之后，首次真正地从科学心理学的角度来阐述与研究自我问题。詹姆斯对自我进行了进一步的研究，他认为自我的客体是由三部分组成的——物质、社会和精神。物质包括个人的身体、衣物、房屋、家庭、财产等；社会是指得到他人的认可，如声誉等；精神包括个人的意识状态、特质、态度、气质等。相对应地，他将自我划分为物质自我、社会自我以及精神自我。詹姆斯的自我理论，对后来学者们对自我的研究起到了很大的推动作用，奠定了心理学领域对自我研究的基础。即使是现在，他的这一理论对自我的研究仍然有着巨大的影响力。

3. 埃里克森的自我发展理论

埃里克森关于自我的形成与发展的理论，实际上就是他的关于人格的形成与发展的理论。他认为，在人格发展过程中，逐渐形成的自我意识在个体与周围环境的交互作用中起着主导和整合的作用。他认为，个体在成长的过程中，通常都会体验生物的、生理的、社会的、事件的发展顺序，并按照一定的成熟程度分阶段地向前发展。在他的《童年与社会》一书中，埃里克森将人的发展分为八个阶段，各个发展阶段之间既相互依存，又会形成独特的自我特征。在这八个阶段中，每一阶段都存在着心理与社会的危机，如果危机顺利解决，则形成这一阶段积极的自我，反之，则形成这一阶段消极的自我。埃里克森的这一理论，是以个体成长到某一阶段就会有相应的社会环境及需求与之相适应为前提的，这一点过于理想化。尽管他的理论缺乏严格的论证，但对于青少年自我意识发展的研究仍然有着深刻的影响。

四、自我意识与心理健康的关系

自我意识是人区别于动物的根本所在，也是人的心理、思想具有多样性的原因之一。自我意识不但是人认识客观世界、改造客观世界的前提，也是一个人能否获得主观幸福感、保证心理健康的关键所在。

（1）自我意识是心理健康的重要标志。

无论是东方还是西方的心理学家，在界定心理健康的标准时，都不约而同地将良好的自我认知作为心理健康的重要指标。例如，心理学家马斯洛就把有充分的自我安全感、能充分了解自己和恰当估计自己的能力，作为两条重要的心理健康标准；奥尔波特认为，健全人格应具备的特点包括扩展的自我、自我接纳与安全感；我国学者王登峰博士也把"了解自我、悦纳自我"作为心理健康的首要指标。

健康良好的自我意识是心理健康的重要标志。大学生只有客观准确地认识和了解自我，并对自己的经验持一种接受和开放的态度，才有可能充分发掘自己的潜能，使自己成才；反之，则会影响到自己的身心健康和个人发展。

（2）良好的自我形象是成功的基础。

自我形象不仅影响人的心理健康，而且影响人的成就水平。正如马斯洛所指出的那样，一个有稳固基础的自我形象是迈向自我实现的先决条件。只有具备良好自我形象的人，才会有勇气和信心面对一切，不畏困难，实现自己的奋斗目标。反之，对自己信心不足的人即使本身具有极高的素质也会畏缩不前、瞻前顾后，错失大好机会，最后与成功擦肩而过。

（3）不良的自我意识会导致心理疾病。

在实际生活中，有些人因为错误的自我概念而产生各种各样的心理问题，如自卑、自责等，严重的还会发展成恐惧症、抑郁症等心理疾病。

（4）影响心理健康的客观因素是通过个体的自我意识而起作用的。

影响心理健康的因素是多种多样、非常复杂的，既有生物因素、家庭环境与教养方式、人际关系以及社会区域文化等客观因素的影响，也有气质、性格、情绪等主观因素的影响；既有压力和挫折事件等直接因素的影响，也有对直接因素的不同认知风格和体验的间接因素的影响。身处相同的环境、面对同样的压力和挫折，不同的人有着不同的心理感受，主要是因为影响人的心理健康的客观因素是通过个体的自我意识这一人格调控系统的核心而起作用的。

自我意识越成熟、越完善的人，其自我认知、自我体验和自我控制越能够协调一致。他们对生活中的负性事件的认知比较客观，情绪体验适度并能积极地进行调节和控制。他们表现出较强的心理承受能力和自我调节能力，因此能够经常保持心理健康。自我意识不成熟或自我意识本身就有障碍的人，由于其对自身都无法正确地认识，也就无法客观地分析、评价生活中的负性事件，他们要么产生歪曲的认知，要么情绪反应过激，要么缺乏行动的动机，因而他们的心理素质较差，心理健康水平也较低。

第二节　大学生自我意识及其发展

自我意识不是生来就有的，而是伴随着人的生理成长和社会化进程而不断发展的。大学时期正是自我意识发展成熟的关键时期。

一、大学生自我意识发展的基本规律

大学阶段是个体自我意识急剧增长、迅速发展和趋于完善的关键时期，该阶段的自我意识发展表现出与其他阶段不同的特征，是自我意识发展较为特殊的一个阶段。大学阶段是自我意识稳步发展的阶段，自我认知、自我体验、自我调控逐渐协调一致。大学生自我意识发展的基本规律表现为：分化—矛盾—统一。

（一）大学生自我意识的分化

大学生自我意识的发展是从明显的自我分化开始的，表现为以往那种笼统的、完整的"我"被打破，出现了两个"我"——主观的"我"和客观的"我""理想中的我"和"现实中的我"，其中主观的我处于观察者的角度，而客观的我则处于被观察者的角度。自我意识的分化是自我意识走向成熟的标志，随着自我明显的分化，大学生们开始主动、迅速地关注自己的内心世界和行为，对生理自我、心理自我、社会自我每一个细微变化产生新的认识和体验，自我反省能力增强，自我形象的再认识更加丰富、完整和深刻，由此而来的激动、焦虑、喜悦等情绪增加，自我体验更加丰富多彩，自我思考增多，自己应该怎样做、能怎么做、不应该怎么做、不能怎么做等成为经常思考的问题，开始要求有属于自己的一片天空和世界，渴望得到理解和关注。

（二）大学生自我意识的矛盾

自我意识的分化，使大学生开始注意到自己以往不曾留意的许多方面，同时也意味着自我矛盾冲突的加剧，即主观自我与客观自我、理想自我与现实自我的矛盾冲突的加剧。由自我意识的分化带来的矛盾是大学生自我意识发展过程中的必然现象，虽然它会给大学生带来不安、疑惑与困扰，可能还会影响到他们的心理健康与心理发展，但是它更会促使大学生努力解决矛盾，实现自我意识的统一，从而推动自我意识向成熟发展。自我意识中常见的矛盾主要有以下几种。

1. 主观自我与客观自我的矛盾

一方面，作为同龄人中能够接受高等教育的人，大学生对自我有较高的积极评价，但由于他们远离社会，缺乏社会经验，在校园浓郁的学术与文化氛围中成长，对社会的了解缺乏客观的眼光与切实的体验。另一方面，随着高等教育大众化进程的推进、适龄青年接受高等教育机会的增加，社会对大学生的评价更趋客观，大学生回归本位，身上光环的消失使他们容易产生失落感。

2. 理想自我与现实自我的矛盾

在现实生活中，理想自我与现实自我总是存在着一定的差距。合理的差距能够使人不断进步、奋发有为，但是，如果差距过大，则有可能引起自我的分裂，导致一系列心理问题。

3. 独立与依附的矛盾

一方面，大学生生理与心理的成熟使他们渴望以独立的个体面对生活、学习与工作中遇到的问题，但由于长期的校园生活使其缺乏应有的社会阅历与经验，当应急事件出现时，他们却又希望亲人、老师和同学能够替自己分忧。另一方面，大学生心理上的独立与经济上的不独立也形成了明显的反差。在他们迫切希望摆脱约束、追求独立的同时，却又不可能真正摆脱家长和老师的支持与帮助。特别是对于某些独生子女来说，由于长期受到父母的宠爱甚至溺爱，独立与依附的矛盾就表现得尤为突出。

4. 渴望交往与心灵闭锁的矛盾

一方面，没有哪个时期比青少年时期更加渴望友情与爱情，更加渴望获得同辈群体的认同。在这个时期，每个人都渴望爱与友谊，渴望交往与分享，渴望自我价值得到实现，渴望探讨人生的真谛、寻找人生的知己，希望成为群体中受尊敬与受欢迎的人；另一方面，大学生的自我表露又受到心灵闭锁的影响，总是不经意地将自己的心思深藏起来，与同学有意无意地保持着一定的距离，存在着戒备心理，不能完全敞开心扉交流和沟通思想。这也是大学生常常感到大学交往不如高中那么自如真诚的原因所在。

5. 理智与情感的矛盾

大学生情绪的一个显著特点是容易两极分化，或高或低，波动性大，易冲动，不易控制。但随着身心的发展和认知水平的提高，大学生会渐渐成熟起来，在遇到客观问题时，既想满足自己的情绪与情感的需求，又想服从于社会及他人的需求。特别是当遇到失恋等人生打击时，尽管理智上能够理解，但感情上却难以接受。

（三）大学生自我意识的统一

自我意识的矛盾冲突，常常会给大学生带来不安或心理痛苦，他们总是力图通过自我探究来摆脱这种不安与痛苦。在自我意识的矛盾冲突中，大学生的自我意识也在不断调整和发展着。在自我意识的不断调整和发展过程中，他们极力寻找新的支点，寻找自我意识的统一点。自我意识的统一有多种形式，既有积极的、和谐的、有利于心理健康发展的统一，也有消极的、不协调的、不利于心理健康发展的统一。自我意识统一的过程也是自我同一性发展的过程，即主观自我与客观自我的统一，理想自我与现实自我的统一，自我认知、自我体验、自我调控的统一。这种统一是在自我评价、他人评价（包括群体评价和评价他人）的过程中逐步实现的。

1. 积极自我的建立——自我肯定

自我肯定，即对自我的认识比较清晰、客观、全面、深刻。这种积极自我的特点是，在经过痛苦的选择与调整之后，大学生逐渐成长起来，使理想自我与现实自我趋于统一、主观自我与客观自我趋于一致，对自我的认识更加深刻、客观和理性。积极的自我不仅了解自己的长处与优势，也了解自己的不足与劣势，能够分析哪些是通过努力可以达到的，哪些是属于无法企及的，从而进行积极的自我肯定，向着理想自我迈进。

2. 消极自我的建立——自我否定

消极的自我意识分为两个方面——自我贬损型与自我夸大型。自我贬损型的人由于总在积累失败与挫折的经历，对现实自我的评价较低，并时常伴有缺乏价值感、自我排斥、自我否定。他们不但不接纳自己，甚至自我拒绝、自我放弃，表现为没有朝气、随波逐流、缺少激情，生活没有目标，其行为结果表现为更加自卑，从而失去进取的动力。自我夸大型的人正好相反，他们对自我的评价非常高，往往脱离客观实际，常常以理想自我代替现实自我，盲目自尊，虚荣心强，心理防御意识强。行为结果要么表现为缺乏理智、情绪冲动，忘记现实自我而沉浸于虚无缥缈的自我设计中；要么自吹自擂、自我陶醉，却不去为实现自我做出努力。自我贬损型与自我夸大型的共同特点是对自我评估不正确、理想自我不健全，缺乏实现理想自我的手段，形成后的自我虚弱且不完整，是一种不健康的自我统一。虽然大学生中这种类型的人较少，但严重者可能会用违反社会规范或以违法犯罪的手段来谋求自我意识的统一。

3. 矛盾自我的建立——自我冲突

自我冲突是难以达到统一的自我意识，表现为自我评价始终在真实自我上下徘徊，自我认知或高或低，自我体验或好或坏，自我调控时强时弱，心理发展极不平衡，有时显得自信而成熟，有时又表现出自卑而不成熟，让人无法评估。

二、大学生自我意识发展的特点

大学生正处于自我意识发展的关键时期，其自我意识的发展呈现出许多新的特点。确定大学生自我意识发展的水平，应以其自我意识结构之间是否协调发展为重要指标。如果要素协调发展一致，自我意识的发展水平就高；如果要素协调发展不一致、不统一，自我意识的发展水平就低，就会出现障碍。下面从自我认知、自我体验和自我调控三个方面来阐明大学生自我意识发展的特点。

1. 大学生自我认知的特点

（1）更加注重对自己内在素质的认识。

有调查显示，在高中尤其是高年级，学生对自我的认知比较看重一些外在的东西，如身体、容貌、仪表等。到了大学阶段，学生对自己的认知发生了很大的变化，这种变化不是说学生不看重外在的东西了，而是与外在的东西相比，他们更加注重内在的素质。在一所大学的问卷调查中，在回答"你认为你是一个什么样的人"时，多数学生回答的是自己的一些心理品质，如善良、热情、诚实、乐观、自信、自尊等。

（2）更加注重自己在社会中的地位和作用。

随着年级的升高，大学生对自我的社会属性（社会地位、社会角色、社会责任、社会义务等）越来越关注。经常在校园里听到大学生们说"宇宙是无限的，人生只是昙花一现，但也要在这一瞬间把斑斓的色彩留给人类"、"社会的进步不是靠哪个救世主，而是靠全体社会成员的努力，靠我们自己掌握自己的命运"，也经常有许多高年级的学生因未报答父母的辛苦劳动而感到内疚。

（3）以肯定性评价为主。

从总体上看，现代的大学生看到更多的是自己的优势、优点。从一定意义上说，这一状况显示了当代大学生自信、积极向上的心理状态。但同时，过分看重自己的优势而看不到自己的缺陷，也可能走向另一个极端，即盲目自大、目中无人的心理状态，这对大学生的发展是极为不利的。

（4）自我评价从高估走向平衡。

以往西方心理学家的研究认为，青年学生在评价自己时有过高评估的倾向。从我国大学生的实际来看，低年级的大学生自我高估的倾向比较明显，这是因为他们刚从高中毕业，能升入大学的毕竟是少数人，因此，自认为是"天之骄子"。但是，经过几年的大学学习、观察和体验，他们的自我评价趋于平衡，对自己的评价更为客观、现实。

2. 大学生自我体验的特点

（1）发展水平渐趋稳定。

西方心理学家的调查结果显示，大学各年级学生由于自我认知与评价能力的增高，自我体验仍在发展变化，但大学二年级和三年级学生的自我体验的测验得分有所下降。情感体验受到社会需要和主体意识与客体的相互关系的影响，尤其是在大学期间，学生的理想和现实往往发生矛盾与冲突，这种矛盾状态一直持续到三年级才得到解决。

大学生在自我认知提高的基础上，认识到自我的价值、地位和作用，责任和义务感增强，自尊心有突出的表现，在学习和各项活动中争强好胜，一旦受挫和失败就会产生内疚和压抑的情绪，成功与失败都会引起大学生强烈的情绪反应。

（2）自我体验敏感性大。

青年期的学生对涉及自我的一切事物都非常敏感，特别是在与异性的接触中更常会引起情绪的波动，在行为与自我形象的塑造上往往触景生情，通过想象抒发自己的灵感和对生活的体验，因而在思维中经常流露出一些感触和遐想等。

从性别差异来看，在自我体验强度方面，男生大于女生；在体验的持续性上，女生比男生持久。

3. 大学生自我调控的特点

（1）自我调控能力与自我监督能力提高。

大学生的自我调控已经发展到用自觉提出的动机、目的来调节与支持，防止活动的任意改变，坚持实行预定行动计划的程度，因而能应用逻辑分析来提高执行过程的知觉水平。大学生自我监督的自觉性来源于社会责任感、成就目标、生活价值定向、意志的努力和锻炼，而外部直接诱因的作用则相对地减少了。

（2）存在高估或低估自我的倾向。

大学生由于自我认知与自我体验发展不平衡，往往表现出两种倾向，一种倾向是高估自己。所谓"高估"，就是自我认知高于他人评价。在自我认知方面，有的学生自信心和优越感较强，他们用自己之长比他人之短；有的学生出现了盲目的抗拒心理，认为别的同学都不如自己，甚至采用各种方式表现自己的能力，思想偏激、武断，因而出现错误的行为。这种自我扩张型的人，行为上缺乏理智，情绪容易冲动，妄自夸大自我形象，幻想高于现实，当现实条件不如意时，就埋怨客观环境不佳，甚至使学业与品德向不良方向发展。另一种倾向是低估自己。有的学生在大学生活和学习中积累了较多的挫折和困难，自卑感严重，出现了焦虑和紧张，倾向于自我否定。这两种表现都说明大学生在自我调控方面更需要注意三种自我结构因素由不平衡向平衡的发展。

三、影响大学生自我意识发展的因素

影响大学生自我意识发展的因素有多种，下面主要介绍情境性因素和主观性因素。

（一）情境性因素

1. 学习环境因素

在大学阶段，学生的学习开始由高中的以基础知识和基本技能为主要内容向理论的系统化、专业化、技能化和高级化方向转变，这既是一个学习方式和学习思维转变的过程，又是一个从单一文化知识层面的学习到理论与技能学习并重并且尽可能进行知识复合的过程，同时还是一个由单纯业务学习到丰富自身综合素质与内心世界、陶冶情操、健全人格的过程。这样一个复杂的转变过程，难免会对大学生产生一些心理上的影响。

2. 生活环境因素

进入大学校园，大学生开始了集体生活，由"两耳不闻窗外事，一心只读圣贤书"到自己独立支配生活费及料理自己的生活。陌生的气候以及风土人情等，都可能会给每一位大学生带来由依赖到独立的过渡期的某些不适，因而大学新生必须自觉地调整自己，主动适应新的生活方式。

3. 社会环境因素

人们把大学生所处的环境称作"象牙塔"，然而它并不是一个封闭的环境。随着信息化社会的发展及通信手段的日益丰富，社会环境的影响无孔不入地渗透进日益开放的大学校园，不断改变的生活方式、不断加快的生活节奏，裹挟着大量的信息扑向大学生，这就迫使

知识拓展3

他们更加强烈地寻求社会适应，寻找个人与社会的结合点。在这一过程中，大学生的心理自然会承受不同程度的压力，不得不反过来更为严格地审视自己。

4. 人际交往因素

大学生对人际交往有着强烈的渴望和要求，希望得到他人的认同和理解。然而，由于受到自尊心等因素的影响，大学生们并不能轻易地向别人敞开心扉。同时，大学生们往往具有很强的个性，不能轻易接受别人的行为与观点，因此在人际交往过程中容易与他人产生冲突与矛盾，进而影响到其自我意识的形成与发展。

（二）主观性因素

1. 自我期望水平的高低

大学生自我期望水平的高低，直接影响着其自我塑造的信心与决心。自我期望水平高的人，不容易达到自己的目标，易对自己产生失望的情绪，因此倾向于形成较低的自我评价；反之，自我期望水平低的人则容易形成较高的自我评价，能够接受自己。

2. 自我评价能力的发展

能不能对自己有一个科学、合理的认识与评价，关系到大学生自我意识能否健康发展。特别是进入大学后，他们自身的优势发生变化，在新的起点应该怎样进行新的开始，也成为大学生意识发展过程中一个新的考验。在实际生活中，大学生很少有意识地进行自

我评价，而且在以往的学习和生活过程中，他们并没有学习到正确的自我评价的方法，因此大学生们本来所具有的自我评价能力就成为制约他们能否进行正确自我评价的关键因素。

四、大学生自我意识发展中存在的问题及其成因

大学生自我意识发展过程中比较容易出现问题或缺陷，而且这些问题的表现是多种多样的。这些问题的出现很可能导致人际交往困难、社会适应不良、学习动力不足等后果，并进而影响到大学生的人生发展道路。总之，大学生自我意识发展过程中出现的问题应该受到高校教育工作者的重视，大学生在度过大学阶段时也应力求避免这些问题的出现。

（一）大学生自我意识发展中存在的问题

1. 过度的自我接受

自我接受是指自己认可自己、肯定自己的价值，对自己的才能和局限、长处和短处都能客观评价、坦然接受，不会过多地抱怨和谴责自己，对自我的接受是心理健康的表现。过度的自我接受是自我扩张的特点，这类人他们往往高估自我，对自己的肯定评价往往不切实际。过度自我接受的人容易产生盲目乐观的情绪，自以为是，不易处理好人际关系；过高的自我评价容易滋生骄傲心理，易对自己提出过高要求，并会因为承担无法完成的任务和义务而导致失败。

2. 过强的自卑感与从众心理

自卑感是对自己不满的一种自我否定的情感，即对自己缺乏信心、缺乏主见，遇事从众，其结果捍卫的是虚假的、脆弱的、不健康的自我。当一个人的自尊得不到满足，又不能合理地、实事求是地分析自己时，就很容易产生自卑感。产生自卑心理的人，往往怀疑自己的能力，怯于与人交往，甚至还会封闭自己，即使原来经过努力可以达到的目标也会由于没有信心而主动放弃。

从众是一种普遍存在的心理现象，它是在群体舆论的压力下，放弃个人意见而采取与大多数人一致的自我保护行为。有些大学生性格内向，独立能力差，无主见，甘当配角，缺乏独立意识和对问题的独到见解，具有趋同性，缺少独当一面的勇气。从众心理过强，会使大学生缺乏个体倾向性的人生观、价值观和世界观，自我意识薄弱。

3. 盲目心理和消极懒惰心理

在大学生中还有一种常见的心理偏差就是对自我缺乏正确的评价，导致盲目心理。这类学生进入大学校园后，对什么都感兴趣，什么都想学，什么都想去尝试，结果往往导致学习成绩或工作效率受到影响，本来想"面面俱到"，却成了"面面不到"。

消极懒惰混日子是另一种缺乏目标意识、不能形成积极的理想自我的心理。有的大学生认为寒窗十余载，到了大学可以轻松自在了，对学习不感兴趣，自我发展目标不明确，很少对个人发展、个人和社会的关系进行主动积极探索，不能主动把自我的命运与集体和国家民族的命运结合起来。他们或者无所事事、虚度光阴，或者沉溺于游戏、玩乐之中，丝毫体现不出年轻人蓬勃的朝气与振奋的精神。

4. 任性与逆反心理

当代大学生，大多数是独生子女，加上"大学生"这个头衔的光环，使得他们往往集家长的溺爱、老师的宠爱和社会的关爱于一身，在顺境中长大，缺乏挫折的磨炼，极易养成任性孤傲的性格，往往想问题和做事情都从"我"出发，不能进行客观的思考和分析，人际关系不易达到和谐。

逆反则是由于大学生在摆脱依赖、走向独立的过程中，有时矫枉过正，表现出过分的独立意向，导致产生逆反心理，对正面教育和宣传表现出一种怀疑、不认同的态度，对社会、人生和个人前途显示出玩世不恭的态度，常表现出有意违拗的行为和放任不羁的倾向，消极作用很大。

（二）大学生自我意识发展问题的成因

1. 不恰当的家庭教育方式

家庭尤其是父母的教养方式是影响一个人终身的因素。好的家庭教育会使自我意识伴随着生理的成长而不断获得新的养料。家庭的经济状况、父母的文化水平、家庭的整体氛围等，都会对一个人自我意识的发展产生巨大的影响。当代的大学生绝大多数从小在父母及四位隔代老人的精心呵护下长大，是名副其实的"小太阳"。很多孩子从小受到了过多的溺爱，在家里呼风唤雨，一切以自己为中心，对自我没有正确的认识和评价，造成了过分高估自己的结果。这样的大学生一旦受挫，还可能完全否定自己，走向另一个极端。

在当今社会教育制度影响下，家长们过分重视对孩子进行智力教育，忽视孩子的心理及个性教育，孩子们心理上的困惑往往无法得到有效解决，日积月累之后就形成了错误的自我评价。有些父母对孩子寄予过高的期望，并在无形之中给孩子过高的压力，当孩子无法实现父母的期望时，就会形成很低的自我评价。

2. 不良的个性发展结果

由于人的神经系统活动过程的特性不同，有的大学生天生就具有忧虑、抑郁、依赖、顺从等人格特质，而具有这些人格特质的人倾向于否定自己，不易于接受自己。如果这类大学生在成长过程中得不到正确的引导，任由这些特质发展下去，则可能形成不良的自我评价，影响他们自我意识的健康发展。

3. 学校教育中缺乏合理的引导

大学生们的自我意识问题有的是在中小学阶段就已经形成的。一直以来，中小学教育改革在不间断地进行着，各类学校以不同形式开展素质教育，同时也越来越重视学生的全面发展。但是在学生的心理素质培养和教育方面还存在着有待提高的地方，尤其是在学生自我意识的引导方面。目前的中小学校教育中还存在着以学习成绩作为评价学生唯一标准的现象，这种评价学生的方式不利于学生进行全面正确的自我评价。同时，多数中小学校没有对学生的自我评价能力与自我接纳方面开展专门的引导教育，这就使得学生在出现自我意识问题时茫然无措。

4. 社会观念变革的影响

改革开放以来，中国社会发生了翻天覆地的变化，整个社会也越来越趋于多元化。现在的大学生大多对新思想反应敏锐，接受彻底，他们比前代人更迫切地要求展现自我，张扬个性,强调权利,独立意识显著增强。但是也应该看到,由于大学生们没有完全成熟,辨别是非的能力还较差,有些大学生在张扬个性的同时,却没有对人生的意义做出正确的思考,导致他们社会责任感缺失,行为消极,思想偏激,处于一种迷失自我的状态。

5. 不恰当的相互比较

有的大学生在与同龄人的相互比较中会发现自己一些不如别人的地方,如身材、外貌、交往与表达能力、家境等,因而难免自惭形秽,产生自卑的心理。处在自我同一性发展关键时期的大学生对这些问题尤其敏感,好胜心使他们不愿在任何方面落后于别人。然而人与人的情况毕竟不会完全相同,如果盲目地与别人做比较,可能会过多地关注自身的缺点,进而不能形成正确的自我观念。

6. 不正确的归因方式

归因是指个人从主观的感受与经验出发,将别人或自己所表现的行为或某事件的发生归属于某种原因的过程,归因方式不同,对大学生心理产生的影响也不同。如果大学生倾向于在事情失败时把原因归结为智力、能力等内部因素,则可能降低自我评价,丧失进一步努力的信心和勇气,最终导致大学生难以接受自己的不良后果。

五、完善大学生自我意识的途径

大学生自我意识的发展是一个长期的过程,其间要受到很多因素的影响。针对不同的影响因素,可以采取不同的方法来帮助大学生完善自我意识,综合起来可以分为以下几个方面。

(一) 大学生自身发展方面

任何事物的发展与变化都是内因与外因共同作用的结果,其中内因起着决定性作用,外因要通过内因来起作用,大学生自我意识的发展和完善也是如此。大学生自身对自我意识问题的认识和思考是促进其自我意识完善的关键,对于大学生来讲,需要从以下三个方面来促进自我意识的完善与发展。

1. 正确认识自我

正确认识自我有以下三条渠道。

(1) 比较法——从我与人的关系认识自我。

确立合理的参照系和立足点对于建立正确的自我认知来说尤为重要,在比较时要注意以下三个方面的问题:

① 跟他人比较的是行动前的条件,还是行动后的结果?有的大学生在没有行动前就过分看重自己与他人的差距,无法建立自信,结果就会半途而废。

② 跟他人比较的是相对标准还是绝对标准?是可变的标准还是不可变的标准?经常有大学生认为自己不如他人,其实他们关注的可能是身材、家庭条件等不能改变的条件,这样的比较没有实际的意义。

③ 比较的对象是什么人?是与自己条件相似的人,还是自己心目中的偶像或极不如己的人?与过高或过低的标准去比较都不会起到积极的作用,只能适得其反。

(2) 经验法——从我与事的关系认识自我。

一个人成功的经验、失败的教训和才识对他来说都是一种学习,即所谓的"不经一事,不长一智"，成败得失，其经验的价值也因人而异。对于聪明又善用智慧的人来说，成功的经验和失败的教训都可以促使他们成功，因为他们了解自己，有坚强的人格特征，善于学习，因而可以避免重蹈覆辙。对于某些自我意识比较脆弱的大学生来说，失败的经验会使其更加失败，因为他们不能从失败中吸取教训，改变策略以追求成功，而且挫败后会形成畏败心理，不敢面对现实去应对困境或挑战，甚至失去许多良机。

大学生应该参与到更多的活动中去，如参加社团活动或社会实践等，通过参加这些活动来积累经验，增长知识，同时起到磨炼意志的作用。

（3）反省法——从我与己的关系中认识自我。

古人曰"吾日三省吾身"，从我与己的关系中认识自我看似容易实则困难。自省就是通过自我意识的反省特征来培养自我意识的主动性和积极性。通过自我反省，重新回头认识自己做过的事、走过的路，既是吸取教训、总结经验的过程，又是一种开拓创新。

2．积极悦纳自我

在对待自我的态度上有两种情况：一是自我认可，既看到自己的优点和长处，又承认自己的缺点和不足，对自我给予基本肯定，与之相联系的是自尊的自我体验，接受自己的各方面；二是自我拒绝，对自己做出消极评价，夸大自己的缺点和不足，甚至否认自己存在的价值。与之相联系的是自卑的自我体验，即自己可以喜欢朋友、喜欢知识、喜欢自然，却不愿意喜欢自己，自我认可的态度也可以称作悦纳自我，悦纳自我是发展健康自我体验的关键和核心。具体地说，积极悦纳自我包括以下几点：

（1）接受自己、喜欢自己，觉得自己独一无二，有价值感、自豪感、愉快感和满足感。

（2）性格开朗，对生活乐观，对未来充满憧憬。

（3）平静而又理智地看待自己的长处与短处，冷静地对待自己的得与失。

（4）树立远大的理想，并以此激励自己不断地克服消极情绪。

（5）既不以虚幻的自我补偿内心的空虚，也不以消极回避漠视自己的现实，更不以怨恨自责乃至厌弃来否定自己。

3．有效调控自我

自我调控是主动定向改造自我的过程，也是个体对待自己的态度的具体化过程，同时，它是大学生健全自我意识和完善自我的根本途径。一般来说，大学生要有效调控自我应做到以下几点：

（1）建立合乎自我实际情况的抱负水平，确立合适的理想自我，即面对现实，确定自己的具体奋斗目标。把远大的理想分解成一个个远近高低不同的子目标，由近及远、由低到高，循序渐进地逐步加以实现。关键是每个子目标都应适当、合理，经过努力可以达到，否则会丧失信心。

（2）增强自尊和自信，使自己有为实现理想自我而努力的更强大的动力，激励自己不断奋进。

（3）培养顽强的意志和坚强的性格，发展坚持性和自制力，增强挫折耐受力，使自己能自觉主动地认清目标，为实现目标而努力排除干扰、克服困难，正确地面对成功与失败。

（二）家庭教育方面

父母是孩子的第一任老师，家庭教育在大学生自我意识的发展过程中起着至关重要的作用。因此，可以从家庭教育入手帮助大学生完善自我意识：

（1）家长要了解并接受孩子的特点。

家长要树立正确的观念，充分了解并接受孩子的特点，既要看到孩子的优点，也要看到他的不足，并经常与孩子进行交流，让孩子对自己有一个全面的认识：既不要因为孩子的某些长处而沾沾自喜，也不要因为孩子有某方面的不足而对其过于苛求。

（2）家长要采用民主的教育方式。

家长在家庭教育中要采取民主的教育方式，像尊重朋友一样尊重孩子，以平等的方式与他们交流。家长要经常给孩子以鼓励，帮助孩子树立信心，并给他们提供行之有效的意见和建议，帮助其顺利度过大学阶段。

（3）家长要调整过高的期望水平。

望子成龙是天下所有父母的心愿，每个家长都希望自己的孩子能够有所作为。但是，如果家长不顾孩子的实际情况一味地提出过高期望，就有可能导致孩子因为达不到父母的期望而不能认同自己的结果。因此，父母对孩子的期望要调整到恰当的水平，适合孩子的发展状况，避免给孩子带来过大的心理压力。

（三）高校方面

高校应通过以下几条途径来完善大学生的自我意识：

（1）加强理论研究。

针对大学生自我意识发展过程中分化—矛盾—统一的发展规律，细致地探讨每个阶段大学生自我意识发展的具体问题及其解决方法，是当前大学生教育工作者们的当务之急。可以通过实证性研究的方法分析影响大学生自我意识发展的影响因素，探索大学生自我意识的完善方法，为大学生建立正确的自我意识提供更多的理论与实践上的帮助。

（2）开展专项的心理健康教育活动。

开展以完善大学生的自我意识为目的的专项心理健康教育活动，引导大学生进行正确的自我评价，为大学生创造能够进行积极自我体验的机会，协助大学生掌握各种自我调控的方法，促进大学生自我意识的全面发展和提高，也是行之有效的方法之一。

高校在开展心理健康教育工作的过程中，可以通过开设心理健康教育课、心理健康讲座、团体辅导等多种方式进行专项的心理健康教育活动，以增进大学生的自我意识，更为有效地维护他们的心理健康。

（3）开展有针对性的辅助活动。

学校应关注大学生的自我意识发展，开展有利于大学生自我成长的活动，促使其达到自我的和谐与统一。

学校在开展心理健康教育时应组织一些职业生涯教育活动，帮助大学生规划大学生活；学生管理部门应开展丰富多彩的学生活动，让大学生体会到大学生活的乐趣，并在其中实现自我价值；老师要加强教学目的和教学态度的学习，并在教育教学过程中因材施教，发挥每位大学生的优点和长处，使每位大学生都能够对大学学习生活充满兴趣。

（4）创造良好的环境。

大学生自我意识的发展要受到家庭、学术、社会等各方面因素的影响，因此要给大学生自我意识的发展创造良好的环境，加大理论宣传力度，向全社会推广行之有效的方法，加强学校、家庭、社会之间的沟通和合作，共同维护大学生自我意识的健康发展。

第三节 大学生健康自我意识的培养

　　大学时期是建立自我意识的重要时期，大学生更应该关注自己的内心世界，并努力培养正确的自我认知、自我评价和自我调控。

一、健康自我意识的标准

　　健康的自我意识是个体健康成长、全面发展、走向成功的必备要素。把握健康自我意识的标准，培养健康的自我意识对大学生来说十分重要。通常衡量自我意识的标准有以下几点：

　　（1）自我意识健康的人，应该是一个有自知之明的人，既知道自己的优势，也知道自己的劣势，能正确评价和发展自我。

　　（2）自我意识健康的人，应该是自我认知、自我体验和自我调控协调一致的人。

　　（3）自我意识健康的人，应该是积极自我肯定的、独立的并与外界保持协调一致的人。

　　（4）自我意识健康的人，应该是理想自我与现实自我统一的人，有积极的目标意识和内省意识，积极进取，永无止境。

二、大学生健康自我意识培养的途径和方法

　　自我意识作为人的心理调控系统，构成了人格的核心，对大学生的成长和发展起着重要的作用。从某种意义上说，一个大学生有什么样的自我意识，他的人格就会向什么方向发展，他的生活情态和人生成败将被打上深刻的人格烙印。

　　从自我认知来说，当一个大学生自认为是个正直的人时，他在生活中就会坚持真理，维护正义，见义勇为，而不去做那些他认为不正直的事。从自我体验来说，当一个大学生见到别人的不幸就感同身受般地觉得痛苦时，他就会情不自禁地去帮助别人，而不会视若无睹、无动于衷。从自我实现的意向来说，当一个大学生立志要做一个对社会、对国家有贡献的人时，他就会勤勤恳恳地为人民服务，而不会见利忘义，去做违背祖国和人民利益的事情。

　　反之，如果大学生的自我意识是另外一种情况，他认为自己是一个对社会不能有所作为的人，体验到的是一种自卑的情绪，只想找个谋生的职业平庸地度过一生，那么，他的整个人格显然就会向另一种方向发展。

　　要培养大学生健康的自我意识，应从以下三个方面入手。

（一）教育

　　人是教育的产物，教育是加速人社会化进程的最佳途径。一个人自我意识水平的提高和完善从本质上来说就是其接受社会影响并将这种影响与自己合而为一的过程。因此，在这个过程中，一个人所受到的社会影响的内容、方式等都会直接影响到其自我意识是否可以顺利完成统一。对于大学生来说，接受高等教育的机会为其自我意识的培养和完善提供

了最好的契机，从培养和完善自我意识的角度来说，教育需要达到两个目的，一是建立自我意识导向系统，二是建立自我意识调节系统。

1. 建立良好的自我意识导向系统

从当代大学生自我意识发展的规律入手，教育和引导当代大学生树立正确的人生价值观，帮助大学生建立良好的自我意识导向系统。

教育实践证明：对教育效果起决定作用的环节，是被教育者根据自己的需要有选择地接受社会道德规范、价值观念等要求，使之"内化"为自己的思想品德意识，再"外化"为自己的道德行为。这种"内化"和"外化"的作用是任何他人都无法替代的心理过程。一方面，在价值观教育中可充分利用大学生自我意识分化、矛盾的积极因素，并排除其消极方面，以促进大学生自我心理的调节；另一方面，可使其矛盾中的"理想的自我"和"现实的自我"逐步走向统一，达到自我教育的最高境界，为其自我意识的完善奠定良好的基础。在对大学生进行正确人生观和价值观的教育中，除正确认识集体主义和个人主义、划清正当的个人利益与个人主义的界限、摆正金钱在人生追求中的位置外，重点应从有志者应追求最大限度地实现自己的人生价值入手进行积极引导。应当引导学生明确，一个不甘碌碌无为的有志者，要想最大限度地实现自己的人生价值，就要做到当现实由不得自己"自由选择"时，无论在什么地方、什么岗位，都能够认真地做好每一件该做的事情，发挥应有的作用，这是实现自我价值最基本的途径。

由于大学生的自我意识中有明确的自我观念，其独立意识及观察、分析、解决问题的能力也已有了较高程度的发展，他们坚持用自己的眼光去看社会并解释问题，不愿受他人的干涉。由于大学生的自我评价趋于成熟，并意识到自己应该承担一定的社会义务和责任，应将所学的知识贡献给社会，他们便通过各种手段观察和分析自己，评价自己的才能、品格以及自己在社会中的价值，最后将评价结果主动付诸行动，从而产生出一种拼搏的力量，并为其自我意识的最终完善作出明确的导向。

2. 构建良好的自我调节系统

学校应根据大学生自我意识发展趋于成熟和大学生自我认知水平显著提高的特点，从大学生的自我认知特征入手，进行行之有效的自我意识调节系统的构建。

（1）通过培养学生带头人的方式，提高大学生的自我约束意识。

大学的辅导员队伍虽然年纪轻、学历层次高、思想素质过硬，但每个年级通常只设一位辅导员。学生多，老师管理难度大，再加上学生刚来到大学校园时常有松口气的思想，出现了学习积极性淡薄、纪律松弛等现象。在这种情况下，学校要培养高素质的创新人才，应在学生管理上转变观念，由老师管理向学生自我管理转化，即推动学生从他律向自律转化，推动学生从自我约束行为向自觉行动转化，使学生学会自我管理、自我约束、自我服务、自我提高，这是"三育人"理念的理论根源，也是"三育人"思想的教育要求。

（2）在培养学生带头人的同时，培养一般学生的民主监督意识。

辅导员一方面积极配合学生干部的管理；另一方面，强化学生的自我民主管理，让学生在学会慎独的同时，学会合作和管理，使其在参与班级集体活动的过程中，用实践来促进自我意识的强化和成熟。

（3）通过人际交往和交流的方式，培养大学生良好的自我意识。

学校应根据大学生自我评价和他人评价基本一致的特点，强化大学生的合作意识，使其在合作中关照自我、认识自我，培养良好的自我意识。

针对大学生自我意识中存在的情绪与理智、幻想与现实、强烈的青春意识与社会规范的矛盾，学校与老师要做学生的贴心人、知心人，培养创新人才，提高大学生自我管理意识，使素质教育健康推进。

为了不断提高大学生的素质、能力，高校还应开展丰富多彩的校园活动，根据大学生的兴趣和爱好，培养大学生的特长，创造一种和谐奋进的群体生活，如成立书画协会、科普协会、史学社、文学社、理论研讨社等各类大学生自己组织、自己管理的学生社团，为大学生提升自己提供舞台空间。此外，还可以通过精心设计各种形式的演讲比赛、主题班会、学习经验交流会、大学生辩论会、老教师报告会、普通话大赛和卡拉 OK 比赛等，培养大学生的创新思维和实践精神，给大学生创设自由宽松的环境，使他们在自由的天地里自我发展、自我提高。有些学校通过举办一年一度的校园文化活动，涌现出了一大批学有专长、具有奉献精神的大学生，他们是大学生中的优秀代表，他们以自己的行动和创造精神影响和带动了一批大学生积极进取、不甘落后。一些班级、寝室通过办专栏、手抄报，组织学生参加报道等活动，激发了学生的积极性，开发了学生的思维潜能和创新精神，锻炼了学生的实践能力，真正使大学生在知识和实践的沃土中茁壮成长。

大学生阅历浅，明辨是非的能力差，容易产生种种思想问题和心理问题。要想及时掌握大学生中的新情况、新问题、新苗头，就要与他们进行心灵上的沟通，对其不良情绪进行及时的疏导。高校应根据大学生的需要，成立心理健康教育中心，设立心理咨询室，鼓励大学生学会向老师和同学倾诉，从而及时有效地缓解心理压力，消除心理困惑。通过开展多种形式的个体或团体辅导活动，增强大学生的心理承受能力，提高他们的综合心理素质。

同时，老师要学会用自己的人格魅力去教育学生。教育是人格培养人格的过程，是灵魂塑造灵魂的过程。一个有人格魅力的老师对学生来说是最大的财富，他会让学生知道真实而不会趋向谬误，知道什么是正确的追求而不迷失方向，知道奋斗不息而不懈怠自满。因此，老师应该主动培养和塑造自己的人格，用自己良好的人格魅力去创造"润物细无声"的教育效果。

（4）通过因势利导的方式，使大学生的自我意识获得发展。

随着知识经济时代的到来、网络技术的发展，人类进入了信息社会，人们的生活实现了高度的现代化，与此同时社会也充满着残酷的竞争。人们将直面一个梦想与艰难、挑战与希望、希望与绝望、快乐与痛苦、幸福与苦难并存的多元化选择的时代，也是一个"人为什么活着"与"人怎样活得更好"两种价值取向与观念激烈冲突与裂变的时代。于是，各种心理问题应运而生，并且伴随着时代的前进而不断产生新的变种，从而影响着人们的健康状况。与社会的适应性矛盾的冲突，使大学生的自我意识表现出独特的心理特征：① 竞争加剧带来的心理问题——烦躁、脆弱；② 人际交往带来的心理问题——孤独、忧郁；③ 高速发展带来的心理问题——紧张、压力；④ 信息轰炸带来的心理问题——迷失、无自主力。

当代大学生容易接受新事物，善于解决新问题，但是他们解决问题的能力相对较差，因此，老师的引导非常关键。

必须强化大学生的国际竞争意识，使其认清复杂多变的国际形势，主动迎接国际竞争的挑战；必须树立竞争意识，认清竞争是社会发展的必然趋势。当代大学生必须善于学习，勤于学习，掌握科学学习的方法，安排好学习的内容和时间，不断地学习当代最先进的科学文化知识，为祖国复兴而奋斗。

用身边老师的知难而进、勇于创新的精神启发大学生，用老师的示范性鼓舞大学生，能够对大学生的思想产生潜移默化的影响。管理人员的勤恳工作、表现出的奉献和敬业精神，也能对大学生的学习产生很大的推动作用，促进校园学风的形成。

大学生的就业竞争表现得越来越激烈。因为高校的办学、招生、培养、就业，已由计划转到市场，由原来的分配工作转到自谋职业或竞争上岗。只有成为复合型或一专多能的高素质创新人才，才能受到社会的欢迎。只有人才形成合理的流动，大学生才能找到自己的位置。大学生走向社会后要想永远在竞争中立于不败之地，必须培养独立思考的能力和实践能力，不断地探求新知，以求持续发展。持续发展是一种新的价值观和发展观，已普遍为人们所接受。大学生要想实现自身的持续发展，就必须树立终身学习的思想，把当前的学习与未来的发展结合起来设计自己的未来；还必须和老师一起，学习专业最前沿的知识，使自己的知识面加宽、加深。大学生研究探索攻关课题，写科研论文，培养创新能力、创新思想及创新精神，既会使自己终身受益，也能对社会做出重大贡献。大学生通过分析形势，既能增强竞争意识，又能调动学习的积极性，形成创新学习的氛围。

（二）环境

环境是一个人成长的空间载体，我们不赞成环境决定论，但是环境在一定意义上甚至很大程度上影响和决定着个人的成长和发展。大学生所处的环境从空间范围上来划分，可以分为宏观环境和微观环境，健康自我意识的培养离不开这两个环境。

从宏观环境的角度来说，我们需要营造一个良好的有利于个人成长成才的社会氛围。从这点看，我们欣喜地看到，党和国家、社会正在努力为青年人的发展创造越来越优越的条件。从科教兴国战略到人才强国战略，从党的十八大到党的二十大，无一不把人才发展和培养战略放在非常重要的高度来认识和加强，整个社会尊重知识、尊重人才的氛围越来越浓厚，为大学生的成长成才创造了令人鼓舞的社会环境。大学生应该清醒地认识到这样的环境对自己的作用，充分把握社会中已出现或者潜在的各种机会和机遇，把自己的理想和社会发展趋势相结合，正确处理个人与社会的关系，学会与环境共处，在澎湃的社会发展潮流中绽放青春的风采，书写华丽的人生篇章。

从微观环境的角度来说，大学生需要重视自己的家庭环境、学校环境、班级环境、寝室氛围、朋辈群体氛围等与自己生活、成长密切联系的环境和氛围，能正确认识和面对复杂多变的微观环境，用理性的姿态去审视微观环境中的优劣得失，充分把握环境氛围对自己的影响度，尽力化消极为积极、转不利为有利，尊重自己的缺点和优点，充分改正缺点、发扬优点，在变化的环境氛围中不断实现自我完善、自我成长，学会与自己共处，既不强求自己十全十美，又不甘落后，勇于进取；既不沉迷空想，又能根据实际自我规划，利用环境中的各类因素实现自我的飞跃。

（三）修养

自我意识的成长与完善是在一个变化的过程中实现的，它既培养人的修养，同时又受个体修养水平的限制。加强自身修养是培养健康自我意识的最直接和最有效的途径。下面从自查、自警方面来谈谈通过加强自身修养来培养自我意识的问题。

自查就是自我检查，即通过自我检查来综合认识自我。具体来说，就是认识生理自我、社会自我和心理自我的状态及其相互关系。从当代大学生的年龄段和所处的社会状况来看，生理上的健康状态和功能上的协调基本没有问题，加上大学生自我意识的内隐性特征，决定了大学生关注的重点不是在自身健康上，而是在社会自我和心理自我上。他们关注社会状态对其自身发展的影响，关注自身心理品质及道德水平是否适应社会发展需要。通过一系列的综合评估检查，大学生会更加客观地认识自我，客观而又正确地认清自我是重塑完美自我的前提。因此，自查会培养大学生良好的自我概念，使得其自我意识水平大大提高。

自警就是自我警告、自我鞭策。在正确认识自我的基础上，大学生应该清晰地认识到自己的弱点和不足，当客观环境或者生活事件刺激了这些弱点和不足的时候，能够控制自己的情绪，能够及时警告自己不做出冲动行为，将自己的言行举止控制在正常范围内，这也是自我意识中自我调控环节的意志力量的魅力所在。

通过自我检查正确认识自我，通过自我警告鞭策自我，这些环节的长期坚持、反复锻炼，必然能够大大提高大学生的自我意识水平，帮助他们从内心深处培养出健康的自我意识。

延伸阅读

约哈里窗户理论

美国著名社会心理学家约瑟夫·勒夫特（Joseph Luft）和哈林顿·英格拉姆（Harrington Ingram）提出了"约哈里窗户"理论（又叫乔韩窗口理论），此理论是针对如何提高人际交往成功的效率提出的。约哈里窗户理论认为对自我意识而言，其认识世界的知识基本上是由四部分组成的：即公开自我、盲目自我、秘密自我和未知自我，如图3-1所示。通过与他人分享秘密的自我，通过他人的反馈减少盲目的自我，人对自己的认识会更多、更客观。

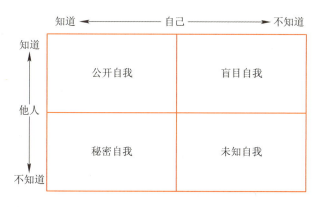

图3-1　约哈里窗户理论自我意识认识世界的四部分知识

该理论认为一个人要取得事业的成功，要生活得好，就要扩大公开区，这个区域就是

"约哈里窗户"。他们还指出秘密区域越小越好，盲目区和未知区最好没有。只有这样我们才能由保守的、防卫的、封闭的自我发展为开放的、协调的自我，更好地适应社会，更好地建立和谐的人际关系，更好地发展自我。

课后拓展

❖ **心理测试**

自我和谐量表(SCCS)

【测试说明】下面是一些个人对自己看法的陈述，填答案时，请你看清每句话的意思，然后选一个数字(1 代表该句话完全不符合你的情况；2 代表比较不符合你的情况；3 代表不确定；4 代表比较符合你的情况；5 代表完全符合你的情况)，以代表该句话与你现在对自己的看法相符合的程度。每个人对自己的看法都有其独特性，因此答案是没有对错的，只要如实回答即可。

1. 我周围的人往往觉得我对自己的看法有些矛盾。   1 2 3 4 5
2. 有时我会对自己在某方面的表现不满意。   1 2 3 4 5
3. 每当遇到困难，我总是首先分析造成困难的原因。   1 2 3 4 5
4. 我很难恰当表达我对别人的情感反应。   1 2 3 4 5
5. 我对很多事情都有自己的观点，但我并不要求别人也与我一样。   1 2 3 4 5
6. 我一旦形成对事物的看法，就不会再改变。   1 2 3 4 5
7. 我经常对自己的行为不满意。   1 2 3 4 5
8. 尽管有时得做一些不愿意的事，但我基本上是按自己的意愿办事的。   1 2 3 4 5
9. 一件事好是好，不好是不好，没有什么可含糊的。   1 2 3 4 5
10. 如果我在某件事上不顺利，我往往就会怀疑自己的能力。   1 2 3 4 5
11. 我至少有几个知心朋友。   1 2 3 4 5
12. 我觉得我所做的很多事情都是不该做的。   1 2 3 4 5
13. 不论别人怎么说，我的观点决不改变。   1 2 3 4 5
14. 别人常常会误解我对他们的好意。   1 2 3 4 5
15. 很多情况下我不得不对自己的能力表示怀疑。   1 2 3 4 5
16. 我朋友中有些是与我截然不同的人，这并不影响我们的关系。   1 2 3 4 5
17. 与朋友交往过多容易暴露自己的隐私。   1 2 3 4 5
18. 我很了解自己对周围人的情感。   1 2 3 4 5
19. 我觉得自己目前的处境与我的要求相距太远。   1 2 3 4 5
20. 我很少想自己所做的事是否应该。   1 2 3 4 5
21. 我所遇到的很多问题都无法自己解决。   1 2 3 4 5
22. 我很清楚自己是什么样的人。   1 2 3 4 5
23. 我很能自如地表达我所要表达的意思。   1 2 3 4 5
24. 如果有足够的证据，我也可以改变自己的观点。   1 2 3 4 5

25. 我很少考虑自己是一个什么样的人。　　　　　　　　　　　　1 2 3 4 5
26. 把心里话告诉别人不仅得不到帮助，还可能招致麻烦。　　　1 2 3 4 5
27. 在遇到问题时，我总觉得别人都离我很远。　　　　　　　　1 2 3 4 5
28. 我觉得很难发挥出自己应有的水平。　　　　　　　　　　　1 2 3 4 5
29. 我很担心自己的所作所为会引起别人的误解。　　　　　　　1 2 3 4 5
30. 如果我发现自己某些方面表现不佳，就总希望尽快弥补。　　1 2 3 4 5
31. 每个人都在忙自己的事，很难与他们沟通。　　　　　　　　1 2 3 4 5
32. 我认为能力再强的人也可能遇上难题。　　　　　　　　　　1 2 3 4 5
33. 我经常感到自己是孤独无援的。　　　　　　　　　　　　　1 2 3 4 5
34. 一旦遇到麻烦，无论怎样做都无济于事。　　　　　　　　　1 2 3 4 5
35. 我总能清楚地了解自己的感受。　　　　　　　　　　　　　1 2 3 4 5

【测试结果与计分方法】三个分量表包含的项目及题号如表 3—1 所示。各分量表的得分为其所包含的项目分直接相加。

表 3－1　三个分量表包含的项目及题号

项　　　目	包 含 题 目	自 测 分 数	大学生常模
自我与经验的不和谐	1、4、7、10、12、14、15、17、19、21、23、27、28、29、31、33		46.13±10.01
自我的灵活性	2、3、5、8、11、16、18、22、24、30、32、35		45.44±7.44
自我的刻板性	6、9、13、20、25、26、34		18.12±5.09

自我与经验的不和谐：反映的是自我与经验之间的关系，包含对能力和情感的自我评价、自我一致性、无助感等，它所产生的表现更多地反映了对经验的不合理期望。

自我的灵活性：与敌对与恐惧有显著相关，可以预示自我概念的刻板与僵化。

自我的刻板性：不仅同质性信度较低，而且仅与偏执有显著相关，其使用仍然在探索中。

此外还可以计算总分，方法是将"自我的灵活性"反向计分，再与其他两个分量表得分相加。对于大学生，低于 74 分为低分组，75～102 分为中间组，103 分以上为高分组。得分越高，自我和谐程度越低，容易因对环境不适应或逃避而导致自我僵化，或因不能改变导致无助感。

❖ 实践训练

优　点　轰　炸

1. 活动目的：让学生发现自己的优点，增强自信。
2. 活动时间：大约需要 20 分钟。
3. 活动场地：以室内为宜。
4. 活动程序：

（1）这个活动就是让每个人得到赞美。请同学们为本组的同学制作优点的"炸弹"，像本组同学轰炸。

（2）"炸弹"格式：某某，我觉得你不错，因为……（写出优点）。

（3）请发现其他同学的优点，表达越准确，"轰炸"越有力，所以要求写具体的优点而不是套话。

（4）学生6～8人分为一组。每位同学先自行填写"闪光点"后，将卡片交给下一位同学，直到卡片回到主人手里为止。

5. 讨论要点：

（1）通过活动，你是否发现你以前所没有发现的优点？

（2）当你听到、看到同学对你优点的"轰炸"时，你有什么感受？

（3）他们所说的符合你自己吗？

课后思考

1. 自我意识与心理健康之间有何关系？
2. 影响大学生自我意识发展的因素有哪些？
3. 健康自我意识的标准是什么？

项目四 大学生的健全人格

项目要点

- 人格的概念及特征
- 人格缺陷的影响及矫正方法
- 健全人格的影响因素及培养途径

学习目标

通过本项目的学习，大学生能正确认识人格概念及特征，了解人格障碍及缺陷的危害，熟知影响大学生人格发展的因素，掌握人格缺陷矫正及培养健康人格的方法。

案例导入

某高职院校学生小丽文静秀气，穿戴整洁，戴一副眼镜，却掩饰不住抑郁的眼神，交谈中她非常局促，说话声音很低，头低垂着，不敢正视咨询师的目光。最近一段时间她情绪低落烦乱，不愿去学校(已快三个月)，一到学校就紧张不安、烦躁。在家感觉比学校好一点，但每天早上醒来特别心烦，感到浑身无力，没有精神，什么也不愿干，也不想见人，只是在家里看电视。最近电视也看不下去了，早上醒来眼也不想睁，总胡思乱想，感觉这样很不好，可是控制不了自己。现在对自己，对周围的一切很不满意，自己有好长时间没笑过了……。小丽同学情绪低落、紧张、烦躁等表现，表明她存在人格障碍，当大学生出现人格发展缺陷或是人格障碍时，必须要通过专业的心理干预进行人格重建。

人格是伴随着人的一生不断成长的心理品质，人格的成熟意味着个体心理的成熟，人格的魅力展示着个体心灵的完善。大学阶段是人格发展和完善的重要时期，向往成才、追求卓越、幸福生活是每个大学生的目标，要达到这个目标，就应该了解人格的知识，关注自己人格的发展，积极主动地塑造良好人格，不断完善自己的人格，为心理健康与走向成功奠定坚实的基础。

第一节 人格概述

人格是伴随着人的一生不断成长的心理品质，是一个人的心理活动与行为表现的复杂统一体，具有相对的稳定性。它是一个人的心理活动及行为方式的习惯模式，人们的学习、工作、生活中，总是自觉或不自觉地受其影响和制约。如果一个人形成了良好的人格，则工作、学习效率高，心理健康，人生幸福。如果一个人形成了不良的人格，则工作、学习效率低，心理不健康，人生不幸福。因此，从某种程度上讲，一个人的人格或个性决定他的命运。

一、人格的概念

最早的人格概念，源于古希腊语的面具（persona）一词，是指舞台上演员的面具，不同的面具体现了不同角色的特点和人物性格。如同我国京剧中的脸谱，红脸代表忠义，白脸代表奸诈，黑脸代表刚烈。心理学沿用面具的含义，转译为人格，其中包含了两个意思：一是指一个人在人生舞台上所表现出来的种种言行，即人遵从社会文化习俗的要求而做出的反应。人格所具有的外壳，就像舞台上根据角色要求所戴的面具，表现出一个人外在的人格品质。二是指一个人由于某种原因不愿展现的人格成分，即面具后的真实自我，这是人格的内在特征。

心理学家各抒己见，纷纷提出自己的人格定义，例如，艾森克认为，人格是个体由遗传和环境决定的实际的和潜在的行为模式的总和；卡特尔认为，人格是一种倾向，可借以预测一个人在特定情境中的所作所为，是与个体的外显和内隐行为联系在一起的；拉扎鲁斯认为，人格是基本和稳定的心理结构和过程，它组织着人的经验，形成人的行为和对环境的反应。

一般认为，人格是一种心理现象，也称个性，它反映了一个人总的心理面貌，是相对稳定、具有独特倾向性的心理特征的总和，是在长期的社会生活实践中形成、发展起来的。人格包括气质、性格、能力、兴趣、爱好、需要、理想、信念等方面内容，人与人之间显著的差别就在于人格。

二、人格的特征

1. 人格的独特性

每个人的人格都是独特的，这种独特性不仅表现在某些个别的心理和行为特征上，更主要的是表现在心理行为模式上，从而将人与人相互区别。没有完全一样的人格特点，如"固执"在不同的环境下有特定的含义，在不同人身上也有不同的含义。在娇生惯养、过度溺爱的环境中，"固执"带有"任性骄纵"的意思；而在冷淡疏离、艰难困苦的环境中，"固执"又带有"坚韧"的意思。当然并不能否认人与人之间在某些心理或行为特征上具有共同性，如中华民族是一个勤劳的民族，这里的"勤劳"品质，就是共同的人格特质。

2. 人格的稳定性

人格的稳定性是指一个人的人格及其特征在时间上具有前后一贯性，在空间上具有一定的普遍性。例如，某个人性情比较急躁，他昨天是这样，今天是这样，明天可能还是这样。同样，这个人在学习上比较急躁，工作中也是这样，甚至在日常生活和人际交往中也会表现出急躁。但是要注意的是，人格的相对稳定性并不意味着人格的一成不变，在一个人的一生当中，人格具有可塑性和可变性。

3. 人格的功能性

人格是一个人生活成败、喜怒哀乐的根源。正如人们常说的："性格决定命运。"人格决定了一个人的生活方式，甚至有时会决定一个人的命运。人们常常使用人格特征解释某人的言行及其行为结果的原因。面对挫折与失败，有志者认真总结经验教训，在失败的废

墟上重建人生的辉煌；而怯懦的人一蹶不振，失去了奋斗的目标。当人格功能发挥正常时，人表现为健康而有力，支配着自己的生活与成败；当人格功能失调时，就会表现出懦弱、无力、失控甚至变态。

4. 人格的统合性

人格是由内在的心理特征与外部行为方式构成的有机整体，具有内在一致性，即一个人的所思所想所为是一致的。人格的统合性是心理健康的重要指标，当一个人的人格结构各方面和谐一致时，他的人格就是健康的。否则会出现适应困难，甚至出现人格分裂。

5. 人格生物性和社会性的统一

人格是在先天的生物遗传基础上，通过与后天环境相互作用形成的。人格具有生物性，同时具有社会性，是二者的统一体。生物遗传是人格形成和发展的重要基础，但不是决定人格的唯一因素。离开了后天的社会环境教育，遗传素质不可能自发地演化为人格。同样，后天社会环境与教育对一个人的人格形成也起着十分重要的作用，但离开了生物遗传素质的基础，它的作用也无法表现出来。二者相互制约、相互作用，共同影响着人格的形成与发展。

三、人格结构

人格结构即人格的组成成分，人格心理学家用以解释个体差异的假设性概念。通常认为，人格由能力、气质、性格、情感、意志、认知、需要、动机、态度、价值观、行为习惯等组成。多数心理学家认为，人在心理特征和行为倾向上存在稳定的个体差异。但解释这种个体差异的人格结构观并不一致。有的用特质或类型来解释，有的用自我或需要来解释，也有的（如斯金纳）则完全拒绝人格结构（如特质、类型、自我、需要等）的概念，认为人格是由一些反应组合而成的行为模式。人格理论家对人格结构的性质、构成要素及其组织方式、某些要素是否控制其他要素等问题的见解不一。

四、人格与气质

人格包括个人的人格心理特征和人格倾向性两个相互联系的方面。人格心理特征包括能力、气质、性格。这些心理特征在心理活动过程中表现出来是比较稳定的，受生物遗传因素的影响。

人格倾向性包括需要、动机、兴趣、价值观、思想等，主要是在后天社会化过程中形成的，集中反映了人格独特的一面。可见，人格是由不同成分构成的一个结构系统，不同成分从不同侧面反映个体的差异。气质与性格是人格的重要方面。

（一）气质的定义

从心理学上讲，气质是一个人与生俱来的，是人的心理活动典型而稳定的动力特征，是高级神经活动类型在后天行为或活动中的表现，是一个人心理活动发生的速度、强度、稳定性、灵活性和指向性等动力方面特点的综合。在日常生活中，有的人活泼好动，反应灵活；有的人安静稳重，反应缓慢；有的人总是显得十分急躁，情绪明显表露于外；有的人则总是不动声色，情绪体验细腻深刻。人与人在这些心理特征方面的差异正是个体所具有的气质不同的缘故。

（二）气质的类型

根据气质在人身上的表现所划分的类型叫气质类型。有关气质类型的理论很多，如体液说、阴阳五行说、血型说、体型说、激素说、高级神经活动类型说等。这些学说，多数是片面的，缺乏科学的根据。这里仅就最具有影响的两种学说加以介绍。

1. 体液说

公元前5世纪，被人称为西方医学鼻祖的希波克拉在古希腊时代就提出了四种体液学说。他认为，人体内有四种液体，它们分别是黏液、黄胆汁、黑胆汁和血液。黏液生于脑，黄胆汁生于肝，黑胆汁生于胃，血液生于心脏。这四种液体"形成了人的气质"。以后，罗马医生盖伦对气质进行了分类，并认为每种气质类型的特点的表现是由于四种液体中的某种液体在体内占的优势决定的。血液优势者为多血质，黏液优势者为黏液质，黑胆汁优势者为抑郁质，黄胆汁优势者为胆汁质。以今天的观点来看，依据体液的情况划分人的气质类型实在缺乏足够的科学根据。尽管如此，那时命名的气质类型的名称却一直沿用至今，所不同的只是对气质类型形成的原因作出了不同的解释。

2. 高级神经活动类型学说

20世纪初，巴甫洛夫创立了高级神经活动学说。他认为，高级神经活动类型是气质的生理基础。神经系统的活动是由兴奋和抑制两个过程组成的，在这两个过程中，不同的人会在强度、平衡性和灵活性方面表现出不同的特点，这三方面特点的不同组合就构成不同的高级神经活动类型。

（1）强、不平衡型。这种类型的特点是，兴奋过程强于抑制过程，是一种易兴奋、奔放不羁的类型，也称为"不可遏制型"。

（2）强、平衡、灵活型。这种类型的特点是，反应灵敏、好动活泼，能较快适应迅速变化的外界环境，也称为"活泼型"。

（3）强、平衡，不灵活型。这种类型的特点是，较容易形成条件反射，但不容易改造，是一种坚毅而行动迟缓的类型，也称为"安静型"。

（4）弱型。这种类型的特点是，兴奋和抑制过程都很弱，表现得胆小怕事，在艰难的工作任务面前，正常的高级神经活动易受破坏而产生神经症，也称为"抑制型"。

巴甫洛夫认为，上述四种类型是动物与人共有的，因此，称为一般类型。神经类型的一般类型即为气质的生理基础。

（三）气质类型的典型外在表现

1. 胆汁质

胆汁质的人其特征是主动的、乐观的、冲动的、易变的、易兴奋的、好斗的；他们性情直率，精力旺盛，待人热情，容易激动，能以很大的热情投入工作，并克服困难，但缺乏耐心。当困难较大时，会意气消沉、心灰意冷，心理活动具有迅速而爆发的色彩。

2. 黏液质

黏液质的人其特征是被动的、谨慎的、思维活跃的、安宁的、温和的、克制的、可靠的、镇定的。他们做事踏实认真，有持久力，不喜欢空泛的清谈，交际适度，不卑不亢，但反应缓慢，思维言语动作迟缓，可塑性差，不够灵活，很适宜从事有条理和持久的工作。巴甫洛夫称之为安详的、始终平稳的、坚定和顽强的实际劳动者。

3. 抑郁质

抑郁质的人其特征是文静的、严肃的、冷静的、保守的、不善交际的、情绪易波动的、富于想象的。他们怯懦、多愁善感，办事犹豫不决，优柔寡断；反应缓慢，但细心、谨慎、感受力强，生活中遇到波折易产生沉重的感情，善于觉察别人行动中的细微变化，情感细腻，富有自我体验。

4. 多血质

多血质的人其特征是善交际的、健谈的、开朗的、少忧虑的、善领导；热衷于感兴趣的事业，他们热情，有能力，适应性强，但注意力易转移，情绪易变；他们富于幻想，敏感、活泼好动，巴甫洛夫把多血质类型的代表称为热忱和具有显著活动效率的活动家。

丹麦画家皮特斯特鲁的漫画"被坐扁的帽子"（见图4-1）形象地表现出四种典型气质类型的差别。当帽子被陌生人坐扁，胆汁质的人不分青红皂白，勃然大怒；黏液质的人息事宁人，将扁帽子戴在头上；抑郁质的人对着扁帽子伤心垂泪；多血质的人擅长交际，扁帽子反而使其交到了朋友。

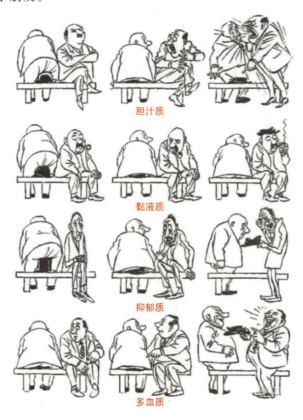

胆汁质

黏液质

抑郁质

多血质

图4-1　被坐扁的帽子

五、人格与性格

（一）性格的含义

性格是一个人对现实的态度和习惯化的行为方式所表现的较稳定的心理特征，是人的个性心理特征的重要方面，人的个性差异首先表现在性格上。一个人能否在人际交往中做到"游刃有余""得心应手"，与他的性格有很大关系。当代大学生只有全面地了解自己与他人的性格，并在交往实践中不断优化、改造自己的性格，才能更好地处理自己与他人的人际关系。

（二）性格类型

性格分类的方法很多，而且可以从不同的角度来反映性格的某一侧面。一般的划分方法有以下几种：

（1）按照理智、意志、情绪中占优势的程度，划分为理智型和情绪型。

（2）按照个体心理倾向，划分为外倾型和内倾型。

（3）按照个体独立程度，划分为独立型和顺从型。

（4）按照人的行为方式，划分为 A 型性格、B 型性格和 C 型性格。

（三）性格类型的心理特征

1. 理智型、情绪型

理智型性格是指人的性格中理智特征特别鲜明，以理智支配和控制自己的行动，使自己的行为具有明显的理智导向，自制力强，处事冷静，但容易畏首畏尾，缺少应有的冲劲。如果理智型被不健康的意识控制，就可能表现为虚伪、自私、见风使舵、冷漠等。

情绪型性格的人通常用情绪来评估一切，举止言行易受情绪左右。这种人待人热情，做事大胆，情绪反应敏感，但情绪容易起伏，不能三思而后行，注意力不够稳定，兴趣易转移。

2. 外倾型、内倾型

外倾型的人心理活动倾向于外部，活泼开朗、活动能力强，善交际，感情易外露，关心外部事物，处世不拘小节，独立性强，能适应环境，但易轻信，自制力和坚持性不足，有时表现出粗心、不谨慎、情感动荡多变等。

内倾型的人心理活动倾向于内部，处事谨慎，深思熟虑，感情较内蕴、含蓄，自制力较强，善于忍耐克制，富有想象，情绪体验深刻，但不善社交，应变能力较弱，反应缓慢，易优柔寡断，表现为有些沉郁、孤僻、拘谨、胆怯等。

3. 独立型、顺从型

独立型的人意志较坚强，不仅善于独立地发现问题、解决问题，而且敢于坚持自己正确的意见，不易受外来事物的干扰，自主自立、自强不息。但是独立性过强的人，喜欢把自己的思想和意志强加于人，固执己见、独来独往、不易合群。

顺从型的人服从性好，易受环境的干扰，易与人合作，随和、谦恭，但独立性差，依赖性强，易受暗示，在紧急情况下易惊慌失措。

4. A 型性格、B 型性格和 C 型性格

A 型性格指性格外向，不可抑制的、主动的、紧张的、快节奏的、敏感的性格，主要特征表现为个性强、过高的抱负、固执、急躁、紧张、好冲动、行为匆忙、好胜心强、时间观念强等。

B 型性格指情绪心理倾向较稳定，社会适应性强、为人处事比较温和生活有节奏、干事讲究方式，表现为想得开、放得下，与他人关系协调，能正视现实，不气馁、不妄求、抱

负较少等。

C 型性格指情绪受压抑的忧郁性格，表现为害怕竞争、逆来顺受、有气往肚子里咽、爱生闷气等。

一般说来，典型性格类型的人并不多见，多数人处于两极之间，或偏向某一类型。事实上，任何人都有某些好的性格特征，也有某些不好的性格特征，所以每个人都应以积极的态度对待自己的性格，并进行优化、改造。

第二节　大学生人格缺陷与障碍

一、人格缺陷的含义

人格缺陷是相对人格障碍而言的，人格障碍是一种病态，而人格缺陷在正常人身上均有所体现，因此，人格缺陷不是人格障碍。人格缺陷是人格的某些特征相对于正常而言的一种边缘状态或亚健康状态，可与酗酒、赌博、嫖娼、吸毒等恶习相关或互为因果。人格缺陷是介于人格健全与人格障碍之间的一种人格状态，也可以说是一种人格发展的不良倾向，或是说某种轻度的人格障碍。常见的人格缺陷有自卑、抑郁、怯懦、孤僻、冷漠、悲观、依赖、敏感、自负、自我、多疑、焦虑或对人敌视、暴躁冲动、有破坏欲等，这些都是不良的心理因素。它们不仅影响活动效率，妨碍正常的人际关系，而且会给人格蒙上一层消极、阴暗的色彩。

二、大学生人格缺陷

(一) 大学生人格缺陷的影响

一般来说，大学生中典型的人格障碍者是极少数的，较为普遍存在的问题主要是人格缺陷，如自卑、抑郁、怯懦、孤僻、悲观、依赖、敏感、多疑、焦虑、敌对冷漠、暴躁冲动、有破坏欲等。大学生人格缺陷对大学生的身心健康、活动效率、潜能开发及社会适应状况都会带来消极影响。心身医学的研究表明，许多生理疾病都有相应的人格特征模式，这种人格特征在疾病的发生、发展过程中起到了生成、促进、催化的作用。而冷漠、焦虑、依赖、自卑、孤僻、嫉妒等人格缺陷不仅会妨碍大学生学习活动的顺利进行，影响其活动效率和学习潜能的充分发挥，而且对其良好人际关系的建立和社会适应能力都具有消极影响。

(二) 大学生人格缺陷的成因

1. 生理因素

人的高级神经系统类型决定了人的气质类型，各种气质类型的人在人格上会有其特定的倾向性。如抑郁质的人易形成抑郁、自卑、孤僻、固执、多疑等人格缺陷；胆汁质的人会容易形成冲动、狂躁、攻击性等人格缺陷。大学生处于青春发育后期，由于缺乏科学系统的健康教育，青春期带来的生理变化常引起他们躁动不安，会引发恐惧、抑郁、焦虑、冲动等人格缺陷，有些大学生由于不了解一些正常生理发育规律，还会对发生在自己身上的一些"异常"行为(如性梦、手淫、单相思等)进行自我斥责、自我怨恨、自我鄙视,以至于整日郁闷或惶恐不安。

2. 心理因素

从大学生心理方面来看,他们在认知、能力、意志、情感、性格、气质等方面的一些缺陷都会促成人格缺陷。如,大学生担忧自己的前途或缺乏理想追求,或对人格缺陷的危害性认识不足,就会促使他们形成某些人格缺陷;而大学生由于缺乏自理能力、人际交往能力,学习成绩不佳,或因个人的容貌不佳、生理缺陷、家庭贫困等而又不能正视和接受自我,也会促使他们形成某些人格缺陷。一旦大学生形成错误的人生观、世界观,或出现悲观厌世或疾恶如仇等情绪,就会放弃个人的道德修养,更易导致人格缺陷。

3. 社会因素

大学生所处的社会环境是导致他们形成人格缺陷的重要因素。从家庭环境来看,父母不和、缺乏父母关爱、家长期望值过高、家长的教育方式不科学、父母自身的人格不良倾向等都是孩子形成人格缺陷的因素;从学校环境来看,教师的期望值过高,学生的学习负担过重,班风、校风不正,人际关系不和谐以及教师的人格缺陷等都是大学生形成人格缺陷的重要因素;从社会环境来看,社会上存在的各种不合理竞争、腐败现象以及各种媒体不良的影响等都是大学生形成人格缺陷的重要因素。

(三) 大学生人格缺陷的表现及调节

1. 悲观

有的大学生一遇到不如意、失败的情况就垂头丧气、怨天尤人;还有的大学生面临重任、挑战便自认无能,甘愿失败;还有的对前途失去信心等,这些都是悲观心理的表现。

有些大学生常从消极的角度去看问题,总把眼睛盯在伤心的地方,从悲观的视角看待挫折,在已有的失败感中又增添新的失败感,在自己的伤口上又撒了一把盐。这种悲观心理的发展,会使人浑浑噩噩,毫无生气,甚至轻生厌世。引起悲观心理的原因既有人生态度、意志品质的原因,也有认知错误、人格不成熟的因素。悲观心理是一种严重的不健康心理,对人身心危害很大。怎样才能改变悲观,培养乐观的人生态度呢?

(1)要坚信乐观是成功之源,相信积极态度所带来的力量,坚信希望和乐观能引导自己走向胜利。

(2)要善于挖掘周围环境的有利因素,善于把不利条件转化为有利条件。发现身边到处都有些小的成功,自信心就会随之增加。

(3)还要注意培养幽默感,有幽默感的人,才有能力轻松豁达地面对不幸和磨难,消除生活、学习、工作中的紧张和焦虑。

2. 猜疑

所谓猜疑,一是猜二是疑,疑是建立在猜的基础之上,缺乏事实根据,有时还缺乏合理的思维逻辑,这种情况表现为过度的神经过敏,遇事太敏感,有些同学看到其他同学低声说话,便疑心在说自己的坏话;某个同学见面没和自己打招呼,便猜他对自己有意见,等等。怎样才能克服猜疑呢?

(1)保持健康的心理状态,不歪曲理解别人的好意和正常的言行,正确对待别人的态度和评价;克服主观臆断,不带有色眼镜去看人,不怀疑别人。

(2)树立自信,不要在乎别人对自己的看法,只要自己是正确的,就坚持走自己的路,不用别人的评价来衡量自己言行的是非，当别人对自己的态度不明朗或不符合自己的想法时，也不要去猜疑、自寻烦恼；对有疑问或误会的事情，主动与他人进行交流和沟通，不要心存芥蒂。

（3）进行积极的自我暗示，当发现自己正在猜疑时，马上暗示自己，不要想多了，凡事往好处去想，无论别人说什么，有则改之，无则加勉，或者想一些其他快乐的事情，将思维转移，不要让自己陷入猜疑中，让自己纠结不快；开阔自己的心胸，加强自身修养，培养大度、开朗的性格。

3. 害羞

害羞在大学生中并不少见。比如，不敢在大众场合发表意见，害怕与陌生人打交道，路上见到异性同学会手足无措，见到老师会难为情，说话感到紧张等。

害羞是一个人自我防御心理过强的结果，害羞的人过于胆小被动，过于谨小慎微，过于关注自己，自信心不足。他们特别注意自己在别人心目中的形象，总觉得自己时时处在众目睽睽之下，于是敏感拘束，一句话要在心里反复多次才能说出来，一件事总要左思右想，为此搞得神经紧张，坐立不安。

害羞之心人皆有之，但过分的害羞，不该害羞时害羞，尤其是当害羞成了一种习惯，则是有害的，它会导致压抑、孤独、焦虑等不良心理状态，还会阻碍人际交往，影响一个人才能的正常发挥。因此可通过有意识的调节来改变：

（1）要增强自信心。许多害羞者在知识、才能和仪表方面并不比别人差。美国心理学家 J. 可奇和 W. 利布曼的一项研究表明，害羞的女大学生自以为长得不美，但不相识的男生凭照片都认为她们与那些社交活跃的女生一样动人。因此要正确评价自己，多看到自己的长处。

（2）放下思想包袱，不要过于计较别人的议论。每个人都会说错话、做错事，这并没什么大不了的，没有完美的人和事。即使有人议论也是正常的，没必要太看重。"走自己的路，让别人去说吧！"这会使自己变得更洒脱。

（3）要有意识地锻炼自己。胆量和能力都是锻炼的结果，要敢于说出第一句话，敢于迈出第一步。上课、开会时尽量坐到前排去；走路时抬头挺胸，把速度提高四分之一；主动大胆地和别人尤其是陌生人、异性、老师讲话；与人说话时，正视对方的眼睛；在高兴时，开怀大笑等。

4. 怯懦

怯懦主要表现为缺乏勇气和信心，害怕可能面临的困难和挫折，在挫折、困难面前常常知难而退，甚至不战而败。有些大学生过去一帆风顺，因而特别害怕失败。"只能成功，不能失败"的非理性信念是造成一些大学生怯懦的认知因素。

有些大学生由于胆怯，不敢与人讲话，不敢出头露面，也不敢表明自己的态度，甚至不敢向老师提问题。有些大学生由于软弱不敢冒风险，不敢担重任，不敢与坏人坏事作斗争，不敢坚持自己正确的观点。但越是这样回避矛盾、躲避失败，越是容易体验到强烈的挫折感。

在挑战与机遇并存的现代社会，怯懦者会失去很多成功的机会，并可能成为落伍者。积极迎接挑战，争做生活的强者才是明智的选择。改变怯懦的最好方法是要敢于抓住机遇，积极锻炼，不怕失败，不怕丢面子，不怕担子重，多给自己鼓励和压力，在生活的词典中去掉"不敢"二字。

5. 急躁

急躁是大学生中常见的不良人格品质。表现为碰到不称心的事情马上激动不安，做事缺乏充分的准备，没准备好就盲目行动，急于达到目的。特别是当工作和学习遇到困难时，更是急得不可开交，恨不得"快刀斩乱麻"，一下子把所有事情解决掉。性情急躁的人说话办事快、竞争意识强、容易冲动，心情常常处于紧张状态。

6. 懒散

懒散是指一种慵懒、闲散、拖拉、疲沓、松垮的生存状态。主要表现为活力不足，什么也不想，什么也不做，没有计划，随波逐流；无法将精力集中在学业中，无法从事喜欢的事，百无聊赖，心情不爽，情绪不佳，犹豫不决，顾此失彼，做事磨蹭。

懒散是不少大学生感到苦恼又难以克服的一种人格缺陷，是意志活动无力的表现，懒散是影响大学生积极进取、张扬青春活力的天敌。处于懒散状态的大学生也常以此感到内疚、自责、后悔，但又觉得心有余而力不足，这主要是因为他们往往想得多而做得少，缺乏毅力所致。要克服懒散，应充分认识其危害性，振作精神，对自己负责，从日常小事做起，并努力做到不找借口，不原谅自己的偷懒，力争今日事今日毕，多与人交往，多关心外部世界，多参加有益身心的社会活动，而做到这一切，需要有坚定而正向的理想来牵引。

7. 狭隘

受功利主义影响，大学生中的"狭隘"现象有增无减。凡事斤斤计较、耿耿于怀、好嫉妒、好挑剔、容不得人等，都是心胸狭隘的表现，即日常说的"气量小"。心胸狭隘往往影响人际关系，伤害他人感情，自己也常感到烦闷、苦恼，影响自己的情绪和在他人心目中的形象，因此，于人于己有百害而无一利。

克服狭隘，一要胸怀宽广坦荡，一切向前看；二要丰富自己，一个人的视野越开阔，就越不会陷入狭隘之中，这就是所谓的"站得高，看得远"；三要学会宽容，宽以待人。

8. 自我中心

自我中心是指考虑问题、处理事情都以自我为中心，将自我作为思考问题的出发点和归宿点。表现为一切以自己为出发点，目中无人，甚至自私自利；每每遇到冲突时，总是认为对的是自己而错的是他人。特别是那些自尊心比较强、优越感强、自信心强、独立自主的大学生，往往容易陷入自我中心的人格缺陷之中。克服自我中心要注意以下几个方面：

（1）克服自我中心的关键是换个立场看问题，学会换位思考，可借助心理咨询中的空椅子法和角色扮演法来尝试从别人的角度思考。

（2）坦然接受批评和建议，容许有不同意见。人际交往宝典中那句经典"也许你是对的"要常记在心，从而改变自以为是、固执己见的心理。

（3）学会一些人际交往的技巧，如倾听，自我中心的人往往在倾听之前就已经关闭了耳朵，只听得见自己的声音，真正会倾听的人不仅是用耳朵在听，更是用眼睛，用心灵在听，不仅能听懂语言所包含的意思，也能听懂弦外之音。总之，要克服自我中心的交往障碍，既要使自己融入集体中，又能在集体中保持自己独立的个性。

延伸阅读

马加爵的悲剧

2004年2月23日，云南省昆明市云南大学6栋317号宿舍发现4具男性尸体，经查证死者是该校生化学院生物技术专业 2000 级的 4 名学生。云南省公安厅和昆明市公安局在之后的现场勘查和调查访问后认定，4 人的同学马加爵有重大作案嫌疑。案件侦破以后，马加爵对犯罪事实供认不讳。4 月 24 日，昆明市中级人民法院一审判处马加爵死刑，剥夺政治权利终身。

马加爵杀人案件发生以后，几乎所有人都不解地问：他为什么要杀人？作为一名接受了四年高等教育的大学生，怎么会因为打牌时的争执和不满就采取了常人不可想象的极端行为？2004 年 3 月，昆明警方再一次对马加爵进行了审讯，马加爵供出了他杀人的真正动机，"我觉得我太失败了。"马的回答让人震惊。

人格障碍一旦形成后就比较稳定，不易改变。追溯一下马加爵的整个成长的心路历程，人们看到，他生长在农村，家境比较贫穷，进入大学以后，他的性格孤僻，还有较深的自卑情结。四年里，在生活、学业、人际交往等方面的许多不如意都导致了他与同学之间积怨的加深，以至于打牌冲突就点燃了导火线，酿成惨剧的发生。

三、大学生人格障碍的矫正方法

人格障碍发展到严重程度，不仅危害个人，并可能在医学上和社会上构成严重问题。因此，对人格障碍早发现、早治疗是非常必要的。人格障碍的矫正虽然有一定的难度，但也不是什么不治之症。在临床实践中发现，有相当一部分人格障碍者，在精神科医生和心理咨询师的指导下，通过自身的努力，在可能的限度内，在人格障碍的矫正方面取得了令人满意的效果。下面简要介绍四种人格障碍自我矫正的方法。

1. 反向观念法

人格障碍者大多伴随有认识歪曲现象，反向观念法是改造认识歪曲的一种有效方法。反向观念法是指主动与自己原有的不良自我观念唱反调，原来是以自我为中心，现在则应逐渐放弃自我中心，学习设身处地为他人着想；原来爱走极端，现在则学习多方位考察问题；原来喜欢超规则化，现在则应偶尔放松一下，学习无规则地自由行事。采用反向观念法克服缺点的要点是先对自己的错误观念进行分析，然后提出相反的改进意见，在生活中努力按新观念办事。这种自我分析可以定期进行，几天一次或一星期一次，也可以在心情不好或遭遇挫折之时进行。认识上的错误往往被内化成无意识的，通过上述自我分析，就能把无意识的东西上升到有意识的自觉层次，这有助于发现和改进自己的不良人格状态。

2. 习惯纠正法

人格障碍者的许多行为已成为习惯，破除这些不良习惯有利于人格障碍的矫正。以依赖型人格为例，实施这种方法有三个要点，一是清查自己的行为中有哪些事习惯依赖别人去做，有哪些事是自做决定的，可以每天记录，记录一个星期。二是将自主意识很强的事归纳在一起，如果做了，则当作一件值得庆贺的事，以后遇到同类情况坚持做；如果没做，以后遇到同类情况则应要求自己去做。而对自我意识差、没有按自己意愿确定的事，自己提出改进的想法，并在以后的行动中逐步实施。例如，制订某项计划时听从了朋友的意见，但自己对这些意见并不欣赏，便应把不欣赏的理由说出来，这样，在计划中便渗透了自己的意见，随着自己意见的增多，个人便能从依赖别人意见逐步转为完全自主决定。三是找一个信赖的人做监督者，并与监督者订立双边协议，有良好表现时，予以奖励，若违约则予以惩罚。

3. 行为禁止法

对于人格障碍者的许多不良行为，可以采取该法。例如，一个偏执型人格障碍的人在对一件事忍无可忍而将要发作时，要对自己默念如下指令，"我必须克制住自己的反击行为，我至少要忍 10 分钟。我的反击行为是过分的，在这 10 分钟内，让我当即分析一下有什么非理性观念在作怪。"采取这种方法后，不久就会发现，每次认为怒不可遏的事，只要忍上几分钟，用理性观念加以分析，怒气便会随之消减。不少自己认定极具威胁的事，在忍耐了几分钟后，就会发现灾难并未降临，不过是自己的一种无谓担忧罢了。

4. 情绪调整法

人格障碍者多伴有情绪障碍。例如，表演型人格的情绪表达太过分，旁人无法接受。采用此法首先要做到的便是向亲朋好友进行一番调查，听听他们对自己的看法。对他人提出的看法，应持全盘接受的态度，千万不要反驳，然后扪心自问，上述情绪表现哪些是有意识的，哪些是无意识的；哪些是别人喜欢的，哪些是别人讨厌的。对别人讨厌的坚决予以改进，对别人喜欢的则在表现强度上力求适中。对无意识的表现，将其写下来，放在醒目处，不时地自我提醒。此外，请好友在关键时刻提醒一下，或在事后对自己的表现做一评价，然后从中体会自己情绪表达的过火之处。这样坚持下去，自己的情绪表达就会越来越得体和自然了。

第三节　大学生健康人格的培养

一、健康人格的基本特征

健康的人格特征是一个有机统一、稳定的整体，也就是个人的所想、所说、言行是协调一致的。

1. 正确的自我认知

自我意识是个体对自己和自己与他人、与周围世界关系的认识。具有健康人格的人对自己有恰如其分的评价，正确看待自我、认识自我；不自高自大，也不妄自菲薄；从实际出发，确立自我价值，认识和理解个人与社会的统一，能有效地调节自己的行为与环境保持平衡；明白个人只有在集体和社会的大熔炉中，才能真正实现自我。

2. 良好的情绪调控能力

情绪标志着人格的成熟程度，一个人如果不善于自控，则意味着他不能有效地发动、支配自己或抑制自己的激情、控制自己的冲动，对未来的成长过程有害无益。因为积极的情绪体验能使人精神振奋，增强人的信心，提高人的活动效率；消极的情绪体验会降低人的活动效率，长期积累甚至使人生病。所以消极情绪出现时应该寻找合适的宣泄途径，将其排解、转移和升华。凡事从长远考虑，不要为眼前的一时一事而放弃未来。

3. 乐观向上的生活态度

积极的人生态度是人类在社会实践中获得的本质力量的表现。乐观的人常常能看到生活的光明面，对前途充满信心，即使在生活中遇到挫折、障碍和干扰，也能科学辩证地认识，不畏艰险、勇于拼搏，从逆境中奋起，重新确定目标、更加努力。

4. 和谐的人际关系

人际关系是人们在社会实践中形成的人与人之间的相互作用的关系，是社会关系的直接表现，最能体现一个人人格健康的程度。人格健康的人乐于与他人交往，在与他人交往中传递信息，不断调整自己的行为，更新观念和态度。可以说，和谐的人际关系是人格健康水平的反映，同时也影响和制约健康人格的形成与发展。

5. 良好的社会适应能力

社会适应能力反映了人与社会的协调程度。人格健康的人能够与社会保持良好密切的接触，尤其面对现代文化与传统文化的冲突时，注意调整自己的价值观，使自己的思想、行为跟上时代的发展，与社会的要求相符合，表现为能很快适应新的环境。

延伸阅读

大学生"新君子人格"

"君子"一词是中国人日常生活中使用频率非常高的词汇，诸如"君子之交淡如水""君子坦荡荡""君子一言，驷马难追""君子成人之美"，等等。千百年来，君子已成为中华优秀传统文化中道德楷模的化身，君子人格已成为中华儿女不断追求的理想人格。

"君子"从"君"而来。《说文》曰：君，尊也。"君"字的本意是社会上有权位的人、处于高位的人。"君子"一词最早在西周时期出现和使用时，主要是对诸侯国的统治者和贵族男子的通称，这些人俸禄优厚、衣食无忧，侧重于政治地位而非道德品质。此时"君子"与"小人"对称，前者是统治者（劳心者），后者是被统治者（劳力者）。后来，"君子"的内涵开始不断演变和丰富发展。

春秋末期，孔子对"君子"内涵的最终形成起了决定性作用，两万多字的《论语》中"君子"一词出现了多次。孔子反复与弟子们探讨、阐释君子是怎样的，如何把自己培养、塑造成一名真正的君子。由此，"君子"一词的内涵开始转为个人修养的品格典范。此后，"君子"逐渐被赋予更多道德品质的属性，并取代了政治地位方面的含义，一个人无论地位高低，无论贫富贵贱，只要胸襟坦荡、作风正派、品行端正、人格高尚，都可以称之为"君子"。虽然孔子并没有在文字上对"君子"做出明确的定义，但在与"小人"的行为对比上，表达出了"君子"应有的做人与做事的态度和标准。在坚持内圣外王的基本构架下，孟子更注重"君子"的内在心性特质，荀子更注重"君子"的外在礼义。仁、义、礼、智、信，以及忠、孝、廉、悌、忍等儒家学说的基本思想和美好品德最终都固化到"君子"这一理想人格上。

二、大学生人格发展的特点

根据国内外心理学家对人格素质结构的研究，结合我国当今社会发展的现状和大学生的实际表现，我们认为当代大学生在人格发展中呈现出如下五个方面的特点。

1. 能正确认知自我

首先是能自我认知，基本上能接受一切属于自我的东西，从而形成对自己积极的看法；其次是自我客体化，对自己的所有与所缺都比较清楚和明确，理解现实自我与理想自我之间的差别。大多数人都有明确的奋斗目标和愿望，并能为之而努力。

2. 智能结构健全而合理

具有良好的观察力、记忆力、思维力、注意力和想象力，没有认知障碍，能将各种认知能力有机结合并发挥应有的作用。

3. 对社会环境的适应能力较强

当代大学生对外部世界有着浓厚的兴趣，有着广泛的活动范围和许多爱好，人际交往范围扩大，积极参与各种形式的社会实践。同时，能容忍别人与自己在价值观与信念上存在的差别，能根据事物的实际情况而非根据自己的主观愿望来看待事物。

4. 富有事业心

能把事业看成生活的重要组成部分，在事业上有较强的进取心和责任感；具有竞争意识，具有开放性的思想观念，少有保守思想；喜欢创造，勇于创新，甘愿冒险，独立性强，富有幽默感，态度务实。

5. 情感饱满适度

情绪上稳定性与波动性、外显性与内隐性并存，情感丰富多彩，积极的情绪、情感体验在学习、生活中占主导。

这些特点表明，我国大学生人格发展状况基本良好，大学生在人格教育方面具有良好的自觉性。

三、大学生健康人格的标准

结合健康人格标准和大学生人格的特点，大学生健康人格应符合以下标准。

1. 正常的道德感

自己的动机、言行符合社会一定的道德行为准则；有正确的是非善恶观念，能够区分目的和手段。

2. 远大理想和明确目标

有科学的世界观和人生观，拥有明确的目标和计划，能够科学合理规划大学生活，并努力完成。

3. 准确地进行自我评价

具有正确的自我意识，对自己能够客观、合理地进行评价；能够自我监督，自我约束，自我调整。

4. 和谐的人际关系

掌握良好的人际交往技巧，能够有效沟通；在人际关系中能够尊重他人，也能得到他人的尊重和接纳。

5. 良好的情绪调控能力

经常保持愉悦、乐观的情绪；能够合理宣泄、排解负性情绪。

6. 良好的社会适应能力

能够正确看待和理解社会现象，主动关注并积极应对社会发展变化。

7. 有效解决问题的能力

能够对学习抱有浓厚的兴趣，刻苦钻研，在学习过程中能够发挥自身的智慧和能力，有效地解决各类问题。

8. 健康的审美情绪

有正确的审美观和对美的正确追求；能够抵制低级趣味和不良风气的侵蚀。

四、影响大学生人格发展的因素

塑造和培养良好的人格是个体成长与发展的关键。在一个人的人生发展历程中有许多因素会影响到人格的发展，人格的塑造是先天生物遗传因素与后天社会文化因素、家庭环境因素、学校教育因素、儿童早期经验、自我调控因素共同作用的结果。

1. 生物遗传因素

心理学家对"生物遗传因素对人格具有何种影响"的研究已经持续了很久。由于人格具有较强的稳定性，因此人格研究者也会注重遗传因素对人格的影响。双生子的研究被许多心理学家认为是研究人格遗传因素的最好办法，并提出了双生子的研究原则：同卵双生子既然具有相同的基因形态，那么他们之间的任何差异都可以归于环境因素。而异卵双生子的基因虽然不同，但在环境上有许多相似性，如出生顺序、母亲年龄等，因此也提供了环境控制的可能性。系统研究这两种双生子，就可以看出不同环境对相同基因的影响，或者是相同环境下不同基因的表现。研究结果表明：遗传是人格不可缺少的影响因素。但遗传因素对人格的作用程度因人格特征的不同而不同。通常在智力、气质这些与生物因素关系较大的特征上，遗传因素较为重要；而在价值观、信念、性格等与社会因素关系紧密的特征上，后天环境因素更重要。人格发展过程是遗传与环境交互作用的结果，遗传因素影响人格发展的方向及形成的难易。

2. 社会文化因素

人一出生，便置身于社会文化之中并受社会文化的熏陶与影响，文化对人格的影响伴随着人的终身。社会文化塑造了社会成员的人格特征，使其成员的人格结构朝着相似性的方向发展，而这种相似性又具有维系社会稳定的功能。这种同一社会文化背景下绝大部分人共有的共同的人格特征又使得个人正好稳稳地"嵌入"整个文化形态里。

社会文化对人格的影响力因文化而异，这要看社会对个人的要求是否严格。越严格，其影响力就越大。影响力的强弱也依据其行为的社会意义大小而变化，对于不太具有社会意义的行为，社会允许较大的变异；但对社会功能十分重要的行为，就不允许太大的变异，社会文化的制约作用就大。如果一个人极端偏离社会文化所要求的人格基本特征，那么他就不能融入社会文化环境之中，而且会被视为行为偏差或心理疾病。

社会文化具有塑造人格的功能，这反映在不同文化的民族有其固有的民族性格，不同的地域有着不同的文化传统，不同的文化发展时期有着不同的文化认同等方面。以新几内亚源自同一祖先的三个不同民族为例，居住在山丘地带的阿拉比修族，崇尚男女平等的生活原则，成员之间互相友爱、团结协作，没有恃强凌弱、没有争强好胜，一派亲和景象。居住在河川地带的孟都古姆族，生活以狩猎为主，男女间有权力与地位之争，对孩子处罚严厉，这个民族的成员表现出攻击性强、冷酷无情、嫉妒心强、妄自尊大、争强好胜等人格特征。居住在湖泊地带的张布里族，男女角色差异明显，女性是这个社会的主体，她们每日操作劳动，掌握着经济实权，而男性则处于从属地位，其主要活动是艺术、工艺与祭祀活动，并承担孩子的养育责任。这种社会分工使女人表现出刚毅、支配、自主与快活的性格，男人则有明显的自卑感。

3. 家庭环境因素

家庭常被视为人类性格的加工厂，它塑造了不同的人格特征。家庭虽然是一个微观的社会单元，但它对人格的培育起到了至关重要的作用。家庭是社会的细胞，家庭不仅具有自然的遗传因素，也有着社会的"遗传"因素。这种社会遗传因素主要表现为家庭对子女的教育作用，俗话说："有其父必有其子"，不无一定的道理。父母们按照自己的意愿和方式教育孩子，使他们逐渐形成了某些人格特征。

人格的家庭成因，是指家庭间的差异对人格发展的影响，以及不同的教养方式对人格差异所构成的影响。孩子的人格是在与父母持续相互作用中逐渐形成的。例如，富于感情的父母将会示范并鼓励孩子采取更富情感性的反应，因此也加强了孩子的利他行为模式而不是攻击行为模式。孩子在批评中长大，学会了责难；在敌意中长大，学会了争斗；在虐待中长大，学会了伤害；在支配中长大，学会了依赖；在干涉中长大，会变得被动与胆怯；在娇宠中长大，学会了任性；在否定中长大，学会了拒绝；在鼓励中长大，增长了自信；在公平中长大，学会了正义；在宽容中长大，学会了耐心；在赞赏中长大，学会了欣赏；在爱中长大，也就学会了去爱别人。

家庭教养方式一般可以分为三类。第一类是权威型教养方式，这类父母在对子女的教育中，表现得支配性过强，孩子的一切由父母来控制。成长在这种教育环境下的孩子容易形成消极、被动、依赖、服从、懦弱，做事缺乏主动性，甚至会形成不诚实的人格特征。第二类是放纵型教养方式，这类父母对孩子过于溺爱，让孩子随心所欲，父母对孩子的教育有时是失控的状态。这种家庭环境中成长的孩子多表现为任性、幼稚、自私、野蛮、无礼、独立性差、唯我独尊、蛮横胡闹等。第三类是民主型教养方式，父母与孩子在家庭中处于一个平等和谐的氛围中，父母尊重孩子，给孩子一定的自主权，并给予孩子积极正确的指导。父母的这种教育方式使孩子形成了一些积极的人格品质，如活泼、快乐、直爽、自立、彬彬有礼、善于交往、富于合作、思想活跃等。

由此可见，家庭是社会文化的媒介，它对人格具有强大的塑造力。其中，父母恰当的教养方式会直接决定孩子的人格特征。父母在养育孩子的过程中会表现出自己的人格，并有意无意地影响和塑造着孩子的人格，形成家庭中的"社会遗传性"。

4. 学校教育因素

学校是通过各种活动有目的、有计划地向学生施加影响的场所。学生在学校中不仅掌握一定的科学文化知识，也接受一定的政治观点并掌握一定的道德标准，学会了为人处世的方式，形成自己的个性。

教师、班集体、同学与同伴等都是学校教育的元素。教师对学生人格的发展具有指导定向的作用。教师的言传身教对学生产生着巨大的影响。每个教师都有自己的风格，这种风格为学生设定了一个"气氛区"，在教师的不同气氛区中，学生有不同的行为表现。有研究显示，性情冷酷、刻板、专横的老师教出来的学生欺骗行为较多；友好、民主的教师所教的学生欺骗行为较少。

学校是同龄群体汇聚的场所，同伴群体对学生人格具有巨大的影响。班集体是学校的基本团体组织，班集体的特点、要求、舆论和评价对于学生人格的发展具有"弃恶扬善"的作用。

5. 儿童早期经验

中国有句俗话："三岁看大，七岁看老。"斯皮茨（Spitz）在对孤儿院里的儿童所进行的研究中，发现这些早期被剥夺母亲照顾的孩子，长大以后在各方面的发展均受到影响。许多孩子患了忧郁症，其症状表现为哭泣、僵直、退缩、表情木然，并且有人提出被抛弃会使儿童产生心理疾病，孩子会形成攻击、反叛的人格。

人格发展的确受到童年经验的影响，幸福的童年有利于儿童向健康人格发展，不幸的

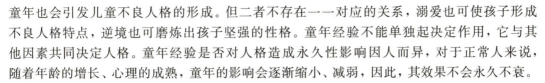

童年也会引发儿童不良人格的形成。但二者不存在一一对应的关系，溺爱也可使孩子形成不良人格特点，逆境也可磨炼出孩子坚强的性格。童年经验不能单独起决定作用，它与其他因素共同决定人格。童年经验是否对人格造成永久性影响因人而异，对于正常人来说，随着年龄的增长、心理的成熟，童年的影响会逐渐缩小、减弱，因此，其效果不会永久不衰。

6. 自我调控因素

上述各因素体现的是人格培养的外因，而外因是通过内因起作用的。人格的自我调控系统就是人格发展的内部因素。人格调控系统是以自我意识为核心的。自我意识是人对自身以及对自己同客观世界的关系的意识，具有自我认知、自我体验、自我调控三个子系统。自我调控系统的主要作用是对人格的各个成分进行调控，保证人格的完整、统一、和谐。

综上所述，在人格的培育过程中，各种因素对人格的形成与发展起到不同的作用，遗传决定了人格发展的可能性，环境决定了人格发展的现实性。

五、大学生健康人格培养的途径

（一）发挥大学生的主观能动性，注重自身健全人格培养

1. 树立正确、适当的目标，培养上进心

大学生想要树立正确、适当的目标，首先要找到自己的准确定位。树立一个正确的目标，能使自己避免在面对各种现实与理想落差中迷失，在压力和挫折中一蹶不振。同时，培养积极、向上的心态，才能乐观、进取地完成自己的大学职业生涯规划。

2. 培养正确的认知能力，建立良好的自控机制

一个人只有正确地认识自我，才能客观评价自我。在评价自我的过程中，既能肯定自己的优势，又能承认差距，这样既能悦纳自己，避免无谓的挫折和打击，又可以欣赏他人，取长补短。正确的自我评价可以使自己适时调整目标。当目标和实际情况发生冲突时，能够进行自我调节，对不符合要求的情绪和冲动进行自觉的控制，保持心理健康，实现自我完善。

3. 及时调整负性情绪，培养愉快的心境

心境是人们在日常生活中经常体验的一种微弱的、持久的、影响人的整个精神活动的情绪状态，良好的、愉快的心境可以使人和颜悦色，做起事来轻松愉快，为别人提供帮忙也很爽快；不好的心境使人脸色难看，对人态度生硬，做事也往往不能获得积极的结果。因此，产生负性情绪时应及时调整，让自己始终保持乐观、愉快的心境。

4. 培养建立和谐的人际关系

和谐的人际关系有利于提高和完善大学生的自我意识能力。置身于良好的人际关系中，这样可以感到自己为他人所接受、承认，从而认识到自己对他人以及社会的价值，提高自信心。同时，通过别人对自己的态度和评价，使自我评价更为全面、客观，和谐的人际关系有利于促进大学生心理健康。一个具有健全人格的大学生应当乐于与他人交往，与别人建立良好的社会关系，不仅能接受自我，也能接受他人、悦纳他人，为他人所悦纳。

5. 学会自我激励

在生活中，有没有激励，人的前进的动力是不一样的。美国心理学家詹姆斯的研究表

明，没有受到激励的人，只能发挥其能力的 20%～30%；而受到激励时，其能力可以发挥 80%～90%，相当于前者的 3～4 倍。别人的激励会使你充满信心，自我激励会带给你无穷的力量。

6. 主动学习榜样，培养良好的人格

（1）学习英雄人物、先进模范的高尚人格。我国的英雄模范人物层出不穷，如屈原、岳飞、包拯、海瑞、黄继光、雷锋、蒋筑英、焦裕禄等。尽管他们对国家、民族的贡献不一样，但是有一点是相同的——他们都有高尚的人格。屈原、岳飞具有强烈的爱国精神，包拯、海瑞刚正廉明，雷锋乐于助人，蒋筑英、焦裕禄为祖国建设而无私奉献等。

（2）以现实生活中具有优秀人格的人（如身边的同学、朋友、父母、亲戚等）为榜样，取其精华作为自己成长中的目标，从点滴小事做起，锲而不舍。

（3）中华民族的优秀历史文化传统和伟大的民族精神，应该成为大学生健康人格自我塑造的必修内容，如古代崇尚的爱国精神、亲民精神、尚公精神、尚德精神、崇义精神、献身精神，独立精神、自立自强精神等。

（二）以和谐的校园文化作为培养大学生健康人格的重要载体

1. 校园物质环境

创造优美的校园物质环境，发挥校园文化的熏陶作用。健康优美的校园环境就像是一部立体的、多彩的、富有吸引力的教科书，对大学生健康人格的培养具有潜移默化的作用。

校园环境有利于陶冶大学生的情操、美化心灵、激发灵感、启迪智慧，也有利于大学生道德素质的提高。

2. 校园精神文化

建立良好的校园精神文化，为大学生提供良好的自我教育氛围。校园精神是一所学校的灵魂，有着鲜明的个性特征，是师生长期的教育和教学活动中形成的趋同性群体心理特征、行为规范和精神追求，其外化为学校的校风，良好的校风对大学生有巨大的感染和熏陶作用。而积极、优化的学校舆论导向同时对大学生道德观念和价值观也起着重要的导向作用。这些都对大学生的行为产生了约束、调节和激励作用。

3. 思想道德教育体制

完善高校对大学生思想道德教育的体制，培养大学生良好的道德素质。

（1）发挥思想政治理论课对大学生健康人格教育的主渠道作用。教师应充分挖掘课堂教学中人格教育的内容，改变思政课堂单一而传统的教学模式，运用外部灌输和开发人的自觉性结合、美育教育渗透等教学模式的创新，来培养大学生自学能力、创造能力、科学研究能力、独立思维能力、表达能力和组织管理能力，同时帮助他们树立正确的世界观、人生观、价值观，引导他们形成优良的个性心理品质。

（2）注重社会实践，摆脱思想道德教育纯理论在道德素质教育中的主导地位。高校应丰富校园社会实践活动，将其融入思想道德教育的内容，培养大学生社交能力，增强自信心，形成自我肯定、自我价值的意识。还可以根据大学生心理问题的类型和成因，有针对性地组织人格偏差的大学生进行特别的社会实践活动，以此增强他们的社会适应能力，提高人格素质。

（3）坚持以人为本，把道德教育思想深入贯彻到学生管理工作中，充分发挥其对大学生健康人格形成的作用。通过建立完善、健全的规章制度，规范大学生的学习、生活及行为，促使他们自觉遵守各项规章制度和道德规范，提高法律、法纪意识，养成良好的行为习惯。同时应注意到，个体先天条件和后天发展导致的个性差异，需要在学生管理工作中遵循以人的身心发展为前提，坚持以人为本，重视大学生心理健康，构建完善的大学生心理危机干预系统。另外，还可以培养学生形成自主管理的模式，开发学生个体潜能，使学生的素质得到全面发展。

4. 教育者的人格素质

学校应注重对教育者人格素质的培养和提高，建立起人格素质考核的机制，促进教师队伍整体素质水平的提高。高校教育者的人格水平高低在一定程度上决定着大学生人格教育的成败。

5. 丰富健康的校园群体活动

大学校园可以组织丰富多彩的科技、体育、娱乐、文化、社团等活动，让学生广泛参与。这样可以培养学生的竞争意识、规则意识和坚强的意志品质；可以使大学生不断获得新知识，丰富生活内容，开阔思路，并在活动中充分发挥自己的聪明才智，体验到满足感和充实感，预防因无所事事而产生空虚、孤独的消极体验。

（三）以心理咨询服务重建人格

知识拓展 4

心理健康教育是塑造大学生健康人格的基础性工程。高校开展心理卫生工作的目的，不仅要做到发现、治疗和预防各种心理疾病，更重要的是指导大学生运用各种良好的方法培养健康人格，使之更好地适应复杂的社会环境。心理咨询是大学生进行心理调适的一种方式，也是当今大学生重新塑造自己人格的有效途径之一，当大学生出现人格缺陷或是人格障碍时，必须要通过专业的心理干预进行人格重建。

❖ 心理测试

气质类型测试

【测试说明】通过对下面60道题的回答，可以帮助你确定自己的气质类型，在回答这些问题时，你认为很符合自己情况的，记2分；比较符合自己情况的，记1分；介于符合与不符合之间的，记0分；比较不符合自己情况的，记−1分；完全不符合自己情况的，记−2分。

1. 做事力求稳妥，一般不做无把握的事。　　　　　　　　　　（　　）
2. 遇到可气的事就怒不可遏，想把心里话全说出来才痛快。　　（　　）
3. 宁可一人干事，不愿很多人在一起。　　　　　　　　　　　（　　）
4. 到一个新环境很快就能适应。　　　　　　　　　　　　　　（　　）

5. 厌恶那些强烈的刺激，如尖叫、噪音、危险镜头等。   (   )

6. 和人争吵时，总是先发制人，喜欢挑剔别人。   (   )

7. 喜欢安静的环境。   (   )

8. 善于和人交往。   (   )

9. 羡慕那种善于克制自己感情的人。   (   )

10. 生活有规律，很少违反作息制度。   (   )

11. 在多数情况下情绪是乐观的。   (   )

12. 碰到陌生人觉得很拘束。   (   )

13. 遇到令人气愤的事，能很好地自我克制。   (   )

14. 做事总是有旺盛的精力。   (   )

15. 遇到问题总是举棋不定，优柔寡断。   (   )

16. 在人群中从不觉得过分拘束。   (   )

17. 情绪高昂时，觉得干什么都有趣，情绪低落时，又觉得做什么都没意思。   (   )

18. 当注意力集中于一事物时，别的事很难使我分心。   (   )

19. 理解问题总比别人快。   (   )

20. 碰到危险情景，常有一种极度恐怖感。   (   )

21. 对学习、工作怀有很高的热情。   (   )

22. 能够长时间做枯燥、单调的工作。   (   )

23. 符合兴趣的事情干起来劲头十足，否则就不想干。   (   )

24. 一点小事就能引起情绪波动。   (   )

25. 讨厌做那种需要耐心、细致的工作。   (   )

26. 与人交往不卑不亢。   (   )

27. 喜欢参加热烈的活动。   (   )

28. 爱看感情细腻、描写人物内心活动的文学作品。   (   )

29. 工作、学习时间长了，常感到厌倦。   (   )

30. 不喜欢长时间谈论一个问题，愿意实际动手干。   (   )

31. 宁愿侃侃而谈，不愿窃窃私语。   (   )

32. 别人总是说我闷闷不乐。   (   )

33. 理解问题常比别人慢些。   (   )

34. 疲倦时只要短暂的休息就能精神抖擞，重新投入工作。   (   )

35. 心里有话宁愿自己想，不愿说出来。   (   )

36. 认准一个目标就希望尽快实现，不达目的，誓不罢休。   (   )

37. 学习、工作同样一段时间后，常比别人更疲倦。   (   )

38. 做事有些莽撞，常常不考虑后果。   (   )

39. 老师讲授新知识、技术时，总希望他讲得慢些，多重复几遍。   (   )

40. 能够很快地忘记那些不愉快的事情。   (   )

41. 做作业或完成一件工作总比别人花的时间多。   (   )

42. 喜欢运动量大的剧烈体育运动。   (   )

43. 不能很快地把注意力从一件事转移到另一件事上去。   (   )

44. 接受一个任务后，就希望把它迅速解决。　　　　　　　　　（　　）

45. 认为墨守成规比冒风险强些。　　　　　　　　　　　　　　（　　）

46. 能够同时注意几件事物。　　　　　　　　　　　　　　　　（　　）

47. 当我烦闷的时候，别人很难使我高兴起来。　　　　　　　　（　　）

48. 爱看情节起伏跌宕、激动人心的小说。　　　　　　　　　　（　　）

49. 对工作认真严谨。　　　　　　　　　　　　　　　　　　　（　　）

50. 和周围人的关系总是相处不好。　　　　　　　　　　　　　（　　）

51. 喜欢复习学过的知识，重复做能熟练做的工作。　　　　　　（　　）

52. 希望做变化大、花样多的工作。　　　　　　　　　　　　　（　　）

53. 小时候会背的诗歌，我似乎比别人记得清楚。　　　　　　　（　　）

54. 别人说我"出语伤人"，可我并不觉得是这样。　　　　　　（　　）

55. 在体育活动中，常因反应慢而落后。　　　　　　　　　　　（　　）

56. 反应敏捷、头脑机智。　　　　　　　　　　　　　　　　　（　　）

57. 喜欢有条理而不甚麻烦的工作。　　　　　　　　　　　　　（　　）

58. 兴奋的事常使我失眠。　　　　　　　　　　　　　　　　　（　　）

59. 常常听不懂老师讲的新知识，但是弄懂以后就很难忘记。　　（　　）

60. 假如工作枯燥无味，马上就会情绪低落。　　　　　　　　　（　　）

【计分方法】

1. 将各题的得分填入表 4-1 中。

表 4-1　气质类型记分表

胆汁质	题号	2	6	9	14	17	21	27	31	36	38	42	48	50	54	58	总分
	得分																
多血质	题号	4	8	11	16	19	23	25	29	34	40	44	46	52	56	60	总分
	得分																
黏液质	题号	1	7	10	13	18	22	26	30	33	39	43	45	49	55	57	总分
	得分																
抑郁质	题号	3	5	12	15	20	24	28	32	35	37	41	47	51	53	59	总分
	得分																

2. 将每一种气质类型所包含的 15 道题的得分相加得出这种气质类型的总分。

【测试结果】 如果某一种气质类型的总分在 20 分以上，同时其他三种气质的得分都很低，即为某种典型气质类型。如：多血质气质类型的总分为 23 分，胆汁质气质类型的总分为 8 分，黏液质气质类型的总分为 3 分，抑郁质气质类型的总分为 -10 分，那么结论就是典型的多血质气质类型的人。

如果某一种气质类型的总分在 10 分以上、20 分以下，其他三种气质类型的总分都很低，则为某种一般气质类型。

如果某两种气质类型或三种气质类型的总分很接近（相差 5 分以内），其他两种或一种气质的总分与之相差很大，则为某两种或三种混合气质类型的人。

一般来说，分值越高，表明越具有该种气质类型特征；反之，分值越低，表明越不具备该种气质类型特征。

实践训练

"卡尔·科赫"画树测验

1. 活动目的：让学生能够了解、改善并提升自己。

2. 活动时间：大约 20 分钟。

3. 活动场地：以室内为宜。

4. 活动程序：

（1）指导语：请画一棵树，在完成后请你介绍自己的画。在介绍时注意介绍树名、果实名（如果有果实的话）、季节、作画时的心情。

（2）考察内容：

① 画的是什么树？是现实中的树还是想象中的树？如果是现实中的树，是否有变形？

② 这棵树是否有果实？如果有，是大还是小？有几种果实？果实的名称与果树的名称是否一致？

③ 这棵树生长在什么季节？这个季节与果实有什么关系？是否与开花结果的季节相符合？季节与树的生命力的关系是怎样的？

④ 作画者在作画时的心情（情绪）是怎样的？作画时是否触动了作画者潜意识中的某种情结？

⑤ 对树的自由联想描述是什么？

课后思考

1. 造成大学生人格存在缺陷的原因有哪些？

2. 影响大学生人格健康发展的因素有哪些？

3. 大学如何培养健康的人格？

第三部分

大学生心理调节与培养

项目五  大学生的情绪健康

项目要点
- 情绪情感的定义及特征
- 情绪管理的方法
- 大学生健康情绪的培养

学习目标
通过本项目的学习，掌握不良情绪的调适方法，保持良好的情绪状态。

案例导入
有一个脾气很坏的男孩，他父亲给了他一袋钉子，并且告诉他，每当他发脾气的时候就钉一个钉子在后院的围栏上。第一天，这个男孩钉下了37颗钉子。慢慢地，每天钉下钉子的数量减少了，因为他发现控制自己的脾气要比钉下那些钉子容易。于是有一天，这个男孩再也不会失去耐心，乱发脾气了。他告诉父亲这件事情后，父亲又说，从现在开始每当你能控制自己脾气的时候，就拔出一颗钉子。一天天过去了，最后男孩告诉他的父亲，他终于把所有钉子都拔出来了。

父亲握着他的手，来到后院说："你做得很好，孩子。但是你看那些围栏上的洞，这些围栏永远不能恢复到从前的样子。你生气时说的话就像这些钉子一样会在别人的心灵上留下疤痕。如果你拿刀子捅别人一刀，不管你说了多少次对不起，那个口子都将永远存在，话语的伤痛就像刀子的伤痛一样令人无法忍受。"

在生活中，情绪是人的内心情感的晴雨表，它反映着每个人内在的心理状态。无论我们是欣喜若狂还是悲恸欲绝，是孤独不安还是热情奔放，我们都在体验着各种各样的情绪。不适当的消极情绪会对我们个人的健康、人际交往和工作生活产生负面的影响。大学生正处于青年期，情绪波动较大，情感体验复杂而丰富，面临着各种各样的情绪困扰。习近平总书记在党的二十大报告中指出："青年强，则国家强。当代中国青年生逢其时，施展才干的舞台无比广阔，实现梦想的前景无比光明。全党要把青年工作作为战略性工作来抓，用党的科学理论武装青年，用党的初心使命感召青年，做青年朋友的知心人、青年工作的热心人、青年群众的引路人。"高校教育工作者及大学生自身正确认知大学生的情绪状态并对不良情绪状态进行适时疏导，对其学习，生活都很有裨益。

第一节　情绪概述

情绪一词已经出现了千百年，虽然情绪的具体含义很难用一句话概括，但可以肯定的是，它与行为密切相关。比如，喜时，手舞足蹈；怒时，咬牙切齿；忧时，茶饭不思；悲时，痛心疾首。古语云"人有悲欢离合，月有阴晴圆缺"，人类的悲欢离合就体现着人类的情绪状态。在现实生活中，可以说情绪与我们是形影不离的，它是个人心理状态的晴雨表，反映着个人内在的心理状态。

一、情绪的定义

现实生活中，每个人都会有喜怒哀乐，都会遇到挫折、逆境，这就涉及情绪的问题。情绪是由人对其所接受到的刺激事件的理解自然生成的，并且是可以从行为表现观察到的。从某种意义上讲，情绪是我们生命的一部分，无论你是否感受到它，它都随时随地伴随着你，它可能促使你成功，也可能让你身陷危机。只要我们稍加注意，就会感觉到情绪的力量。

对于情绪的定义，至今没有一个统一的说法。有人说，情绪是人对客观事物是否符合自身需要而产生的态度体验，它同认识活动一样，也是人脑对客观现实的反映。情绪反映的是一种主客体的关系，即作为主体的人的需要和客观事物之间的关系。

《牛津英语字典》对情绪的解释为心灵、感觉或感情的激动或骚动，泛指任何激动或兴奋的心理状态。

《现代汉语词典》（第七版）对情绪的解释为情绪是人从事某种活动时产生的兴奋心理状态。

心理学家则认为：情绪是有机体的一种激动状态，各种情绪的反映，都由其引起的情景来定义。例如，快乐与环境控制的快乐情景相关联，羞耻与自己所招致的不愉快情景相关联，使得人们的情绪反应也会先于理智反应。

可以说，人类的情绪更能反映其本能的与他人所引起的不快乐情景相关联。在人类大脑的进化过程中，情绪中枢早于理智中枢需要。我们认为，情绪是指人们在心理活动过程中对客观事物的态度和体验。

心理学认为人对外界事物是否符合自己的需要而产生的态度体验即为情绪与情感。情绪与情感和人们的认知紧密相关，人对自己丝毫不了解、与自己根本没有联系的事物是不会产生任何情绪体验的。对外界事物的认识不同，所产生的情绪与情感也是不同的。

▶ 延伸阅读

基本情绪的种类

关于基本情绪的种类问题，我国古代思想家曾有过各种不同的说法。《中庸》将情绪分为喜、怒、哀、乐四种。

《素问》把情绪分为"喜、怒、悲、忧、恐"五种。《吕氏春秋·尽数》分为"喜、怒、忧、恐、哀"五种。

《三国志·魏陈思王植传》中把喜、怒、哀、乐、怨定为五情。

《左传·昭公二十五年》把情绪分为"好、恶、喜、怒、哀、乐"六种。

《荀子·天伦》中将情绪分为"好、恶、喜、怒、哀、乐"六种。

《白虎道·情性》中将情绪分为"喜、怒、哀、乐、爱、恶",也主张"六情"分类法。

《礼记·礼运》曰:"何谓人情?喜、怒、哀、惧、发、恶、欲,七有弗字而能",提出七情说。

我国心理学家林传鼎早在1944年,通过查阅《说文》找出9353个正篆,发现其中有354个是描述人的情绪表现的字。按其解释的意思可分为18类,即安静、喜悦、愤怒、哀怜、悲痛、忧愁、忿急、烦闷、恐惧、惊骇、恭敬、抚爱、憎恶、贪欲、嫉妒、傲慢、惭愧、耻辱。

美国心理学家伊扎德通过因素分析法列出了包括9种情绪的"情绪分类表":兴奋、喜悦、惊骇、悲痛、憎恶、愤怒、羞耻、恐惧和傲慢。

二、情绪的表现

(一) 生理表现

情绪的生理表现是指由情绪引起的人的生理变化。当情绪产生时,人们身体系统的各器官都会发生相应的生理变化(如心跳)和物理反应,其生理机制就是大脑皮层的不同神经元产生兴奋,皮下中枢,包括海马体、丘脑和脑干网状结构不断传递和反馈信息,协调并支持脑的激活水平和情绪状态,随着脑和神经系统的变化,身体的其他内脏器官也随之产生不同的生理变化。

人在情绪紧张时,会出现呼吸、心跳加快加强,血压升高,血糖上升,血中含氧量增加,肾上腺素和甲状腺素分泌增加的情况。人在惊惧时,会出现心跳减慢,呼吸暂停,面部小血管收缩,脸色发白、出冷汗、口干等情况。仅就呼吸系统而言,在情绪产生时,呼吸的频率、深浅、快慢、均匀程度等都会发生变化。产生情绪反应时,脑电、皮肤电也会随着情绪的变化而变化。由于情绪反应过程中总是伴有生理活动的可计量指标,因此人们可以用这些客观指标来了解人的情绪反应程度。情绪的生理变化既是主观体验的深化,又是外在情绪表现的基础,在情绪结构中起着承上启下的作用。

(二) 外在表现

外在的情绪表现即表情,具体是指面部表情、语调表情和姿态表情。

1. 面部表情

面部表情是指通过眼、口、面的变化所表现出来的情绪状态。常言道"眼睛是心灵的窗户",不同的眼神可以表达人的各种不同的情绪和情感。例如,高兴时"眉开眼笑",气愤时"怒目而视",恐惧时"目瞪口呆",悲伤时"两眼无光",惊奇时"双目凝视",等等。眼睛不仅能传达感情,而且可以交流思想,很多事情只可意会,不可言传,在这种情况下,通过观察他人的眼神可以了解其内心的思想和愿望,推知他们的态度——赞成还是反对,接受还是拒绝,喜欢还是不喜欢,真诚还是虚假等。眼神是一种表达情绪的重要工具,因此艺术家

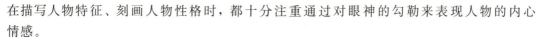

在描写人物特征、刻画人物性格时，都十分注重通过对眼神的勾勒来表现人物的内心情感。

口部的变化也是情绪的重要线索。"咬牙切齿""张口结舌"都是通过口部的变化来表现某种情绪的。

相关实验表明，人脸的不同部位具有不同的表情作用。例如，眼睛在表达忧伤时最重要，口部在表达快乐和厌恶时最重要，而额头能提供惊奇的信号，眼睛、嘴和前额等在表达愤怒情绪时也很重要。

表情在情绪活动中具有独特作用，是情绪本身不可分割的发生机制，也是情绪信息的外在表现，如有的人遇到伤心、悲痛的事就捶胸顿足、呼天抢地，遇到高兴的事就手舞足蹈。表情与情绪之间的关系如表5-1所示。

表5-1　表情与情绪之间的关系

表情	可能的情绪	表情	可能的情绪
脸红	羞愧、羞怯	尖叫、出汗	痛苦
身体接触	友爱	毛发直立	害怕、气愤
紧握拳头	生气	耸肩	顺从
哭泣	悲伤	嘘声	藐视
皱眉	生气、挫折	发抖	害怕、担心
笑	高兴	—	—

2. 语调表情

语音、语调表情也是表达情绪的重要方式。爽朗的笑声表达了愉快的情绪，而呻吟表达了痛苦的情绪。语言是人们沟通思想的工具，同时，语音的高低、强弱、抑扬顿挫等，也是表达说话者情绪的重要手段。

3. 姿态表情

姿态表情可分为身体表情和手势表情两种。

人在不同的情绪状态下，身体姿态会发生变化，如高兴时"捧腹大笑"，恐惧时"紧缩双肩"，紧张时"坐立不安"，等等。

手势通常和言语一起使用，表达赞成或反对、接纳或拒绝、喜欢或厌恶等态度，手势也可以单独用来表达情感、思想，或做出指示。在无法用言语沟通的条件下，单凭手势就可以表达开始或停止、前进或后退、同意或反对等思想感情。"振臂高呼""双手一摊""手舞足蹈"等手势，分别表达了个人的激愤、无可奈何、高兴等情绪。

三、情绪的功能

在我们的生活中，情绪不是一种毫无目的、没有任何意义的伴随体验。相反，它们是在适应外界变化的过程中产生的、具有重要作用的心理反映。

（一）自我防御功能

在最简单水平上，情绪能够帮助我们做出更迅速的反应。例如，当身体或其他方面受到威胁时，人会产生恐惧情绪；当发生利益或权利上的冲突时，人会产生愤怒情绪；当吃到不适的食物或污物时，人会产生厌恶感。这些情绪反应表现出非常明显的自我防御倾向。

（二）社会适应功能

情绪能够使个体针对不同的刺激事件产生灵活自如的适应性反应，并调节或保持个体与环境间的关系。情绪之所以具有灵活性的特征，是因为它的机能不仅可以来源于个体全部的先天机能，而且可以来源于个体的学习及认知活动。许多情绪具有调控群体间关系的互动功能。譬如，羞怯感可以加强个体与社会习俗的一致性；当个体对他人造成伤害时，内疚感可以激发社会公平重建，其他的情绪，如同情、喜欢、友爱等，也能起到构建和保持社会关系的作用，它们可以增强群体内的凝聚力，起到提高个体社会适应能力的作用。

1. 动力功能

达尔文认为，人类祖先在捕猎和搏斗时产生愤怒的情绪反应，有助于增强其体力，战胜猎物或敌人。现代科学更清楚地揭示了人在紧张情绪发生时会表现出一系列生理变化，如血压升高、呼吸频率提高、肾上腺素分泌增加等。这一切都有助于一个人充分调动体力，去应付紧急状况，适度的情绪反应能够激励人，提高人的活动效率，进而推动人们有效地完成工作任务。

2. 强化功能

大量研究表明，当出现紧急情况时，消极的情绪（如愤怒和恐惧）能够唤起大脑的警觉意识；积极的情绪（如高兴）能使一个人的感觉、知觉变得敏锐，记忆力得到增强，思维更加灵活，有助于一个人内在潜能的充分展示。

3. 信号功能

一个人不仅能凭借表情传递情感信息，也能凭借表情传递自己的某种思想和愿望。表情是思想的信号，如微笑表示赞赏，点头表示默认，摇头表示反对。中国有"出门看天色，进门看脸色"的俗语，意思是说通过别人的情绪反馈信息，人们能够领悟到他人对自己的态度。

▶ 延伸阅读

情绪与健康

有这样一个故事，曾经有两个人同时去了一家医院做检查，其中一个人查出来患有癌症，另一个则是健康的。但是，因为医生的粗心，他们的诊断报告被交换了。结果原本健康的人拿到了癌症报告，整日忧心忡忡，郁郁寡欢，情绪极度不稳定。而原本有癌症的人拿到了健康的报告，整天都很开心，心情也比较愉悦。不久之后，医院发现了诊断报告被错误交换了，通知双方再来医院重新进行检查，结果发现原本健康的人却查出了癌症的倾向，而原本有癌症的人病情已经好转。

治病时，无论是中医、西医还是心理医生，都会嘱咐病人要保持心情舒畅，说明情绪的变化对健康状况的影响非常大。消极情绪会破坏我们的身心健康，让我们陷入绝境，甚至导致生命丧失，而积极情绪则对我们的身心有舒缓且有益的影响。

四、情绪与情感

在日常生活中，我们对情绪、情感的使用非常随意。但在心理学上，情绪和情感是两个不同的概念。西方心理学界虽未对情绪和情感进行严格区分，但普遍认为，情绪包含着情绪表现（表情）和情绪体验（情感）。我国心理学界则对情绪和情感做了严格区分，认为情绪分为心境、激情和应激；情感分为道德感、理智感和美感。

（一）情绪的分类

根据情绪发生的强度、速度以及持续时间的长短，即根据情绪的状态，可以将情绪分为心境、激情和应激。

1. 心境

心境是一种深入、持久而微弱的情绪状态，也叫心情，没有特定的指向性，不特指某一对象，是使人的所有情感体验都染上某种色彩的情绪状态。例如"感时花溅泪，恨别鸟惊心"这句古诗，就表达了当时诗人的心情状态。当一个人心情舒畅时，他做什么事情都会乐观积极；而当一个人郁郁寡欢时，则对很多事情都会没有兴趣。心境有两个特点：弥散性和长期性。

（1）弥散性。弥散性是指当人具有某种心境时，这种心境表现出的态度会投向周围的一切事物。经典的例子有"积极的心态像太阳，照到哪里哪里亮；消极的心态像月亮，初一十五都一样""忧者见之而忧，喜者见之而喜"。

（2）长期性。长期性是指心境产生后要在相当长的时间内主导人的情绪。例如，虽然小明接到大学录取通知书已经十几天了，但心情还是比较愉悦的。

2. 激情

激情是一种爆发强烈而持续时间短暂的情绪状态，多带有特定的指向性和较明显的外部行为特征。例如，高兴的时候哈哈大笑，生气的时候拍案而起。相对于心境来说，激情有特定指向性，并带有明显的面部表情或身体动作。

3. 应激

应激是由出乎意料的紧迫情况所引起的急速而高度紧张的情绪，所以应激一定是突发性事件，如天灾人祸。人在面对突发事件的过程中，会有两种表现，一种是积极的急中生智，如在路上开车时看到前面有人急忙踩刹车；一种是消极的惊慌失措、意识狭窄，如新老师第一次上讲台时大脑中一片空白。

（二）情感的分类

情感是与社会需要相联系的情绪反应，表现为一种复杂而又稳定的态度体验，如人的善恶感、责任感、羞耻感、内疚感、荣誉感、美感、幸福感等，情感也是人类所特有的心理现象之一。人类高级的社会性情感主要有道德感、理智感和美感。

1. 道德感

道德感是用一定的道德标准去评价自己或他人的思想和言行时产生的情感体验。道德感产生的关键是运用道德标准去评价，会受到社会规范、社会价值体系的影响。例如，当小王在上班高峰期为了避免迟到而闯红灯，被交警拦截"教育"时产生的羞耻体验；当我们看到他人随地吐痰时，对他人所产生的厌恶体验。

2. 理智感

理智感是在智力活动过程中所产生的情感体验。例如，对未知事物的好奇心、求知欲和认知的兴趣，在解决问题过程中表现出来的怀疑、自信、惊讶，以及问题解决时的喜悦等都是理智感。理智感不仅产生于智力活动过程中，而且对推动人学习科学知识，探索科学奥秘有积极的作用。例如，当小强终于论证了实验假设的正确性时，他产生的兴奋感、成就感就是理智感。理智感往往是在完成任务、解决问题的情境中产生的。

3. 美感

美感是按照一定的审美标准评价自然界、社会生活和文学艺术作品时所产生的情感体验。

人的审美标准既反映事物的客观属性，又受个人的思想观点和价值观念的影响，所以美既是客观的，又是主观的，是主客观的对立统一。例如，优美的自然环境可以陶冶人的情操，善良、淳朴的人格特征和公正无私、舍己救人的高贵品质给人以美的感受，奸诈狡猾、徇私舞弊、损人利己的行为则让人厌恶、憎恨。

美感体验的强度受人的审美能力和知识与经验的制约，对美感的培养和进行美的教育是精神文明建设的重要组成部分。例如，看到梵·高的《星空》觉得美轮美奂时，这种体验就是美感。

（三）情绪与情感的差异

情绪与情感经常在一起使用，但是仔细比较起来还是有一些差异的，主要表现如下：

（1）情绪通常与人的生理性需要相联系，而情感通常与人的社会性需要相联系。

生理性需要能否得到满足，会导致人的情绪变化。例如，可口的饭菜、温暖的床铺使人感到愉快；危险使人感到紧张、恐惧；寒冷、饥饿让人感到不愉快等。社会性需要是指人类在社会生活中形成的、为维护社会的存在和发展而产生的需要，如工作的需要、交往的需要、友谊的需要、求知的需要、道德的需要、尊重与爱的需要等。社会性需要的满足与否，会使人产生不同的情感，如对父母、老师、朋友、同学的爱；对犯罪分子、恐怖分子的厌恶；对秀美山川、大自然风光的向往；对国家、民族、集体充满爱的情感等。

（2）情绪具有较大的情境性和暂时性，情感则具有较大的稳定性和持久性。

情绪可随时随地根据情境或需要的出现而发生，也会随着情境的变化或需要的满足而较快地减弱或消退；而情感则基于较稳定的态度和对事物及其关系较为深入的认知而产生，因而具有稳定性和深刻性。例如，一位非常爱孩子的母亲会因为孩子一次偶然的不听话而生气，但不会因为一时生气就不再爱孩子了，这种情绪就具有暂时性。母亲对孩子的爱包含着她对亲情的认知和对孩子基本的态度，这种态度是一种情感，不会因为临时发生某个事件而在短时间内产生大的变化。

（3）情绪有较多的外显性和冲动性，而情感则较为内隐和深沉。

当人处于某种情绪状态时，经常伴有相应的表情和动作行为，如高兴时喜笑颜开，生气时怒目而视，甚至挥拳相向；而情感则显得较为深沉，经常以内隐的形式存在或以微妙的方式流露出来。一个人爱祖国和民族，不会天天挂在嘴上；母爱细腻而深沉，常融于日常生活的点点滴滴当中。情绪具有冲动性，一旦发生，人往往一时难以控制，如我们常说的"激情一刻"，而情感一般不存在这种情况，它始终处于意识的支配下，稳定而持久，如人们对祖国的爱、对母亲的爱一般不会因外界情境的变化而发生变化。

情绪和情感虽各有特点，但其差别也是相对的。它们更多地表现出紧密的联系，往往交织在一起，很难严格地区分。稳定的情感是在情绪的基础上形成的，又通过情绪来表达。情绪也离不开情感，情绪的变化往往反映情感的深度，情绪中蕴含着情感。例如，对于自己热爱、喜欢、感兴趣、怀有深厚情感的人或事，人们的情绪往往是愉快的、满意的；对于自己厌恶的、憎恨的、情感上难以接受的人或事，人们则不会产生满意和愉快的情绪。我们经常感受到的是情绪，而情绪在某种程度上是受情感支配的，有什么样的情感，就会相应地在一个人的语言、行为当中表现出相应的情绪。所以在一定的意义上可以认为，情绪是情感的外在表现，情感是情绪的本质内容。一般地说，情感的产生总伴随着情绪反应，而情绪的变化经常受情感的支配。

第二节　　大学生情绪特点及其影响

大学时期是人走向心理成熟的重要时期，也是情绪丰富多变、相对不稳定的时期。随着社会地位、知识素养的提高以及所处特定年龄阶段的影响，大学生的情绪带有鲜明的特点。情绪伴随在大学生的学习、生活、交往中，对大学生的身心产生着影响。

一、大学生情绪的特点

大学生情绪的特点具体表现为以下几个方面。

1. 丰富性和复杂性

从生理发展阶段来看，大学生正处于梦想丰富的年龄阶段，人类所具有的各种情绪几乎都可以在大学生身上表现出来，并且各类情绪的强度不一。例如，仅从情绪的悲哀程度上就有遗憾、失望、难过、悲伤、哀痛、绝望之分。从自我意识的发展来看，大学生表现出较多的自我体验，自我尊重的需要强烈，易产生自卑、自负等情绪体验。从社交方面来看，大学生的交际范围日益扩大，与同学、朋友及师长之间的交往更加细腻、复杂；一些大学生的恋爱行为往往又伴随着深刻的情绪体验，这种特殊的体验对大学生有着十分重要的影响。从情绪体验的内容上来看，大学生的情绪呈现出丰富多彩的特征，以惧怕的情绪来说，大学生所惧怕的主要与社会的、文化的、想象的、抽象复杂的事物和情势有关，如惧怕考试、惧怕陌生人、惧怕惩罚、惧怕寂寞等。

2. 冲动性与爆发性

随着知识水平和认知能力的提高，大学生能够在一定程度上控制自己的情绪，但由于兴趣广泛，对外界事物较为敏感，加之年轻气盛和从众心理，因而在许多情况下，其情绪易被激发，犹如疾风暴雨不计后果，带有很大的冲动性，对符合自己信念、观点和理想的事件或行为迅速产生热烈的情绪，而对于不符合自己信念、观点和理想的事件或行为，则迅速产生否定的情绪。个别的年轻人有时甚至会出现盲目的狂热，而一旦遇到挫折或失败又会灰心丧气，情绪来得快，去得也快。大学生情绪的冲动性常常与爆发性相连，大学生的自制力较弱，一旦出现某种强烈的外部刺激，情绪便会突然爆发，加之受到冲动力量的驱使，以至于在语言、神态及动作等方面失去理智，忘却其他事物的存在，极易产生破坏性的行为和后果。

3. 波动性和两极性

大学时期是人生面临多种选择的时期，会出现学习、交友、恋爱等困扰。社会、家庭、学校及生活事件，都会对大学生的情绪产生影响。尽管大学生的认识水平有了一定程度的提高，对自己的情绪已有了一定的控制能力，情绪亦趋于稳定，但同成年人相比，大学生相对敏感，情绪带有明显的波动性，一句善意的话语、一个感人的故事、一支动听的歌曲、一首情理交融的诗歌，都可以使他们的情绪骤然发生变化。特别是在社会转型过程中，生活方式的变迁、新旧价值观的更替、种种复杂的社会现象，都容易使大学生感到困惑和迷茫，产生情绪的困扰与波动。同时，由于大学生正处于情绪表现的"动荡"时期，自我认知、生涯发展及心理发展还未成熟，他们的情绪起伏较大，带有明显的两极化特征，胜利时得意忘形，挫折时垂头丧气，喜欢时花草皆笑，悲伤时草木流泪，情绪的反应摇摆不定、跌宕起伏。有人对大学生进行调查发现，70%的大学生的情绪是经常波动的，就像波动曲线一样，忽高忽低、忽愉快忽愁闷。

4. 阶段性和层次性

由于不同年级的培养目标和培养重点不同、教育方式和课程设置有所区别，各个年级大学生面临的问题和情绪特点也不同，呈现出阶段性和层次性特点。大学一年级面临的是环境适应、学习方法改变、熟悉新的交往对象、了解并确立新的目标等问题，表现为自豪感和自卑感混杂、放松感和压力感并存、新鲜感和恋旧感交替，常出现孤独、寂寞、抱怨等情绪问题；大学二三年级主要是交友和学习中的问题，包括人际关系、恋爱、兴趣爱好、学习效率、网络环境等方面，易表现出焦虑、抑郁、冷漠等情绪问题；大学四年级主要是求职择业及毕业论文（毕业设计）方面的问题，由于压力大，容易造成自我认知偏差、面试紧张、恐惧、消极等情绪问题。另外，由于社会、家庭及自身要求、期望不同，以及能力、心理素质的差别，大学生也会表现出不同的情绪状态。

5. 外显性与内隐性

大学生对外界刺激的反应迅速敏感，喜、怒、哀、乐常形于色，比起成年人较为外露和直接，但比起中小学生，则会文饰、隐藏或抑制自己的真实情感，表现出内隐、含蓄的特点。一般而言，大学生的很多情绪是一眼就能看出来的，如考试第一名或赢得一场球赛，马上就会喜形于色。但由于自制力的逐渐增强以及思维的独立性和自尊心的发展，大学生情绪的外在表现和内心体验并不总是一致的，在某些场合和特定问题上，有些大学生会隐藏或抑制自己的真实情感，表现出内隐、含蓄的特点。

二、情绪对大学生的影响

现代医学研究发现，人类疾病中，由心理因素、身心失调引起的心因性疾病占50%～80%。紧张、悲哀、抑郁等不良情绪会激活人体内的有害物质，击溃机体保护机制，破坏人体免疫功能，使人致病。情绪不仅与大学生的身心健康有关，而且对大学生的学业、人际关系以及行为目标等都有重要影响。

1. 情绪对大学生身心健康的影响

情绪对人的身心健康具有直接影响。若能保持愉快的心境，为人开朗乐观，积极向上，则人体免疫功能活跃旺盛，可以减少患病的机会，有益健康。同时，良好的情绪不仅能够使大学生对生活充满希望，对自己满怀自信，而且能够使自己的求知欲增强、思维敏捷、富于创造力、爱好广泛、建立良好的人际关系，促进自己的全方位发展。与此相反，消极的情绪对人的身心健康危害极大，在压抑、紧张、焦虑、恐惧等消极情绪的长期作用下，人的免疫能力下降，容易患各种疾病，内脏功能也会受到伤害。许多研究表明，消极情绪是健康的大敌。突然而强烈的紧张情绪会抑制大脑皮层的高级心智活动，破坏大脑皮层的兴奋和抑制平衡，使人的意识范围狭窄、判断力减弱，失去理智和自制力。调查发现，大学生中常见的消化性溃疡、紧张性头痛和偏头痛、心律失常、月经失调、神经性皮炎等，都与消极情绪有关。因此，保持良好的情绪状态，是大学生心理健康的重要标志。

2. 情绪对大学生学业的影响

情绪对于大学生的学业有着举足轻重的影响。良好的情绪有助于开阔思路，集中注意力，培养创造性，提高学习效率。大学生中常常存在这种现象，有人因考前过分紧张，导致考试发挥失常；也有人虽然对考试抱有不以为然的态度，考前并不紧张，但考试结果也不理想。心理学家用实验方法研究情绪与学习成绩的关系，结果表明适度的焦虑能使大学生取得最好的学习效率，焦虑程度过高或过低均难以取得优异的学习成绩。所以说，一个人再聪明，如果没有一个好的情绪与心态，他的能力也无法发挥。良好的情绪与心态，是一个人最大限度地发挥自己能力的基础和前提。

3. 情绪对大学生人际关系的影响

良好的情绪特征，如乐观、热情、自尊、自信，是人与人相互吸引的重要条件，具有良好情绪特征的人能使彼此间的心理距离缩短、情感融洽。自卑、情绪压抑、爱发怒的人，往往不能与他人正常相处，难沟通，使人与人之间疏远。

由于情绪具有感染性与传染性，因而具有积极而稳定的情绪反应，正性情绪大于负性情绪的人，在人群中更受欢迎，更容易获得别人的赞赏，形成良好的人际关系。因此，大学生在人际交往中，要注重提高自身的修养，学会控制和调节自己的情绪，做情绪的主人。

三、大学生常见的情绪困扰

适度的、情境性的负面情绪反应是正常的，也是无害的；而持久的情绪困扰与烦恼、陷于不良情绪中不能自拔，甚至出现心理障碍，如抑郁症、焦虑症、恐惧症等，则会严重妨碍学习和生活，需要及时有效地调节。

1. 自卑

自卑是由于缺乏自信心造成的。自卑的人对自己的能力或品质评价过低，轻视或看不起自己，认为自己的能力、外貌、个性、品质、自我评价等达不到理想自我的标准，因而丧失了实现理想自我的信心，总感到自己处处不如别人。自卑的人总是以别人为参照系来罗列理由，说明自己的无知和无能。

大学生的自卑心理主要表现在：其一，在诸多竞争活动中退缩，甚至明明能成功也放弃机会。遇事害羞、胆怯、不自信，感到焦虑，害怕失败，甚至还有某些生理症状，如失眠、盗汗、心悸等。其二，不承认自己的不足并竭力掩饰，以使他人觉察不到自己的自卑，为此常常夸张自己的行为，故作炫耀，总想一鸣惊人，有时还表现出较强的虚荣心，对自己的不足和别人的评价很敏感，这一切都是为了掩饰自卑并由此而获得一种补偿。

2. 冷漠

冷漠是一种对人对事漠不关心的消极情绪体验。冷漠的大学生，在行为上常表现为对生活缺乏热情，对集体活动漠不关心，对周围同学怀有戒备之心，不与他人交流，态度冷淡，对学习应付了事、缺乏兴趣，大多独来独往，十分孤僻。日本心理学家松原达哉教授形容这一类大学生是无欲望、无关心、无力气的"三无"学生。

冷漠往往是因为努力却得不到承认或屡遭挫折所致。此外，缺乏家庭的温暖，缺乏安全、信任、尊重的社会环境，也会造成人的性格孤僻、情绪冷漠。冷漠的人表面看起来很清高，其实内心往往很痛苦和孤寂，正是因为没有宣泄的途径，巨大的心理压力无法释放，才导致了这种不良情绪的产生。冷漠严重阻碍了个体的心理健康和自我发展。

3. 愤怒

愤怒是指当愿望不能实现或未达到目的的行动受到挫折时引起的一种紧张而不愉快的情绪，程度上可分为不满、气恼、愤怒、暴怒、狂怒等。愤怒不利于身心健康。愤怒时，人体内的肾上腺素和肾上腺皮质激素增加，造成人的心跳加快、血管收缩、血压升高、呼吸加深、胃肠蠕动减慢等。同时愤怒还会使人情绪急躁、言辞过激、不顾及别人的尊严、自制力减弱，甚至思维受阻、行为冲动，不能意识到自己行为的意义和后果，易做出不理智的事情来，造成严重的社会危害。另外，易怒的人使人不敢接近，会影响到其人际关系。

相当一部分易怒的大学生常常有一些错误的认识，认为发怒可以挽回面子，维护自尊；可以威慑他人，树立威信；可以满足愿望，等等，其实不然。事实上，发怒的结果是事与愿违的，得到的不是尊严和威信，而是引发他人的愤怒、厌恶，甚至引发更恶劣的后果。我们自己的情绪不但不能被抚平，反而会更加气愤。因此，怒气看起来是对外的，实际上受伤害的却是自己，心理上承受不愉快的也是自己。正如古希腊学者毕达哥拉斯所言"愤怒以愚蠢开始，以后悔告终。"

4. 焦虑

焦虑是个体主观上预料将会有某种不良后果或模糊地感到将会有威胁性情境出现时所产生的一种不安情绪，同时伴有忧虑、烦恼、害怕、紧张等混合情绪体验。其表现是提心吊胆、惶惶不安、忧心忡忡，似乎要大祸临头，却又说不出究竟怕什么或究竟会发生什么样的灾难和不幸。焦虑情绪突出表现在焦虑性神经症中，主要包括：一是精神性焦虑，常常表现为无原因、无对象的烦躁、易激怒，注意力不集中，记忆力下降，经常处于惊觉状态；二是躯体性焦虑，如颤抖、坐立不安、来回走动、经常变换姿势等；三是自主神经功能紊乱，如心跳加快、呼吸急迫、胸闷、心悸、心慌、多汗等。

大学生的常见焦虑有四种：一是考试焦虑，即由于担心考试失败或渴望获得更好的成绩而产生的一种忧虑、紧张的心理状态；二是身体焦虑，即由于担心身体疾病或自我形象而产生的焦虑不安，并伴有失眠、疲倦等症状；三是交往焦虑，即由于缺乏自信和交往经验，自尊心过强，个体心灵闭锁，感到孤独、寂寞从而导致的焦虑；四是就业焦虑，即由于

过度地担忧自己未来的职业选择和就业前景而坐卧不安、心烦意乱。

5. 抑郁

抑郁是每个人一生中或多或少都会有的、最常体验到的负性情绪之一。抑郁是一种感到无力应付外界压力而产生的低落、悲哀、消沉的情绪体验。抑郁者会表现出对生活的无望感和强烈的无助感。出现抑郁情绪的大学生经常愁眉不展，唉声叹气；好奇心减弱，脑力迟钝，反应缓慢；不愿参加社交活动，故意回避熟人；对生活缺乏勇气和热情，求知欲显著减退，对什么事都提不起兴趣，体验不到快乐；精神不振，对前途悲观失望；思维迟钝甚至把自己封闭和孤立起来。同时，抑郁者还会伴随着身体方面的症状，如常常感到乏力、疲惫、软弱、周身不舒服；睡眠不良，习惯的睡眠时间和方式被打乱；食欲不振，进餐时缺乏正常的享受感，觉得吃饭是一件枯燥而无奈的事，等等。比较严重的抑郁情绪会对正常的学习、工作和生活产生明显的影响，更为严重的还可能导致多种身心疾病，甚至出现自杀的念头或行为。

导致大学生压抑苦闷的原因很多，自我的冲突、人际关系紧张、生活枯燥、成绩下降、失恋、性冲动、情感丰富而无所寄托的孤独寂寞、对现实社会的困惑、竞争的压力等，都容易使其产生苦闷心情，如果长期无法宣泄便形成抑郁情绪。

6. 嫉妒

嫉妒是由于他人在某些方面胜过自己而产生的不快甚至痛苦的情绪体验，是因为自己的社会尊重需要未得到满足而产生的不良情绪，是一种企图缩小和消除与他人的差距，恢复原有平衡关系的消极手段。大学生常见的嫉妒表现在当别人的才华、能力、荣誉、衣着和相貌等超过自己时，就感到痛苦和恼怒；当别人遭遇困难和不幸时，则幸灾乐祸。对于这类大学生，可以从以下几方面入手加以调适：

（1）清醒准确地了解自己。

大学生要了解对自我的认识是一个不断探索的过程。大学生应该对自己做一个合理的评价，并在此基础上，对自己的优点和缺点有一个清醒的认识。

（2）合理转化。

嫉妒别人是一种不舒心、不希望别人超过自己的消极情绪。大学生应将消极情绪转化为奋发进取、积极向上的动力，应善于发现别人身上的优点，通过自己的努力逐步缩小与他人的差距，化消极情绪为积极动力。

（3）充实生活。

大学生应把主要精力集中在专业知识和技能的学习、培养上，应积极参加各类有益身心健康的活动，如体育比赛、文艺演出、集邮、旅游、摄影、钓鱼等，使自己在活动过程中不断丰富知识、发展能力、完善个性、陶冶情操，摆脱嫉妒心理的困扰。

第三节　大学生健康情绪的培养

情绪是心理因素中对健康影响最大、作用最强烈的因素，强烈的负面情绪会影响到大学生的学习、生活和健康。现代医学证明，精神状态不佳、情绪不稳定，可能导致不少疾病。情绪问题不仅会使大学生在身体上出现病症反应，还会导致其学习能力降低。对于大学生来讲，管理情绪、调节情绪、驾驭情绪、做情绪的主人，不仅是维护身心健康的需要，也是其自我发展和人格成熟的前提条件。

一、健康情绪的标准

情绪健康是心理健康的关键，它在很大程度上反映了一个人的心理健康水平。情绪健康的基本标准包括以下五个方面。

1. 情绪产生的原因明确，表达方式恰当

第一，一个人的喜、怒、哀、乐等情绪反应，都应该由适当的原因引起，即由外界环境或身体内部的变化引起，且所引起的情绪反应的程度应该和原因是相对应的，如愉快的情绪是由高兴的事情引起的，悲哀的情绪是由不愉快或不幸的事件引起的，愤怒的情绪是由挫折或屈辱引起的，等等。

第二，能以社会允许的方式表达或发泄情绪。如果一个人常常无缘无故地或兴高采烈，或情绪低落、伤心流泪，或紧张、恐惧、焦虑不安，或独自发笑、喜形于色，或因一点小事而勃然大怒、暴跳如雷等，都是不正常的。

2. 情绪反应适时、适度

一个情绪健康的人，其情绪反应会随着时间、环境的变化而变化。一般情况下，一旦引起情绪反应的因素消失，情绪反应也就消失了。情绪健康的人，能控制自己的情绪，能在适当的时间、场合适度表达情绪。情绪反应的强度与引起该情绪的情境相符合，反应发生和持续的时间与反应的强度相适应。

3. 心情愉快

情绪健康的人应以愉快的心境为主，积极情绪多于消极情绪。每个人都可能有不愉快的时候，情绪健康的人出现不愉快的情绪次数较少、时间较短、程度较轻，而且是有原因的。一个人如果经常心情愉快，反映出其心理和生理活动是和谐一致的，处于一种积极的健康状态，如果经常心情低落、愁眉苦脸、烦恼郁闷、紧张不安、怒气冲冲，则是情绪不健康的表现。情绪健康的人，情绪相对稳定；如果情绪不稳定，时而喜、时而愁、时而怒，变化莫测，则是情绪不健康的表现。

4. 情绪稳定

情绪稳定表明一个人的中枢神经系统活动处于相对的平衡状态，也反映了其中枢神经系统活动的协调性。一般来说，情绪反应开始时比较强烈，随着时间的推移会逐渐减弱。如果反应时强时弱，变化莫测，经常处于不稳定状态，则是情绪不健康的表现。

5. 能自我调控

健康的情绪是受自我调节和控制的。情绪健康的人，应是情绪的主人，可把消极的情绪转化为积极的情绪，也可把激情转化为冷静。

研究表明，积极的情绪调节能提高大学生的心理健康水平，而消极的情绪调节则会降低大学生的心理健康水平，且对心理健康的消极影响更为显著。对于大学生来说，情绪健康表现为开朗、豁达，遇事不斤斤计较；能及时、准确、适当地表达自己的主观感受；情绪

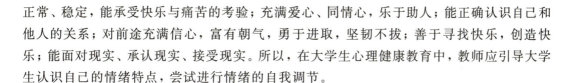

正常、稳定，能承受快乐与痛苦的考验；充满爱心、同情心，乐于助人；能正确认识自己和他人的关系；对前途充满信心，富有朝气，勇于进取，坚韧不拔；善于寻找快乐，创造快乐；能面对现实、承认现实、接受现实。所以，在大学生心理健康教育中，教师应引导大学生认识自己的情绪特点，尝试进行情绪的自我调节。

二、大学生健康情绪的培养途径

（一）认识自己的情绪

伴随着情绪的产生，人体在心理和生理上会慢慢积蓄起一定的能量，为人的心理和行为提供动力。同时，伴随情绪产生的能量也必然会寻找释放的途径。我们在日常生活中会自觉或不自觉地释放这种能量，如快乐时的手舞足蹈，失去亲人时的失声痛哭，愤怒时的暴跳如雷等。当我们经历巨大的情绪变化时，身心犹如积蓄了过多能量的气球，如果不加调节就会出现失控的现象。因此，认识自己的情绪是情绪管理的第一步。

1. 了解自己的个性特征

一个人的情绪特点，往往与其气质和性格特征密切相关。因此，了解自己的气质与个性，对于认识和把握自己的情绪特点有着重要的意义。例如，我们可以看到每个人的情绪表现方式都是不同的，有的人脾气急，有的人则是慢性子；有的人活泼开朗，有的人则多愁善感，这些都与一个人的个性心理特征有直接的关系。

2. 了解自己的情绪年龄

人的情绪表现与其情绪年龄相关。情绪年龄是一个人情绪发展水平的一种衡量标志。心理学研究表明，不同年龄的人在其情绪的各方面具有不同的发展水平和特点。人的情绪年龄有两种表现：其一，是否符合该年龄段的认知逻辑水平；其二，是否符合该年龄段的表现和情绪调节方式。例如，一些独生子女大学生，由于父母长期的过度照顾，在情绪的自我调控能力方面常常滞后于他们的实际年龄。

3. 善于识别不良情绪

不良情绪会给自己及他人带来不良影响甚至伤害。例如，负性情绪持续时间过长，超过了自己所能承受的强度，这种情绪状态就构成了对自己及他人的影响或伤害。情绪适应不良还可能导致严重的情感障碍、人格障碍等心理疾患。

个体的情绪状态受多方面因素的影响，既有客观环境的影响，也有自身特点的影响。遇到相同的事件，不同个体会有不同的情绪表现；而同一个人，在不同的阶段遇到相同的事件，表现亦不相同。例如，考试成绩刚到 60 分，有的大学生会长松一口气，认为自己终于没挂科，而有的大学生则会因为没达到预期目标而沮丧不已。

察觉自己情绪状态的一个基本方法就是进行横向与纵向比较。横向比较即与自己情况相近的人相比："若相同情况发生在和自己同龄、情况相近的同学身上，同学会有怎样的反应，我的反应与之有何异同？"如果情绪反应相近，会帮助我们认识自己的正常情绪过程，接纳自己的情绪；如果情绪反应明显不同，便提示我们需要积极调整情绪状态，必要时应寻求心理帮助。纵向比较即与自己之前的情绪经验相比："我之前也遇到过这种情况，当时的情绪是怎样的？和这次有什么不一样吗？"如果与之前的情绪相近，可以帮我们更多地认识自己的情绪特点，如果有很大的不同，便要分析不同的原因，以便更加有效地调整情绪。

（二）正确表达情绪

情绪的产生伴随着能量的蓄积，情绪的表达则是能量发泄的过程。情绪的表达方式包括两个方面：一为心理表达，二为生理表达。心理表达是指在心理层面将情绪表达出来，如通过认知、体验、表情、言语、行动等方式。生理表达是指在生理层面将情绪表达出来，包括心率、血压、呼吸、内分泌的改变，平滑肌收缩等。一般情况下，两种表达相互伴随。若情绪的心理表达不足，生理表达则增加，而我们可以主观调节的是心理表达。一般来说，情绪的心理表达包含以下四个层次。

1. 向自我表达

情绪心理表达的第一个层次是向自我表达。向自我表达是让自己意识到情绪产生的性质、特点及原因等，增加对自我情绪的识别，既要认识到自己情绪的变化，又要觉察到当时情绪的起因、性质等，这样，便可适时调整情绪。例如，若对自己的愤怒情绪不管不顾，便很可能在激动情绪的影响下采取过激行为，也可能无意识地将愤怒情绪传递给周围的人。可以想象，一位因家务事隐隐不快的公交车售票员，如果意识不到自己的情绪，就难免会将莫名的怒火发泄到乘客身上。向自我表达是情绪表达的关键。

2. 向他人表达

情绪心理表达的第二个层次是向他人表达。"快乐通过分享便成为双份，而悲伤经过分担便减半"便是向他人表达的典型例子。向周围人表达我们的情绪，既能增进相互理解，又能加深情绪的自我认知。表达方式既可以是语言表达，也可以是非语言的表达。例如，对父母深深的爱意，既可以通过直接的语言——"爸妈，我爱你们"表达出来，也可以通过关心的眼神、回家勤于分担家务来表达。

3. 向自我及他人以外的客观环境表达

情绪心理表达的第三个层次是向自我及他人之外的客观环境表达，如摔东西、击沙袋、在无人处高喊、哭泣、歇斯底里发作或者跑步等。这种表达方法对于那些不善与人交往者显得尤其重要。

4. 升华表达

情绪心理表达的第四个层次是升华表达，即超越所有表达对象，将情绪的能量指向其他的、更高层次的需要，从而为那些高层次需要的满足提供能量。这是最艰难、也是最佳的情绪表达方式，即把因受挫而产生的不良情绪引向崇高的境界，对强大的心理能量加以疏导，凝聚到学习、工作或生活中。例如，著名大文豪歌德在失恋之后，把失恋的情绪能量升华到文学写作中，写出了著名的《少年维特之烦恼》。"化悲痛为力量"是典型的情绪升华表达。

在情绪心理表达的四个层次中，自我表达是基础和关键，升华表达是最具创造性的方式，每个人可以根据自己的情况加以选择。

（三）有效调控情绪

情绪不仅与身心健康密切相关，而且与一个人能否适应社会、获得事业成功直接相关。一个人能否把握与控制自己的情绪，往往影响了其事业的得失成败乃至人生命运。大学生活虽然充满着七色阳光，却不可能事事称心如意。人人都会有不顺心的时候，该如何积极有效地排解不快的情绪呢？可以通过以下方式来调控、排解。

1. 自主训练法

精神病学家、德国柏林大学的舒尔兹教授，经过 20 多年研究，得出一条基本原理，即每个人都可以控制自己，并据此创建了自主训练法。

自主训练法的步骤是：第一步，静坐在凳子上，背部轻轻靠在后面的支撑物上，头摆正，稍稍前倾，两眼正视前方，两手平放在大腿上，两脚与肩同宽，全脚掌落地，脚心紧贴地面。第二步，两眼轻轻闭合，慢慢地深呼吸三次，静下心来，排除杂念，把注意力放在两手和大腿边缘部位，然后集中到手心，心里默念"静下心来，静下心来，两手暖和起来了。"第三步，根据以上要领，逐渐将意念导向脚心，脚心处也会感到温暖。一旦两只手、两只脚都产生温暖感觉后，身体就会有一种飘然的感觉，头部也会感到很清爽。这种训练法既可以调节情绪，又能消除心理压力、减轻烦恼，使心情舒畅。建议情绪不好时，每天可做3 次。

2. 合理宣泄法

宣泄是指把积存在心里的郁闷情绪清理干净，使神经通路畅通无阻。"郁则发之"，当情绪不佳时，不要闷在心里，一定要发泄出来。发泄不良情绪不等于放纵自己的感情，不等于任性和胡闹，如果不分时间、场合、地点地随意发泄，不但不能调控好不良情绪，还会造成不良后果。合理宣泄可以从"身""心"两个方面尝试以下几种方法：

（1）诉：找一个热情、善良、智慧的听众，说出你的焦虑或苦闷。

（2）哭：到一个无人的寂静地方，放声大哭一场，让烦恼随眼泪一起流走。

（3）笑：放声大笑。笑是医治信心不足的良药，能使健康的情绪得到渲染，使不良情绪得到释放。

（4）喊：到一个空旷无人的地方大喊，把心里郁积的负面情绪释放出来。

（5）走：一个人静静地走，感受一下优美的景色，会使心中的阴霾渐渐淡去，冷静下来的大脑会告诉你一个万全之策。

（6）跑：奔跑会释放愤怒，也会振作精神。

（7）换：换件衣服，换个发型，创造快乐，摆脱郁闷，让自己的心情有份寄托。

（8）洗：洗一个舒服的温水澡，慢慢地洗去身心的疲惫。

（9）写：给某人或自己写封信，或写日记，把自己的烦恼描述出来。

3. 格式塔疗法

格式塔疗法是由美国精神病学专家弗雷里克·S·皮尔斯博士创立的，是自己对自己疾病的觉察、体会和醒悟，是一种人本主义形式的心理治疗。它以人为中心，注重整体，聚焦一个人当下的生活和挑战，而不在过去的经历中深挖。这种疗法强调去理解一个人的生活背景并承担责任的重要性，而不是一味地抱怨。格式塔疗法可以通过以下步骤开展：

（1）提醒自己生活在今天。不要总惦念明天的事，也不要总懊悔昨天的事，要把精神集中在今天要做的事上。

（2）提醒自己生活在这里。对于远方的事，我们无能为力，要顺其自然，不要为力不能及的事而烦恼。

（3）停止猜想，面对实际。有时，我们会为一件事猜想半天，甚至耿耿于怀，最后却发现，事情根本不是我们想象的样子，可能还闹出笑话来。所以，要停止猜想，面对实际。

（4）暂停思考，多多感受。在现代社会，人们每天都忙于工作、计划，似乎变成了一台没有情感的机器。如果暂时放下这些，去欣赏美景、去听听大自然的声音、去接触一下大自然的气息、去感受一下自己的感觉，我们会重新发现自己，情绪也会得到良好的调节。

（5）要接受不愉快的情绪。通常人们都不愿接受不愉快的情绪，只愿意接受愉快的情绪。其实，愉快与不愉快是相对的。辩证地看，不愉快的情绪也能起到刺激自我、提高自我觉察力、促进自我认知的目的。

（6）不要先判断，而要先发表意见。人们往往容易在别人稍有差错或失败时就下结论或责备别人，进而引起更大的矛盾和冲突。其实，不如先谈谈自己的感受，这在一定程度上能够达到与他人分享心情的目的。

（7）不要盲目崇拜偶像和权威。现代社会有许多变相的权威和偶像，如学历、金钱等，禁锢了人的头脑，束缚了人的手脚。我们不要盲目地崇拜权威，更不要因此而丧失独立思考的能力，丧失自我。

（8）我就是我。不要说如果我是某某，将会成功。要从自身做起，从起点做起，不怨天尤人，充分发挥自己的潜能。

（9）要对自己负责。人们往往会逃避责任，遇到失误或失败时就归因于外在、客观因素，格式塔疗法要求自己做的事自己承担后果。

4. PAC自我写照法

1959年，美国医生埃里克·伯恩创立了PAC自我写照法，这是一种人格的分析理论，是一种帮助个体成长与改变心理的治疗方法，这一理论将我们的人格分为三种状态：

（1）P（Parent）：要保持慈爱。要像父母双亲关心子女那样体谅别人、关心别人，有一颗慈爱的心。

（2）A（Adult）：要保持理智。要有成人般的成熟心理，遇事冷静，能够理智地、正确地观察现实，适应现实生活。

（3）C（Child）：要保持"童心"，不要强行压抑自己的本能需要。人的一生要有孩子般自然、朴素的情感。

5. 合理情绪疗法（RET）

合理情绪疗法是美国临床心理学家艾尔伯特·艾里斯在20世纪50年代提出的，又称ABC理论。完整的合理情绪疗法由A、B、C、D、E、F六个部分组成：

A：Activating events，指发生的事件。

B：Belief，指人们对事件所持的观念或信念。

C：Emotional and Behavioral Consequences，指观念或信念所引起的情绪及行为后果。

D：Disputing irrational believes，指劝导干预。

E：Effect，指咨询效果。

F：New feeling，指咨询后的新感觉。

艾里斯强调认知的重要性，认为事件（A）本身并非是引起情绪反应或行为后果（C）的直接原因，人们对事件的不合理信念（B，即想法、看法或解释）才是真正原因所在。因此，要改善人们的不良情绪及行为，就要劝导干预（D）非理性观念的发生与存在，代之以理性的观念，等到劝导干预产生了效果（E），心理的困扰消除或减弱，人们就会产生积极的情绪及行为，人也就会产生愉悦充实的新感觉（F）。研究表明，受教育程度较高、领悟能力较强的大学生，比较适合运用合理情绪疗法进行心理自我调节，其具体操作程序如下：

（1）找出使自己产生异常紧张情绪的诱发事件（A），如当众讲话、考试、工作压力、人际关系等。

（2）分析挖掘自己对诱发事件的解释、评价和看法，即由它引起的信念（B），从理性的角度去审视这些信念，并且探讨这些信念与所产生的紧张情绪（C）之间的关系，从而认识到异常的紧张情绪之所以产生，是由于自己存在不合理的信念，这种失之偏颇的思维方式应当由自己负责。

（3）扩展自己的思维角度，与自己的不合理信念进行辩论（D），动摇并最终放弃不合理信念，学会用合理的思维方式代替不合理的思维方式（E）。还可以通过与他人讨论或实际验证的方法来帮助自己转变思维方式。

（4）随着不合理信念的消除，异常的紧张情绪开始减少或消除，并产生更为合理、积极的行为方式（F）。行为所带来的积极效果，又促进了合理信念的巩固与情绪的轻松愉快。最后，个人通过情绪与行为的成功转变，从根本上树立合理的思维方式，不再受异常紧张情绪的困扰。

（四）创造快乐情绪

真正成为情绪的主人，不仅要认识自己的情绪，正确表达情绪，学会调控情绪，还应懂得创造快乐情绪，一般可以通过以下方式来创造快乐情绪。

1. 知足常乐

知足常乐并非自我满足或不思进取，而是要实事求是地认识自我，其秘诀在于将个人理想和需求与客观实际相结合，增加获取成功体验的机会。要根据自己的实际情况来确定具体可行的奋斗目标，注意保持适中的自我期望水平。要学会珍惜现在已经拥有的机遇与生活条件，珍惜把握好每一次机会。

2. 学会宽容

古人云："海纳百川，有容乃大。"大学生要学会对人、对己多点宽容，少点责备。如果对人、对己要求过于苛刻，就会给他人和自己的身心带来不良影响。因此，宽容有助于保持快乐的情绪。

3. 增强自信心

只有拥有自信心，才能获取成功，才能体验快乐，增强自信心是获取快乐情绪的基本条件。

4. 交友

俗话说"在家靠父母，在外靠朋友""多个朋友多条路"，多与朋友交流有助于宣泄不良情绪，消除烦恼，增加快乐。培根曾说，如果你把快乐告诉一个朋友，将有两个人分享快乐；如果你把忧愁向一个朋友倾诉，你将被分掉一半的忧愁。

5. 培养良好的兴趣与爱好

缺乏必要的兴趣与爱好，将使人的生活变得机械单调，使人感到乏味、疲累。良好的兴趣与爱好能带来快乐，帮助人们放松身心。

知识拓展 5

课后拓展

❖ 心理测试

情 绪 测 试

【测试说明】下面的每个问题都有 3 种答案供你选择，选出一个与你实际情况最相近的答案。若测试题中出现与自己生活、身份不相符合的情况，可以不予选择。

1. 看到你最近一次拍摄的照片有何想法？　　　　　　　　　　　（　　）

　　A. 不称心　　　　　　　　B. 很好　　　　　　　　C. 可以

2. 你是否想到若干年后有什么使自己极为不安的事？　　　　　　（　　）

　　A. 常有　　　　　　　　　B. 没有　　　　　　　　C. 偶尔

3. 你被朋友、同学起过绰号、挖苦过吗？　　　　　　　　　　　（　　）

　　A. 常有　　　　　　　　　B. 没有　　　　　　　　C. 偶尔

4. 你上床以后，是否经常再起来一次，看看门窗是否关好，炉子是否封好，以及诸如此类的事情？　　　　　　　　　　　　　　　　　　　　　　　　（　　）

　　A. 常有　　　　　　　　　B. 没有　　　　　　　　C. 偶尔

5. 你是否满意与你关系最密切的人？　　　　　　　　　　　　　（　　）

　　A. 不满意　　　　　　　　B. 非常满意　　　　　　C. 还算满意

6. 你在半夜的时候，经常觉得有什么让你害怕的事情吗？　　　　（　　）

　　A. 经常　　　　　　　　　B. 没有　　　　　　　　C. 偶尔

7. 你梦见什么可怕的事而惊醒吗？　　　　　　　　　　　　　　（　　）

　　A. 常有发生　　　　　　　B. 没有　　　　　　　　C. 偶尔

8. 你有一个梦，曾经做过许多次吗？　　　　　　　　　　　　　（　　）

　　A. 有　　　　　　　　　　B. 没有　　　　　　　　C. 记不清

9. 有没有一种食物，使你吃后要呕吐？　　　　　　　　　　　　（　　）

　　A. 有　　　　　　　　　　B. 没有　　　　　　　　C. 不清楚

10. 除去看到的世界外，你心中有没有另外一种世界呢？　　　　　（　　）

　　A. 有　　　　　　　　　　B. 没有　　　　　　　　C. 不清楚

11. 你心中是否时常觉得你不是现在父母所生的呢？　　　　　　　（　　）

　　A. 时常　　　　　　　　　B. 没有　　　　　　　　C. 偶尔

12. 你曾经觉得有一个人爱你或尊重你吗？　　　　　　　　　　　（　　）

　　A. 是的　　　　　　　　　B. 不曾　　　　　　　　C. 说不清

13. 你是否常常觉得你的家庭对你不好，但是你又确知他们的确对你好呢？（　　）

A. 是的　　　　　　　　B. 不是　　　　　　　　C. 偶尔

14. 你觉得没有人十分了解你吗？（　　）

A. 是的　　　　　　　　B. 不是　　　　　　　　C. 讲不清楚

15. 你在早晨起来的时候，最经常的感觉是什么？（　　）

A. 忧郁　　　　　　　　B. 快乐　　　　　　　　C. 讲不清楚

16. 每到秋天，你的感受是什么？（　　）

A. 秋雨霏霏或枯叶遍地　　　B. 秋高气爽或艳阳天　　C. 不清楚

17. 你在高处的时候，觉得站不稳吗？（　　）

A. 是的　　　　　　　　B. 不是　　　　　　　　C. 有时

18. 你平常觉得自己强健吗？（　　）

A. 不　　　　　　　　　B. 是的　　　　　　　　C. 不清楚

19. 你一回家就立刻把房门关上吗？（　　）

A. 是的　　　　　　　　B. 不是　　　　　　　　C 不清楚

20. 你坐在房间里把门关上后，觉得心里不安吗？（　　）

A. 是的　　　　　　　　B. 不是　　　　　　　　C. 偶尔

21. 你要决定一件事情的时候，觉得很难决定吗？（　　）

A. 是的　　　　　　　　B. 不是　　　　　　　　C. 偶尔

22. 你常常用抛硬币、抽签这类游戏来测吉凶吗？（　　）

A. 常常　　　　　　　　B. 没有　　　　　　　　C. 偶尔

23. 你常常因为碰到东西而跌倒吗？（　　）

A. 常常　　　　　　　　B. 没有　　　　　　　　C. 偶尔

24. 你是否要一个多小时才能入睡，或醒得比你希望得要早一个小时？（　　）

A. 经常　　　　　　　　B. 从不　　　　　　　　C. 偶尔

25. 你是否看到、听到或感觉到别人察觉不到的东西？（　　）

A. 经常　　　　　　　　B. 从不　　　　　　　　C. 偶尔

26. 你是否认为自己有超越常人的能力？（　　）

A. 是的　　　　　　　　B. 没有　　　　　　　　C. 在某些方面

27. 你是否觉得有人跟着你走，因而心里不安？（　　）

A. 是的　　　　　　　　B. 没有　　　　　　　　C. 不清楚

28. 你是否觉得有人在注意你的言行？（　　）

A. 是的　　　　　　　　B. 没有　　　　　　　　C. 不清楚

29. 当你一个人走夜路时，你是否觉得前面潜藏着危险？（　　）

A. 是的　　　　　　　　B. 没有　　　　　　　　C. 偶尔

30. 你对别人自杀的想法是怎样的？（　　）

A. 可以体验到　　　　　B. 不可思议　　　　　　C. 不清楚

【计分方法】选择 A 得 2 分，选择 B 得 0 分，选择 C 得 1 分，将 30 道题相加得总分。

【测试结果】若你的总分少于 20 分，表明你目前的情绪稳定饱满，自信心强；你有一定的社会活动能力，能理解周围人的心情，顾全大局；你一定是性情爽朗、受人欢迎的人。

若你的总分在 20～40 分之间，表明你情绪基本稳定，但较为低落，对事情的考虑过于冷静，处事淡漠消极，不善于发挥自己的个性；你的自信心受到压抑，做事的热情忽高忽低、瞻前顾后。

若你的总分在 40 分以上，表明你的情绪不稳定，日常烦恼太多，自己的心情处于紧张和矛盾之中。

若你的总分在 50 分以上，则是一种危险的信号，你需要寻求心理医生的帮助。

◆ 实践训练

"气"象万千

1. 活动目的：

（1）通过利用气球充气会膨胀的特性，来让孩子感受"压力"存在的状态及必要性，并利用气球易爆的特质，让孩子感受情绪过大带来的危险后果。

（2）通过踩气球或是吹气球游戏，将无形的压力化为有形的呈现，使学生对"压力"有更清楚的认知。

（3）营造游戏式的情境来引导学生主动学习且乐在学习中。

游戏场地：搬走桌椅的空教室或室外场地均可。

2. 活动形式一：踩气球。

（1）给学生每人准备两个气球，请学生设法将之充满气并打结，再系上橡皮筋。

（2）把学生带到空教室或室外场地。

（3）老师说明游戏规则：

① 规定活动的范围，越界者出局。

② 规定气球需分别系在两脚的脚踝处，不可过高，违规者出局。

③ 不可用手推人，违规者出局。

④ 哨音一开始，可互相踩破别人的气球，气球被踩破者仍可去踩别人的气球，直至老师吹哨时结束游戏。

（4）游戏开始，老师视学生脚上气球的爆破数量来决定游戏停止的时间。（约 5～10 分钟）

（5）清点脚上还有气球的人数，给予英雄式的欢呼鼓励。

（6）清理地上破掉的地球。

（7）心情分享：请学生自由分享玩"踩气球"游戏的心情。

别人要来踩气球时的心情和反应如何？为什么会这样？在不违反规则之下，如何保护自己的气球不被踩破？

3. 活动形式二：吹气球。

（1）给每位学生准备一个气球。（为了活动效果，气球应准备薄、厚两种，或同一种气球有的是完好无损的，有的是事前已扎眼的。）

（2）玩吹气球，告诉学生想怎么吹，就怎么吹，吹爆了也没有关系！（时间控制为 1～3 分钟）

（3）心情分享：刚才我们玩了吹气球的游戏，气球吹爆了的同学请举手，你们知道这是怎么回事吗？如果气球是我们的身体，不良情绪是里面的空气，不良情绪不断累积，气球会怎样？我们的身体会怎样？（其他同学请注意听，他说的你同意吗？）

气球若是一直被充气会有什么状况？如何使一个过量充气的气球避免爆炸？感觉到生活有压力的举手，并说说压力来源于哪些方面？该如何缓解这些压力？

课后思考

1. 情绪对大学生身心健康有何影响？
2. 健康情绪的标准是什么？
3. 如何培养积极健康的情绪？

项目六　　大学生人际交往

项目要点

- 人际交往的含义及特性
- 大学生人际交往的类型
- 大学生人际交往中的常见障碍
- 大学生人际交往的优化策略

学习目标

　　通过本项目的学习，了解大学阶段人际交往的特性及分类，认识人际交往对学习、生活乃至未来发展的影响，厘清自己人际交往中的常见障碍，掌握提高人际交往能力的有效策略。

案例导入

　　玲玲是大一学生，习惯以自我为中心，而且对同学的关心爱理不理，甚至故意习难。经过几个月的相处后，室友们对她失去了耐心，与她彻底决裂了。室友们抱成一团，孤立了她，这让玲玲异常痛苦。事后，玲玲对自己的行为也做了检讨，对室友的态度也变得小心翼翼和非常在意。但即使如此，室友们也因为之前的嫌隙而无法再次接纳她，一直与她保持着距离，形单影只的玲玲度日如年，每次回到寝室，她都觉得压抑和恐惧。最后，玲玲实在无法忍受这样的折磨，萌发了退学的想法。在辅导员的建议下，玲玲到学校心理咨询中心求助。她讲述了自己的困惑，也意识到了当初轻视朋友、不注重维护人际关系的错误，现在只希望赢回她们对自己的关心和友谊。在老师的帮助下，玲玲渐渐地振作起来，用乐观和真诚打动了室友，与她们的关系得到了缓和。

　　大学生正处于学习知识和技能、认识社会、探索人生的发展时期，大学生的所有活动都是在与人交往的过程中进行的，经常要面对和处理多种多样的人际关系。人的心理健康水平有赖于正常的人际交往。良好的人际交往不仅是大学生向社会化转变的基本途径，也直接影响着大学生的学习与生活、身心健康、成长与发展。了解人际交往的基本理论知识，掌握人际交往的原则和技巧，对于大学生建立和谐的人际关系以及健康成长都具有非常重要的意义。

第一节　大学生人际交往概述

人是具有社会属性的动物，即"人的本质不是单个人所固有的抽象物，在其现实性上，它是一切社会关系的总和。"大学生离开父母和家庭进入大学，迈入了独自面对人生的新起点，既要面对新的环境、新的群体，处理各种各样的人际关系，也要重新整合各种关系，因此处理好与不同交往对象的关系便成了其新生活的重要内容。良好的人际交往既是大学生心理健康水平、社会适应能力的重要指标，也将广泛地影响其在校期间及未来走入社会后很长一段时间的生活和发展。

一、人际交往的概念

人际关系可以理解为人与人之间心理上的关系。人际交往表现为人与人之间的心理距离，反映着人们寻求满足需要的心理状态和需求。就动态而言，人际交往是指人们为了满足特定的需要，通过一定的语言和非语言（如面部表情、肢体动作等）表达方式，彼此之间交流信息、沟通感情的过程；就静态而言，是指人与人之间通过动态的相互作用形成的情感联系或联络。据统计，大学生每天除了睡眠外，其余时间中有70％左右用于人际交往。

二、大学生人际交往的概念

大学生人际交往的概念有狭义和广义之分。

1. 狭义的大学生人际交往

狭义的大学生人际交往是指大学生在校期间和周围相关的个体或群体的相处与来往。大学生自进入学校的那一刻就产生了交往的需要，人际交往需要是大学生人际交往的基础，大学校园里的各类活动能强化、巩固这一基础。但由于大部分大学生还未直接从事物质生产活动，因此其人际交往在一定程度上受到生产力因素和自身经济基础的限制，还不能完全自由地选择人际关系，因而大学生人际交往的基本动力在相当大的程度上属于精神活动的范畴。

2. 广义的大学生人际交往

广义的大学生人际交往是指大学生为了达到一定的目的或为了满足自己的需求，和与之有关的一切人的所有人际互动。这种人际交往既涉及与大学生所在时空接近的人际交往，也涉及与大学生时空较远的人际交往。作为人际交往主体的大学生，可以是个体，也可以是群体。在人际交往中，与父母家人、亲朋好友以及师长同学之间的交往是最重要的，会对大学生的身心及其社会化进程产生举足轻重的影响。

三、大学生人际交往的特性及类型

大学生之间、大学生与其他社会人群之间在沟通信息、交流思想、表达情感、协调行为的互动过程中呈现出的特性，与非大学生人群的人际交往有着明显的区别；这些特性与大学生这个相对特殊的群体和大学校园这个特定的环境有着密不可分的关系。大学生具有文化层次相对较高、心理和生理比较成熟、比较重感情等特性，因此，其人际交往除了具有人际交往的一般共性外，还具有与其他社会群体不同的特性和类型。

（一）大学生人际交往的特性

大学时期是从青春期向成年期的过渡阶段，这一时期，大学生在人际交往上会出现一些新的特性和变化，主要表现在以下几方面。

1. 人际交往的迫切性

交往是人正常的社会生活需要。大学生从高中到大学，离开了熟悉的家庭，远离了自己熟识的同学和朋友，从与父母、朋友的朝夕相处到突然置身于一个陌生的环境，会产生一定的失落感或不适感。这种失落感或不适感将会引发心理上的不平衡，使大学生产生更加强烈的交往需求，渴望得到周围同学和老师的关心、爱护、信任和支持，以弥补或弱化这种不良感觉。

总的来说，大学生思想活跃、精力充沛、探知欲强，对友谊、友情较为看重，对社会中的新事物、新现象有强烈的好奇心。随着自我意识的不断增强，大学生对了解社会和他人有着非常强烈和迫切的愿望，具有一种将原有的交往圈子向外扩大的需求，希望通过交往获得友谊，得到他人的理解、关心和尊重，大学新生尤其如此。对于新生来说，大学校园是一个全新的生活、学习环境；远离了父母及家庭，远离了昔日的师长和同学，使得大学新生既怀念昔日的亲情、友情，又渴望新的友谊。这种特殊的生活环境进一步激发了大学生对人际交往的渴望。

2. 人际交往的纯洁性

大学生在人际交往过程中极少涉及经济因素，几乎不存在因工资、奖金、待遇等经济因素引发的利益冲突，所以，大学生群体的交往要比其他群体单纯得多。大学生由于生活经历、社会阅历、知识结构、思想观念等基本相同，个体之间不存在等级、特权问题，更容易和平共处、平等交往。大学生的交往动机比较单纯，感情色彩比较浓厚，不存在上下级或亲子之间那种服从和依赖关系，所以功利色彩比较淡泊。另外，大学生是有知识、有思想的青年群体，个体之间的交往主要是思想情感的交流，注重精神上的安慰和鼓励，希望通过交往获得思想观念的一致和情感的共鸣，这种交往是非常纯洁、非常美好、非常值得珍视的。

3. 人际交往的理想化、完美化

大学生还未完全步入社会，人际交往具有浓厚的理想色彩和完美化倾向。大学生对人际关系抱有较高的期望，且喜欢把人际关系理想化、完美化，无论是对朋友，还是对师长，都希望不掺杂任何杂质。绝大多数大学生希望同学之间能真诚相待，相互关心和帮助，但在现实交往中，许多人对同学之间的关系并不满意。事实上，这种理想与现实的反差在一定程度上给大学生的学习生活带来了不适和烦恼。

4. 人际交往更加追求独立性和平等性

尽管大学生的个体差异较大，但无论是内向还是外向、善言还是孤僻，在交往中都表现出一种要求独立交往的意识。大学生的独立意识、自主精神明显增强，在人际交往过程中他们不想过分依赖家长、老师，渴望做出自主、独立的选择。因为大学生的交往是主动的，彼此之间是互为主体、互相影响的交往伙伴，因此，在心理上有较强的独立性要求。大学生的交往多以兴趣为纽带，讲究情投意合，希望个体之间的兴奋点相吻合。另外，大学生人际交往的外在约束力不强，社会活动的参加与否有个体选择的自由，自主性和独立性较强，强迫感及被动的成分较少。

随着自我意识的逐渐发展和成熟，大学生的自尊感和价值感越发强烈，在人际交往过程中更加追求平等性，期望交往能够真诚、彼此尊重、相互理解，而嫌弃不尊重他人和操纵欲、支配欲强的人。更多大学生选择与同辈交往而远离父母，经常回避居高临下的教训，渴望平等交往。即使是师生关系，大学生也希望得到老师的平等对待。在大学生最喜欢的老师类型的调查报告中，研究人员发现大学生普遍倾向于选择朋友型师生关系，即老师能平等公正地对待每位学生，尊重理解学生，善于与学生沟通交流。因此，人际交往中那些傲慢无礼，不尊重他人，操纵欲、支配欲、嫉妒心、报复心强的个体常常是不受欢迎的。在人际交往中努力体现其人格的独立性，追求平等，是大学生交往的基本需要。

5. 人际交往的开放性和多样性

随着社会开放程度的不断扩大，人与人之间的交往也逐渐呈现出开放性的特点。作为社会新生力量代表的大学生，开放社会的主要特点在其身上都有所体现。尽管处于青年时期的大学生心理上存在着一定的封闭性，但本质上是非常渴望交往的，他们默默地敞开了交往的心门，期待交往和友谊。大学生交往的范围越来越宽，个体的交往已经突破了专业、年级、班级、性别的限制，校际交往越来越普遍。大学生的交往需要是多层次的，这决定了个体交往方式也是丰富多彩的，特别是信息化的各种工具和平台，更为大学生的开放性交往提供了便利条件。

大学生文化水平相对较高，兴趣爱好广泛，知识较为丰富且热情积极、朝气蓬勃、思想活跃。这些特征决定了大学生交往内容的广泛，交往形式的多样。大学生的交往内容涉及政治、经济、文学、艺术、体育、学习、娱乐、个人情感、生涯规划等各个领域，其交往形式包括组织社团活动、主题晚会、联谊活动、户外运动、游历考察、社会实践等。

（二）大学生人际交往的类型

根据大学生在人际交往互动中的主动程度，可将其人际交往分为积极型、沉静型和被动型。对交往互动的不同群体进一步区分，大学生人际交往的类型有如下几种。

1. 同学关系

这里所说的同学关系并不仅仅指班级同学关系，也包括同专业、同系、同校的同学之间的关系。大学生的同学关系是其人际交往中较为重要的部分，与其他人际关系相比具有如下的特点。

（1）单纯性。

学习仍然是大学生的主要任务，在道德水平和文化水平相对较高的大学校园里，现实社会和世俗的影响相对较小，再加上大学生一般处于青年期，社会阅历相对简单，理想化的成分较多，形成了其同学关系的单纯性特征。

（2）情感性。

处于18～22岁的大学生，其生理、心理特征使其行为倾向带有更多的情感因素，加之同学之间的利益关联性不强，彼此没有经济上和思想上的较强依赖性，因此交往中就更注重情感和趣味的一致性。同学关系在思想和情感上更深入的交流和发展，成就了当代大学生的朋友关系。

（3）平等性。

大学生的同学关系有平等性的基础，大家在年龄、文化、阅历、政治面貌方面基本上处于相同的发展阶段，有相同的学习经历、学习环境和起点，受相同的教育。同时，大学生的主体意识、独立意识和自尊心日益增强，对同学交往的平等性要求越来越高，希望彼此平等相待，不能接受任何形式的强制和压迫。

2. 师生关系

在大学里，老师主要包括授课教师和辅导员，当然也包括大学里为学生提供服务的行政老师，他们是当代大学生人际交往的重要对象，师生关系是大学生人际关系的重要内容之一。大学阶段的老师将逐步以成人的标准看待学生并与之相处，为学生创造和提供独立自主的条件和环境，侧重培养学生的自学自主能力。同时，由于高校及大学生培养的特点，大学老师不可能时刻和学生待在一起，与学生相处的空间距离没有高中老师那么近，师生关系显得相对松散，但是师生之间相容程度较高，有利于建立一种亦师亦友的人际关系。因此，大学生应该主动与老师交往，只有师生关系实现突破，才有可能带来教育效果的突破。

3. 寝室关系

寝室关系是指住在同一寝室的大学生之间形成的人际关系。寝室已成为大学生生活和思想交流的重要场所，是大学生一天中共处时间最长的地方，也是影响大学生生存状态的重要场景。寝室人际关系的质量已经直接影响到大学生的学习、生活、发展和心理状态，可谓"小寝室大文章"。一般情况下，大学生寝室关系有以下三个发展阶段：

（1）蜜月时期。

这一时期的大学生，刚踏入校园，远离亲朋和家庭，共处空间距离拉近，共同生活、共同学习，同一寝室的同学便于互相帮助和互相照应，大家年龄相近，专业相近，有许多共同的话题和感受，彼此之间新鲜感较强，茶余饭后的交谈，强化了彼此之间的了解和友谊。

（2）磨合时期。

随着时间的推移以及室友之间对彼此性格、脾气的进一步了解，寝室关系进入磨合期。过于接近的空间、过于频繁的交往、过于亲密的交往距离，加之大家来自不同的家庭、不同的城市以及不同的成长环境，室友之间容易因为生活作息、语言行为风格、学习竞争、性格差异等发生争执、冲突，从而开始出现心理碰撞。当然，这个时期也是大学生反省和锤炼人际交往能力的关键期，应该理性对待。

（3）亲密或疏远期。

有的寝室的同学通过内部协调或者老师帮助，能够妥善地处理问题，顺利地度过磨合期，逐步形成相互包容、相互理解、相互交流、相互照顾、相互倾诉的同窗情谊。相反，有的寝室长期回避磨合时期的问题，既不敞开心扉积极主动面对、协调处置存在的问题，又不寻求老师的介入和帮助，导致后期寝室气氛压抑、相互猜疑、感情冷漠，同学关系越来越疏远。这就是为什么有的大学生因为寝室关系不和谐甚至破裂而要求调换寝室或办理走读。当然，这是一种消极的应对方式，并不可取。

4. 同乡关系

一所学校、一个专业，甚至一个班级、一个寝室，总有几个人来自同一个省、市、县等；由于在同一个地方成长，在语言习惯、生活习性等方面有着较多共同点，所以在人生地疏的地方相遇时更容易沟通，而且往往相谈甚欢，心理距离较近。尤其是刚入大学的新生，在面对陌生的环境时，其无所适从的心情和不适感会更为强烈。由于地缘关系的亲和力和推动力，不少大学新生很快便加入了所谓的"老乡会"或者"同乡会"。同乡关系的特点很鲜明：首先是圈子的封闭性，由同一地区的学生组成，对外具有明显的封闭性和排他性；其次是关系较密切，同乡之间易成为知心朋友，遇到困难更愿意找老乡帮助解决；再次是低年级交往频率较高，之后逐渐下降；最后是活动时间相对集中，一般是在开学、重大节日和毕业时。

5. 亲人关系

亲人关系是由血缘联系所构成的人际关系。我们在家庭中度过的时间占到了一生的三分之二，人际关系中最直接、最普遍的关系就是血缘关系了。随着年龄的增长和独立性的增强，不少当代大学生与父母、亲人之间产生了代沟，主要表现为在成长过程中遇到困难和困惑时不愿意向亲人交流和倾诉，亲人关系逐渐呈现偶然性、暂时性和被动性等新特点。如何正确处理代际关系、正确对待代际距离是大学生在亲人关系中面临的一个不可回避的重要问题。代沟是不同代与代之间的心理状态、行为表现、价值取向以及道德认知等方面的差异。这种差异容易引发代与代之间的隔阂，老一代对新一代感到失望，新一代反感老一代的干预和干涉。正确对待和处理代际关系，需要不同代之间互相尊重、互相谅解。

6. 朋友关系

朋友既可以是同性朋友，也可以是异性朋友；朋友关系超越了同学关系或寝室关系。大学生的朋友关系是指那些有共同志向、意趣、爱好，关键时候可以提供更大、更直接、更切实帮助的个体之间的关系。正如通常所理解的，朋友关系是一种比较密切的人际关系，朋友对个体的影响甚至可能超过家长或老师。在时空过分接近的情况下，朋友关系可能产生有害的人际关系效应，使个体失去人身自由和独立个性，形成无法摆脱的人际束缚和人际张力。大学生往往对朋友关系有着理想化的理解，认为朋友就应该是亲密无间的，绝对以双方的利益为重，这是人际期望的表现之一。实际上，保持适度的时空距离有利于大学生朋友关系的巩固和发展。

7. 恋爱关系

在爱情基础上建立起来的恋爱关系，是当代大学生之间的亲密人际关系。恋爱关系是当代大学生亲密依恋的需要和自我确认需要的满足。大学生的恋爱关系除了具有一般青年恋爱过程中所具有的排他性、冲动性、强烈性、直觉性、依赖性等特点外，还具有浪漫性、自主性、盲目性、随意性等特点，其在心理上带给大学生的满足是多方面的。恋爱关系是一把双刃剑，处理得当可以为学习和成长提供强大的动力；处理不当，则会对学习和成长产生不良影响，阻碍个人成长和人际关系的发展。

8. 网络人际关系

网络人际关系是指在虚拟的网络环境中，大学生通过聊天室、论坛、游戏、讨论区、QQ、微信、微博等方式建立起来的人际关系。网络人际关系有三个方面的特点：首先是与网友建立友谊较容易。大学生在网上只要主动与他人接触、聊天或谈话，就很容易交到朋友；其次是网络环境的便捷性决定了与网友沟通非常轻松。大学生在网友面前，可无拘无束、毫无顾忌地充分展示个性色彩；最后是与网友关系脆弱。由于网络存在虚拟化的特征，交谈双方无法全面了解对方的真实情况，建立起来的人际关系就比较脆弱，且不易维持。

受到互联网上丰富多彩的虚拟世界的诱惑，很多大学生热衷于在网上交友、聊天和玩游戏，将大量的时间花在虚拟世界中寻求精神知己，而缺少现实交流，这必然会对大学生现实生活中的人际交往造成影响。

四、大学生人际交往的心理效应

大学生的人际交往心理是指大学生双方或多方在交往过程中的内心活动或思维活动及其反映。社会心理学研究表明，人际交往中存在一些非常有趣的心理效应，科学地利用或者避免人际交往中的心理效应，可有效提高大学生人际交往能力。

1. 首因效应

首因效应是指人在交往过程中，最初获得的关于交往对象的信息会给人留下深刻的印象，一定程度上影响着个体今后的交往态度，也就是通常所说的"第一印象"。在人际交往中，第一印象往往给人带来深刻、鲜明、牢固的印象，这种印象在个体社会认知过程中占据主导地位，甚至会使人产生心理定式，在今后很长一段时间内左右着个体对他人的行为解释；即使他人的表现与第一印象有所差异，个体在一段时间内也不轻易改变对他人的看法。例如，在刚进入大学的新生交往中，一位同学在第一个月对他人的所有承诺都能按时兑现，就会给人留下诚实守信的第一印象，即使在后来某一次聚会中迟到了，同学们也可能认为他临时有事，而不是不守信。可见，在大学生人际交往中，给他人留下良好的第一印象是非常重要的。

著名的人际关系学大师戴尔·卡耐基在其著作《人性的弱点》一书中，总结出给人留下良好第一印象的六种途径：

(1) 真诚地对别人感兴趣。

(2) 微笑。

(3) 多提别人的名字。

(4) 做一个耐心的倾听者，鼓励别人谈自己。

(5) 谈论符合别人兴趣的话题。

(6) 以真诚的方式让别人感到他很重要。

社会心理学家艾根经研究得出，同陌生人交往时，依照"SOLER"模式表现自己，可以显著地提高别人对自己的接纳度。"SOLER"模式中，S表示坐或站要面对别人；O表示姿态要自然放开；L表示身体微微前倾；E表示目光接触；R表示放松。通过"SOLER"模式，让对方感受到"我很尊敬你""对你很有兴趣，我内心是接受你的"，以此给对方留下良好的第一印象。

从卡耐基和艾根的研究中不难发现，要给人留下良好的第一印象，就必须有效地把握很多个"第一次"，在最初交往中，要努力向对方传达积极的信息。

第一次与新同学见面时，应该首先给予对方真诚的微笑，主动地打招呼。如果有可能，还可以为对方提供一些帮助，如帮忙提东西，带着对方去领卧具或本地同学为外地同学提供必要的生活服务等，从而给人留下友好、热心的第一印象；在与同学第一次约会时，一定要准时赴约、衣着整洁、举止文明，从而给人留下诚信、文明的第一印象；在与同学的第一次合作中，要认真倾听他人的意见，坦诚交流自己的思想，从而给人留下礼貌、真诚的第一印象；在与同学第一次发生误会时，要认真地反思自己的行为，充分地理解他人的想法，主动与同学沟通思想、化解矛盾，从而给人留下包容、坦诚的第一印象。

当然，第一印象虽然影响深刻、非常重要，但它并不是一成不变的，要获得良好的人际关系，不能仅指望良好的第一印象。人际交往是一个长期的过程，也是一个动态变化的过程，随着时间的推移，人们可能会根据交往对象思想和行为的变化而改变最初的人际关系态度。例如，有位大学生在刚刚担任学生干部时，工作积极、主动、热情，给老师和同学留下了良好的第一印象。但一段时间后，随着工作新鲜感的消失，这位大学生的工作积极性下降，对布置的工作经常拖沓、应付。刚开始，老师和同学们还认为他是身体不适或心情不好，但时间一长，就觉得他是真的有惰性，最初建立的良好的第一印象也就发生改变了。

所以，当已经给人留下了良好第一印象时，切不可沾沾自喜、得意忘形。相反，当由于某些原因一开始就遭到同学们误会、给人留下的印象不好时，也不可自暴自弃，要相信"精诚所至，金石为开""路遥知马力，日久见人心"，通过自己的良好表现，来改变他人对自己的看法。当然，在评价他人时，也应该用发展的眼光去看待，不要因为第一印象不好就全面、彻底地否定他人。

2. 近因效应

在人际交往中，个体给他人留下的最近的印象对他人的影响比较深刻。比如某位大学生平时表现得很好，可最近做了一件错事，就给别的同学留下了深刻的负面印象；两个平时关系很好的同学，往往因为最近发生的一件小事，就产生了矛盾，彼此闹得很不愉快；以前的高中同学到访你所在的大学，平时你都照顾得很周到，但因送老同学走时你说了一句不太合适或者不太得体的话，让老同学很不舒服，这几天的付出就有可能全都白费了，等等。这些都是近因效应带来的影响。

为了防止近因效应带来的人际认知偏差，需要把"近因"与"远因"放在一起，进行综合分析，用动态的、历史的、长远的眼光看待他人。比如，当你为最近发生的一件小事和朋友生气时，可以想一想对方过去对自己的帮助，可能就会消除怒气。

此外，由于近因效应，大学生要格外注意几个重要的交往时间，如聚会的结尾、学期的结束、周末时间、毕业时间、送别时间等。在这些时间里，个人的言行很容易给对方留下深刻的印象，如果交往得当，对方会非常留恋；如果言行失误，对方则可能耿耿于怀。

3. 晕轮效应

在人际交往中，人们很容易出现以点代面、以偏概全的心理倾向。当一个人的某个优点被人关注时，人们有可能在主观上把这一优点放大，认为他在其他方面也很好，给他笼罩一个"好"的光环；相反，当一个人的某个缺点被人关注时，人们也有可能在主观上把这一缺点放大，认为他什么都不行、一无是处，给他贴上"差"的标签。这就是人际交往中的晕轮效应或光环效应。

戴恩曾做过一个有代表性的实验，他向大学生出示了 3 张外貌不同的人的照片，请他们对照片上的 3 个人在 27 项特质上打分，并预测他们未来的幸福程度。结果，大多数被试者对外貌好的人给予了较高的评价与预测，因为人们一般觉得外貌好的人聪明、有趣、独立、会交际、能干等。

由于晕轮效应，一些大学生在人际交往中会出现绝对化的人际关系态度，即对他人全盘肯定或全盘否定。当自己非常欣赏他人的某一优点时，就会越来越觉得这个人很完美；但当他人的某一缺点出现时，就会认为这个人一无是处，不值得交往。

要预防和纠正晕轮效应，关键是大学生要树立全面的人际认知观，从多个方面、多个角度去评价他人，当对他人的某一错误耿耿于怀时，要多想一想他人的优点，避免对他人的评价绝对化。当然，由于晕轮效应，当自己被他人不切实际地夸奖时，一定要保持清醒的自我认知，认真地分析自己的缺点和不足；反之，当自己被他人不切实际地贬低时，也不要自暴自弃，或同样通过不切实际的贬低去反击他人，而是要在真诚沟通的基础上，通过实际的表现改变他人的不当看法。

4. 刻板印象

刻板印象是指在人际交往中，对某一类人或事物产生的一种比较固定的、概括而笼统的看法。比如，一般认为男性独立、刚强、心胸开阔、好攻击，女性则依赖性强、温柔、敏感、脆弱；男性擅长学习理工类专业，女性更适合学习文史类专业；老年人比较古板、守旧，年轻人比较时尚、贪玩，等等。这些看法都是概括而笼统的看法，在人脑中已形成刻板、固定的印象。

众所周知，人的心理特征具有个体差异性。在人际交往中，大学生如果忽略了个体差异性而把这些刻板、固定的印象套用在交往对象上，就极有可能出现人际认知的偏差，造成言行的失误。

作为大学生，要对刻板印象在人际交往中产生的障碍有充分的思想认识，努力克服旧有的思维习惯，善于用新的眼光和思维看待他人。

5. 罗森塔尔效应

著名心理学家罗森塔尔和他的助手曾在一所学校进行了一次有趣的实验：随机选择了一个班级，并对该班的每一位学生以"发展预测"为名进行智力测试。测验后，他们郑重地向老师提供了一份"具有最佳发展前途者"的名单。实际上，实验人员并没有真正进行智力测试，这份名单没有任何科学依据，完全是随机点的几名学生，其中包括一些已被老师厌弃的学生。一段时间后，实验人员又来到这所学校，发现只要是名单上有的学生，都比其他学生取得了更大的进步。

这就是著名的"罗森塔尔效应"。名单上有的学生，之所以能够取得更大的进步，是因为他们作为"具有最佳发展前途者"，得到了老师积极的期望，这些积极的期望又带给了他们更大的发展动力。

罗森塔尔效应反映出，大学生在人际交往中，应该用积极的眼光看待交往对象，努力发现别人的优点，肯定对方的成绩，培养积极、良好的人际交往态度，从而有利于形成和谐的人际关系；反之，如果用消极的眼光看待他人，时时否定、打击他人，则会严重地影响大学生的人际交往。

五、人际交往对大学生综合发展的影响

人是很难离开群体而单独生存的，凡是有人群的地方，就存在着人际关系，每个人的

成长和发展都依赖于一定的人际交往。

我国著名的心理学家丁瓒教授曾指出:"人类的心理适应,最主要的就是对人际关系的适应,所以人类的心理病态,主要是由于人际交往的失败而带来的。"正处于青年时期的大学生们思想活跃、精力充沛、兴趣爱好广泛,常常表现出对人际交往的渴望等特点。积极的人际交往有助于大学生的个性形成和社会适应,有助于大学生形成良好、健康的品质,有助于大学生的综合发展。

1. 良好的人际交往是大学生正确认识自我的需要

大学生如果能对自己进行实事求是的评价,正确地认识自我,扬长避短,就能够成长、进步。然而,一个人最难认识的往往是自己,许多人对自己的了解是极其有限的,最常见的就是不能准确地看待自己的长处和短处,在自我评价时不是过高地估计了自己,就是过于看低了自己。要想正确认识和评价自我,就需要与人交往,通过与别人的比照来认识自己。正所谓"以人为镜,可明得失",别人是尊重、喜爱、赞扬你,还是轻视、讨厌、疏远你,常常成为自我评价的尺度。如果大家喜欢你,就表明你具有令人喜欢的品质;否则,就要认真思考,查找原因。离开人际交往,就无法弄清这一点。

因此,大学生有必要与更多的人交往,从别人对自己的反应、态度和评价中,发现自身的长处和短处,吸收更多可靠的信息,更准确地给自己定位,更清楚地知道什么样的言行最符合自身情况、最有利于自身的发展。那些过高估计自己长处的人,往往会狂妄自大,陶醉于自我的优越之中,为一点小小的成绩而沾沾自喜,对自己的一技之长夸夸其谈,其结果是故步自封,不求进取。正确认识自己的短处而不自卑,就能在人际交往中获得身边人的认可和宽容,就能慢慢消除自卑感,既敢于面对自己的不足,又能避免缺点的扩大化,增强自尊心。因此,广泛的人际交往也能促进自我发现、自我反省,"取人之长,补己之短",磨砺性格、砥砺品行,以促进对自我的客观认识。因此,人际交往是提高自我评价水平、正确认识自己的有效途径。

2. 良好的人际交往是大学生获取信息的需要

人际交往的过程实际上就是彼此交流信息、知识、经验、思想和情感的过程。当今时代是个信息、智能的时代,科学技术日新月异,知识经济已见端倪,各种新知识、新技术层出不穷,社会分工越来越细,人与人之间相互依赖、共同进步的需求更多,信息对于人们的日常生活变得非常重要,信息就是财富,就是机会。一个人直接从书本上获得的信息和知识毕竟有限,而通过交往这种方式,可以更迅速、更直接地沟通信息。在沟通过程中,大学生不仅可以学习和效仿他人的优点,达到"听君一席话,胜读十年书"的效果,还可以展示自己的专长和优点,得到别人和社会的承认与尊重。爱尔兰作家萧伯纳说过,如果两个人是朋友,每人各拿一个苹果,彼此交换后仍是各有一个苹果;如果两个人各有一种思想,彼此交流,那么每个人就有了两种思想,甚至多于两种思想。著名华裔科学家、诺贝尔奖获得者李政道教授曾说过,他和杨振宁教授就是利用一次午餐闲聊中产生的灵感,打破了宇宙守恒定律,获得了诺贝尔物理学奖。《礼记》中也说过:"独学而无友,则孤陋而寡闻。"由此可见,通过人际交往获得的思想和信息往往比从书本中获得的知识更直接、更迅速、更广泛。

3. 良好的人际交往是大学生心理保健的需要

一个人如果长期缺乏与他人的交流和沟通,就会感到压抑和苦闷,对身心健康造成损害。著名心理学家沙赫特·斯坦利曾做过这样的实验，他以每小时 15 美元的酬金聘请人们到一个与外界隔绝的小房间去居住，最后有 5 人应聘参加了实验。实验结果是 1 个人在小房间里只待了 2 个小时，3 个人待了 2 天，另 1 个人待了 8 天，这个待了 8 天的人出来以后说如果再让他在里面待 1 分钟，他就要发疯了。这个心理学的实验表明，人人都有交往的需要，都畏惧孤独，害怕离群索居。大学生远离家乡和亲人，面对陌生的环境和来自五湖四海的同学，心中难免会有孤独感，在学习和生活中也经常会遇到一些困难和不顺心的事，急需将这些成长中的烦恼倾诉给他人，以从倾诉和交流中得到精神上的慰藉。如果自己过于孤僻，不愿意或害怕与人交往，就会感到孤独、焦虑和压抑，很容易导致心理障碍的出现。由此可见，良好的人际交往是大学生身心健康的保证。

这一点也为心理学家埃德·迪纳和马丁·塞利格曼所完成的"大学生自我幸福感觉的程度"的研究所证明。他们的研究团队对所在大学的学生的幸福感做了一番有益的调查研究，结果发现：自我感觉最幸福的学生，其共同并且最特殊的一点就是都有非常好的人际交往能力和人际关系。影响幸福的最重要的因素是"我们内心最深层的归属感以及与他人交流的需要"。可见，大学生的内心深处存在强烈的情感归属和交流需求，这一需求的满足程度将对大学生的情绪乃至身心健康产生直接和重大的影响。

4. 良好的人际交往有利于大学生健康个性的养成

人的个性除了受先天遗传因素影响外，更重要的是后天环境的影响，个体的个性养成和发展会直接受到人际交往和环境的影响。心理学家通过研究发现，健康的个性总是与和谐的人际交往相伴随的。大学生人际交往的环境是其个性形成、发展和完善的直接因素，如果他们长期生活在友好和睦的人际交往氛围中，就比较容易养成乐观、开朗、积极、主动的个性；反之，如果长期缺乏与别人积极交往的能力，缺乏稳定而良好的人际关系，就会出现明显的性格缺陷。

5. 良好的人际交往有助于大学生事业的成功

现代社会，虽然人际交往的方式发生了很大的变化，但是人际关系的和谐、人与人之间广泛而深入的协作仍然具有非常重要的意义。著名的人际关系学大师戴尔·卡耐基曾指出，在现代社会，一个人事业的成功，只有 15% 是依赖自身的素质，85% 则与人际交往有关。大学生如果想在事业上有所建树，获得成功，同样离不开别人的帮助，离不开人际交往。纵观古今中外，任何先进科学技术的问世都离不开集体的智慧，离不开团结协作、分工合作。个人的能力毕竟是有限的，一个人如果单枪匹马、闭门造车，想取得事业成功是不可能的。常言道："一个篱笆三个桩，一个好汉三个帮。"只有通过相互交往，扬长避短，把每个人的知识、专长和经验融合在一起，使个人的能力、才华得以充分展现，才有获得更大成功的希望。

第二节　大学生人际交往问题及调适

大学新生入学后，面对新的环境、新的人际交往圈子，从心理上渴望拥有新的朋友，融入新的人际圈子，在精神上有着强烈的交往需求。但不少大学生在交往中时常遭遇各类挫折，并因此陷入深深的苦恼之中。

初进大学校园，新生之间团队意识一般较强，人际交往也普遍较为顺畅，大多表现为一个寝室集体行动。一学期或者一年以后，经过人际关系的调整与整合，出现了亲疏，逐渐呈现为三三两两的团队，进而形成相对稳定的交往群体。大学生人际交往中存在的一个较为常见的问题就是虽然向往交往与友谊，内心有着人际交往的迫切需要，但仍然常有"有些话不知该向谁诉说"的苦闷。一些大学生存在心理自闭的不良倾向，哪怕心中有意见或者不适也不愿或不会与周围同学以及老师沟通，而是默默选择不开口，不交流，长期将想法埋在心中，再加之学业、生活中的压力和不如意，致使其人际交往境况恶化，进而影响到正常的学习、生活和个人发展。

这些普遍存在于大学生人际交往中的各类障碍，在很大程度上阻碍或影响了大学生正常的人际交往和社会化进程。因此，大学生在学习生活中应该提高认识，注重自身修养，努力克服以下种种人际交往中的心理障碍。

一、自卑心理

自卑是由于意识或感知到自己不如别人而产生的一种自我体验或评价，表现为过低评价自己的能力与品质，轻视自己，担心失去他人尊重的心理状态。通俗地讲，就是自己看不起自己，又以为别人也看不起自己的一种心理状态。自卑是影响大学生人际交往的严重心理障碍之一。有自卑心理的大学生往往缺乏自信，脑海中幻想失败的体验居多，在交往过程中畏首畏尾。如果遭到一点挫折，便怨天尤人；如果受到别人的耻笑与侮辱，便忍气吞声，缺乏足够的耐挫力和客观的评价，常常把失败归因于个人能力、性格或命运，因而灰心丧气，意志消沉，而这又常使个体的自卑心理进一步强化。

自卑是一种因过多地自我否定而产生的自惭形秽的情绪体验。自卑感人人都有，但只有达到一定程度，影响到正常的学习和工作时，才会被认为是心理疾病。在人际交往中，自卑心理主要表现为对自己的能力、品质等评价过低，心理承受力弱，经不起较强的刺激，谨小慎微，多愁善感，常产生猜忌心理，行为畏缩，瞻前顾后等。

（一）自卑心理的特征

1. 泛化性

具有自卑心理的大学生，往往会因为某一方面的失败、落后于人而全盘否定自己，把自己看得一无是处。例如，一个语言表达能力不如别人的学生，往往会认为自己形象不够好，衣着不适宜，举止太笨拙，等等。自卑心理的这种泛化特征，使这些人很难看到自己的优点。

2. 敏感性与虚荣性

自卑心理严重的大学生，在与人交往中，对他人的态度、评价等表现得特别敏感，女性自卑者更是如此。例如，其他同学的小声议论会被自卑者认为是在议论其缺点或是非；身材矮小的人在同学们议论高矮时，很可能会借故避开，等等。这些都是自卑者敏感性与虚荣性的表现。

3. 遮掩性

有自卑心理的大学生对自己主观上认为的缺点、短处总会设法掩饰，生怕别人知道。具有自卑心理的大学生往往对自己的不足和别人的评价很敏感，常把别人无关的言行看成是对自己的轻视和嘲讽。由于担心自己的缺陷被人知道，因而特意加以遮掩、回避或否认。

（二）自卑心理的成因

1. 自我评价过低

自卑者在对自己的身材、外貌、学习、交往等各方面能力的评价上，往往看不到自己的长处与优势，而是主观上放大自己的不足。在认识和评价自己时，暗含的是一种不正确、不客观的社会比较，即拿自己的短处去比别人的长处，其结果是越比越泄气、越自卑。例如，有些大学生因为学业上、工作上成绩平平，无出色表现，而过低估计自己的才智，甚至对整个自我的认识都是消极的，进而怀疑自己的认知水平和能力，认为自己"处处不如别人"，于是在交往中过于拘谨，放不开手脚，担心自己成为笑料。

2. 消极的自我暗示

有自卑心理的大学生，会习惯性地进行自我暗示，他们对自己的期望值总是很低，在任何活动之前，都常对自己进行"我不行""我很难成功"的消极暗示。这种自我低估的倾向使大学生怀疑自己的力量，抑制了其能力的正常发挥，结果必然造成活动的失败，而失败又似乎证明了早先过低的自我评价与期望，从而强化了片面和不客观的自我认知，进一步增强了自卑感。自卑者大多对自己的性格、气质特征有些了解，但对于自身存在的不利于交往的性格特征，总表现出无能为力的态度。例如，那些自认为性格怯懦、抑郁低沉、反应迟缓者，大多不敢主动结交朋友，常常形只影单、独来独往。

3. 潜意识中的自负

潜意识中的自负是大学生中一些人自卑心理产生的另一深层原因。许多人在行为中表现出的自卑、自我贬低是由于心理深处的自负所引发的。在潜意识中，他们以为别人能做到的自己都能做到，别人有的自己也都有，总认为无论是外形长相，还是学问才识，自己都要比别人更胜一筹。这使得此类大学生在现实生活中容不得自己落后于人，一遇挫折，就很快走向原有状况的另一个极端反面，导致自卑心理的出现。

4. 理想自我与现实自我的冲突

当代大学生由于学习、工作竞争的加剧，都为自己设计了一个令人羡慕的理想自我，但现实的自我总是与之有较大的差距，两相对照，就会有自惭形秽、自我不满之感，从而形成自卑心理。

（三）自卑心理的调适

自卑是心理暂时失去平衡的一种心理状态，可以通过补偿的方法来加以调适。这种补偿又有消极和积极之分。有的青年明知自己能力不强，却故作姿态，甚至以奇异打扮、极端言论、出格行为来引人注意，借以弥补或掩饰自己内心的自卑。这种消极的补偿方法显然是不可取的。积极的补偿方法有以下几种。

1. 正确地认识自己，提高自我评价

俗话说"尺有所短，寸有所长""金无足赤，人无完人"，每个人都有自己的长处与短处，所以应该既比上，又比下；既比优点，也比缺点。跟下比，看到自身的价值；跟上比，鞭策自己以求进步。世上任何人都逃脱不了这种常规，明白了这一点，心理也就取得了平衡。看到长处是为了培养自信，但也必须承认自己身上存在的短处，如知识的不足、能力的短

板、经验的欠缺等。对于导致自卑的因素要积极地进行补偿，一是"笨鸟先飞，以勤补拙"；二是扬长避短，在思想上坚定树立"天生我材必有用"的信念。有些先天条件已成定局，如身高、面容等，可以从别的方面进行补偿。

2. 正确地暗示自己，避免使用否定自己的语言

自卑本身就是消极的自我暗示，做事之前就对自己说"我不行""我没什么用""我做不成功"，结果就真的干不好。这种消极的暗示会导致不必要的精神紧张和心理负担，致使内心充满失败感，结果人在做事情时就束手束脚、畏首畏尾，主动性、创造性受到抑制，自然就妨碍了成功。因此，要勇敢地暗示自己"我能行""别人能干的事，我也能干""有志者事竟成""事在人为""坚持就是胜利"等，增强自己战胜困难与挫折的信心。所以，要避免使用否定自己的语言，努力打开积极进取、乐观自信的思维大门。

3. 正确地表现自己，主动积极参与交往

认识到自己的长处，就要大胆地表现，扬己长，避己短，在人群中树立一个正面积极的形象。要相信自己的能力与价值，哪怕是一次发言、一次竞赛，只要是属于自己的机会，都要积极自信地去做、去尝试、去把握，因为只有行动才是实现成功的唯一途径，退缩与回避只能带来自责、懊悔与失意。要注意循序渐进，先做自己最擅长、最容易取得成功的事。有了一次成功，自信心就会随之增强，然后再去尝试稍难一点的事，以积累第二次成功，接着争取更多的成功。

不要总感觉被别人看不起而离群索居，只有自己先瞧得起自己，才能够不被别人轻视。能不能从良好的人际交往中得到激励，关键还在自己。要有意识地在与周围人的交往中发挥自己的优点，吸取他人长处，多从群体活动中培养锻炼自己的能力，预防因孤陋寡闻而产生的畏缩躲闪的自卑感。

4. 调整理想的自我，改变不合理观念

在现实生活中，自卑者有必要客观合理地降低自我期望的水平，努力使理想自我的内容符合自我所能做出努力的程度，不过分追求完美，不对自己提出过高的要求，也就是避免给自己制定一个不切实际的、过于理想化和完美的目标，造成理想自我与现实自我的差距过大。一个人不能没有理想，但理想的建立一定要从自身实际出发。理想标准的确立应当以自己通过努力能够实现为原则，实践过程中要客观、实事求是，只有这样，才会在实践中不断取得成功，增强自信心。

总之，克服自卑心理的关键在于必须有坚定的自信心和决心，这样就可以把自卑转化为自强不息的动力，使自己在生活和学习中成为一个强者。自卑是心理问题最主要的症结之一，有心理学家认为，所有心理障碍的原因都能归结到自卑上。

二、自负心理

自负的人只关心个人的需要，强调自己的感受，在人际交往中表现为目中无人、无视他人的意见，不高兴时会不分场合地乱发脾气，高兴时则会海阔天空、手舞足蹈地讲个痛快，全然不考虑别人的情绪和意愿。另外，在对自己与别人的关系上，他们会过高地估计彼此的亲密度，讲一些不该讲的话，这种过分的行为，反而会使人出于防范心理而与之疏远。

1. 自负心理的特征

（1）自视过高，很少关心别人，与他人关系疏远。

这类特征体现在时时、事事都从自己的利益出发，从不顾及别人，不求于人时对人没有丝毫的热情，有求于人时似乎人人都应为他服务，结果落得个门庭冷落。

（2）看不起别人，总认为自己比别人强很多。

这类特征体现在固执己见、唯我独尊，总是将自己的观点强加于人，在明知别人正确时，也不愿意改变自己的态度或接受别人的观点；总爱抬高自己、贬低别人，把别人看得一无是处。

（3）过度防卫，有明显的嫉妒心。

这类特征体现为自尊心很强，当别人取得一些成绩时，其嫉妒之意反应强烈，极力去打击别人、排斥别人；当别人失败时，则幸灾乐祸，不向其提供任何有益的帮助。同时，在别人成功时，这种人常用"酸葡萄心理"来维持自己的心理平衡。

2. 自负心理的成因

（1）过分宠溺的家庭教育。

一个人自负心理产生的第一根源是家庭教育。对大学生来说，其自我评价首先取决于周围人的看法，家庭则是大学生自我评价的第一参考系。父母过分宠爱、夸赞、表扬，会使其觉得自己"相当了不起"。

（2）生活中的一帆风顺。

人的认识来源于经验，经验来源于阅历，生活中遭受过许多挫折和打击的人，很少有自负的心理，而生活中一帆风顺的人，则很容易养成自负的性格。现在的大学生大多是独生子女，是父母的掌上明珠，如果又在某些方面出类拔萃，就容易养成过于自信、自傲，甚至自负的性格。

（3）片面的自我认知。

自负者会缩小自己的短处，夸大自己的长处，他们缺乏自知之明，对自己的长处看得十分突出，对自己的能力评价过高，对别人的能力则评价过低。当一个人只看到自己的优点、看不到自己的缺点时，往往会形成自负的性格。这种人往往好大喜功，取得一点小小的成绩就认为自己了不起，成功时完全归因于自己的主观努力，失败时则完全归咎于客观条件，过分自恋和以自我为中心，把自己的举手投足都看得与众不同。

（4）心理补偿。

一些人的自尊心特别强烈，为了保护自尊心，在交往中遇到挫折时，他们常常会产生两种既相反又相通的自我保护心理。一种是自卑心理，即通过自我隔绝或封闭来避免自尊心受到进一步伤害；另一种就是自负心理，即通过自我放大来获得自卑心理的补偿。例如，一些家庭经济条件不好的大学生，由于担心被经济条件优越的同学看不起，便刻意清高，在表面上摆出看不起这些同学的姿态，这种自负心理是自尊心过分敏感的表现。

3. 自负心理的克服

对大学生来说，在适当的范围内，自负可以激发其斗志，帮助其树立必胜的信念，坚定战胜困难的决心，使其勇往直前。但是，自负又必须建立在客观现实的基础上，脱离实际的自负不但无益，反而会影响生活、学习、工作和人际交往，严重的还会影响心理健康。

（1）接受批评。

这是根治自负的最佳办法。自负者的致命弱点是不愿意改变自己的态度或接受别人的观点，接受批评即是针对这一弱点提出的方法。它并不是让自负者完全服从他人，而是要求他们具备听取他人意见的意识，并能接受别人的正确观点，通过接受别人的批评，改变过去固执己见、唯我独尊的形象。

（2）与人平等相处。

自负者视自己为上帝，无论在观念上还是行为上都无理地要求别人服从自己。平等相处就是要求自负者以一个普通社会成员的身份与别人平等交往。

（3）提高自我认知。

自负者要全面地认识自我，既要看到自己的优点和长处，又要看到自己的缺点和不足。对自我不能孤立地评价，应该放在社会中考察。每个人都有自己的独到之处，都有他人所不及的地方，同时又有不如人的地方，与人比较不能总拿自己的长处去比别人的不足，把别人看得一无是处。

最后，要以发展的眼光看待自负。自负者既要看到自己的过去，又要看到自己的现在和将来，辉煌标志着你的过去，但它并不代表现在，也不预示着未来。

三、害羞心理

几乎每个人都有害羞的时候，害羞心理对大学生来说则更为普遍。美国俄亥俄州立大学的一项调查统计结果表明，97％的学生认为做公开演说是世界上两件最可怕的事情之一（另一件是核武器）。人有一定的害羞心理是正常的，只要不影响正常的人际交往就不能视为障碍。儿童心理学研究表明，儿童出生五六个月后，就有一种认生现象，这种认生现象便是害羞的最初表现形式，它表示儿童的认知水平有了新发展，能够区分生人与熟人。但如果一个人在任何场合与人交往时都感到害羞，甚至不愿或不敢与人交往，就成了交往心理障碍。

害羞这一交往心理障碍对大学生的直接危害，是使其无法顺畅或自如地表达自己的心声与情感，常常造成交往双方的误解，使交往以失败告终；间接危害则会导致其情绪与性格的不良变化。害羞会使人在交往失败后产生沮丧、焦虑和挫败感，让人饱尝形影相吊的痛苦，使人处在孤立无援、愁苦不安和恐惧的情绪状态中，进而导致性格上的变异——软弱、退缩和冷漠。

1. 害羞心理的表现

（1）与陌生人共处时，总感到有一种无形的压力，似乎自己正在被人审视，不敢迎视对方的目光，感到极难为情。

（2）与人交谈时，面红耳赤，虚汗直冒，心里发慌。即使硬着头皮与人交流，也是前言不搭后语，结结巴巴，语言表述混乱。

（3）不善于结交朋友，于是常感孤独，常因不能与人融洽相处或不能充分发挥自己的才干而烦恼；不善于在各种场合对事物坦率地发表个人意见或进行评论，因此不能有效地与他人交换意见，给人拘谨、呆板的感觉。

（4）常感到自卑，在学习和生活中往往不是考虑如何取得成功，而是考虑不要失败。

2. 害羞心理的成因

（1）先天原因。

有些人生来性格内向，气质属于黏液质、抑郁质类型，他们说话低声细语，见到生人就脸红，甚至常怀有一种胆怯的心理，举手投足、寻路问津也思前想后。

（2）家庭教育不当。

过分保护型与粗暴型的家庭教育方式都可能使子女形成怯懦的性格。过分保护，则是家长代替子女思想和行为，使子女缺乏独立思考和自主经验，生活、办事能力差，单纯幼稚，遇事便紧张、恐惧、焦虑；粗暴教育，则是家长剥夺子女思维和行动的机会，子女时常因担心遭到批评和斥责，而遇事紧张、焦虑、消极、被动。有些家庭对儿童的胆小害羞不加引导，孩子见到生人或到了陌生的地方，便习惯性地害羞、躲避，没有自信心。儿童进入青春期后，自我意识逐渐增强，对别人的评价比较敏感，希望将自己的"光辉形象"留在别人的心目中，对自己的一言一行非常重视，唯恐有差错。这种心理状态导致了其在交往中怕被人奚落或嘲笑，因此表现得不自然、紧张、腼腆，久而久之，便羞于与人接触，羞于在公开场合开口讲话。对此，家长应给予正确引导，鼓励青少年大胆、真实、自然地表现自己，否则害羞心理会越发严重。

（3）缺乏自信和实践锻炼。

有些人总认为自己没有出众的外表，没有过人的本领，属能力平平之辈，因此在交往中没有信心，患得患失。长期的谨小慎微使其不仅体验不到成功的喜悦，反而更加不相信自己的能力。而且多数学生的生活比较顺利，在进入大学前学业压力大，几乎全部精力和时间都用在了学习上，缺乏实践锻炼的机会，这些往往是导致害羞的重要原因。

（4）挫折的经历。

据统计，约有四分之一害羞的成人在儿时并不害羞，但是在长大后却变得害羞了。这可能与遭受过挫折有关，以前开朗大方，交往积极主动，但由于复杂的主客观原因，屡屡受挫后变得胆怯畏缩、消极被动。

3. 害羞心理的克服

要逐步克服害羞心理，可以从以下几个方面做起：

（1）客观评价自己，建立自信心。

客观评价自己，建立自信心，就是要求害羞者肯定自己，发现自己的闪光点，而不是只看到自己的短处，这有助于害羞者在交往中发挥自己的特长。否定自己是对自己潜力的扼杀，是能力发挥的障碍。虽然不能盲目乐观，但起码要看到自己的长处，发现自己的闪光点，以便在以后的交往中扬长避短。要鼓起勇气，敢于迈出第一步。当害羞者在自信心支持下终于有所成就时，就会在从未有过的成功体验下对自己进行重新评价，开始相信自己的能力；如果再有第二次、第三次的成功，害羞者就会对自己形成一个比较稳定的自我肯定的认识，害羞心理就会慢慢消除。

（2）勇于和他人交往。

勇于和他人交往，就是要丢下认知包袱，抛弃思想顾虑，大胆前行，即不怕做错事、说错话。要认识到说错了虽然不能收回，但可以改正；做错了，只要吸取教训，就能起到前车之鉴的作用，失败并不等于无能。这样，害羞者在行动之前就不会只想到失败，而能够想到羞怯并不等于失败，只是由于精神紧张，并非是自己不能应付社交活动，逐步走出自我否定和自我不良暗示的阴影。许多害羞者在行动前过于追求完美，担心失败，害怕别人的否定性评价，这样的自我否定和自我暗示肯定会影响其能力的发挥，结果是越担心、害怕，失败的可能性越大。

（3）学会交往。

学会交往也是帮助害羞者摆脱障碍的有效方法之一。害羞者可以在人际交往中观察别人是怎样交往的，尤其要观察两类人：一是人际交往成功者，看看这些人为什么总是交往的中心，为什么能得心应手地运用各种各样的社交方法；二是那些从害羞中走出来的人，并主动积极向其学习方法、心得等。在日常学习和生活中，应多考虑自己要怎么做；在各种社交场合中，应顺其自然地表现自己，不要担忧人家是否注意你。与人交往，特别是与陌生人交往时，要善于放松紧张情绪。使用一些平静、放松的语句，进行自我暗示和调节，常能起到缓解紧张情绪、减轻心理负担的作用。交往时要注意一些技巧，比如与他人交谈时眼睛要看着对方，并将注意力集中于对方的眉宇之间，这样可以增加你对对方的注意；在连续讲话时不要担忧中间会有停顿，因为偶尔有停顿或者必要的停顿是谈话中的正常现象；在谈话中，当感觉脸红时，不要试图用某种动作掩饰它，这样反而会加剧局促感和紧张感，进一步强化羞怯心理。

（4）学会克制忧虑情绪。

凡事尽可能往好的方面想，多看积极的一面。平时注意培养良好的情绪，相信大多数人是以信任和诚恳的态度来对待自己的。把自己置于不信任和不真诚的假定环境中，对别人总怀有某种戒备心理，自己偶有闪失或者并无闪失，也生怕别人看破，只会让自己惶惶然，进一步加重羞怯心理。人们可以通过意志的力量来改变自己性格上的缺陷，克服优柔寡断、神经过敏、胆怯、忧虑等不良心理。例如，一些知名演员、演说家、老师，在青年时代曾经也是胆怯害羞的人，但是后来他们却能在大庭广众之下滔滔不绝，就是意识到只有克服了不必要的忧虑情绪、克服了害羞心理，才会有更出彩的社交表现。除了交际策略与技巧，更重要的是要培养各方面的能力，有能力才会有自信，才能克服羞怯的心理。

（5）增强体质。

户外锻炼是增强神经系统功能的有效方法。性格内向、气质为黏液质或抑郁质的人，神经系统比较脆弱，一点小事就会闹得脸上红一阵、白一阵。通过体育锻炼增强了体质，过度的神经反应会得到一定缓和，害羞程度自然而然就会减轻。

以下有几条克服害羞的小窍门，害羞者不妨一试。

第一，做一些运动。例如，两脚平稳站立，然后轻轻地把脚跟提起，坚持几秒钟后放下，每次反复做 30 下，每天做 2~3 次，可以在一定程度上消除心神不定的感觉。

第二，反复深呼吸。害羞会使人呼吸急促，可以下意识地做数次深长而有节奏的呼吸，这样能使紧张的情绪得以缓解和平复，为建立自信心打下基础。

第三，手里拿一样东西。与别人在一起时，无论是正式场合还是非正式场合，开始时手里不妨握住一样东西，比如一本书、一部手机或其他小东西，这会使人感到舒服而且有一种安全感。

第四，学习毫无畏惧地看着别人。对于害羞的人而言，开始时这样做会比较困难，但坚持下去效果会比较明显。在人际交往中不能总是回避别人的视线，如果交往过程中总盯着一件家具或墙角，会显得很不礼貌，且极大地影响沟通交流的效果。

有时，羞怯并不完全是因为过分紧张，而是由于知识领域过于狭窄，或对当前发生的事情知道得太少。作为大学生，应该更多关注学校的功课，但也应对政治、哲学、艺术等领域有所涉猎。假若能多阅读一些课外书籍、报刊，广泛地吸收各方面的知识，就会为在社交场合顺利表达自己意见和观点打下基础，这将有助于害羞者建立自信，克服羞怯心理。

四、嫉妒心理

嫉妒心理是一种消极的心理品质，是对他人的成就、名望、品德、优越地位、既得利益等的一种不友好的、憎恨与敌视的情感。嫉妒者把强于自己的人看作是对自己的威胁，是自己前进路上的绊脚石，因而对他人感到不悦，甚至产生怨恨、愤怒的烦躁情绪。嫉妒心理是一种积极地想排除别人超越地位的心理状态，具有破坏和憎恨的感情色彩，是妨碍大学生人际交往的主要负面情感之一。有这种心理的大学生在交往中常常表现出强烈的排他性，并很快地导致诸如中伤、怨恨、诋毁等妒忌行为的发生，更强烈的嫉妒心理还具有报复性——把嫉妒对象作为发泄的目标，使其蒙受巨大的精神损伤甚至肉体伤害。

嫉妒心理的发展有以下几个阶段：首先是程度较浅的嫉妒，往往深藏于不易察觉的潜意识中，如自己与某同学相处得很好，对于其优势、名誉、地位等并不想施以攻击，不过每念及此，心中总会有一些淡淡的酸涩味；其次是程度较深的嫉妒，是由强度较浅的嫉妒发展而来的，其标志是当事人的嫉妒心理不再完全潜藏，而是自觉或不自觉地显露出来，如对被嫉妒者做间接或直接的挑剔、造谣、诬陷等；最后是非常强烈的嫉妒，其标志是嫉妒者已丧失了理智，向对方做正面的直接攻击，欲将其置之死地而后快，这往往可能会导致毁容、伤人、杀人等极端行为。

（一）嫉妒心理的特征

1. 普遍性

嫉妒心理在大学生中是普遍存在的。无论是男生还是女生，也不管是低年级还是高年级学生，每位学生都或多或少地存在有嫉妒心理，只不过有的人嫉妒心强，有的人嫉妒心弱罢了。

2. 潜藏性

大学生的嫉妒心理一般不外显，而是深藏于内心之中。因为担心别人知道自己有嫉妒心会被疏远，但又不服气别人的成就。

3. 临近性

大学生嫉妒的对象往往是身边的同学和朋友，甚至是十分要好的朋友。

4. 社会性

大学校园是一个浓缩的小社会，嫉妒心理是在这个特殊的小社会中逐步形成和表现出来的，体现出明显的社会属性。

5. 挫折感

嫉妒者会有一种无法摆脱、充满压抑和矛盾的挫折感，他们不愿承认和面对现实，但又不甘落后，对方的任何进步对其而言都是挑战，为此嫉妒者终日闷闷不乐，精神萎靡。

（二）嫉妒心理的成因

嫉妒心理的产生主要源于两种错误的认识：一是认为别人取得了成绩，就说明自己没有成绩；别人成功了，就说明自己失败了。二是认为别人的成功是对自己的威胁，是对自己利益的排挤和侵害。嫉妒的产生离不开人们生活环境和心理空间中所发生的各种事件。大学生嫉妒心理产生的原因主要有以下四个方面。

1. 失宠心理

大学生在进入大学以前，与家人长期近距离生活，几乎全部精力都放在学习和考试上面，受到了家人和亲戚的密切关注，在生活、学习等方面备受照顾甚至宠爱。但进入大学后，由于大学生活具有独立自主的特点，家长和老师不再密切关注学生的一举一动，这使某些学生产生了失宠的感觉。同时，各种学生团体及其活动的独立性和自主性，必定会发掘出一批能力较强的学生干部，并为广大学生提供了发挥各自特长的舞台。在相互对比中，有失宠心理的学生更容易消极地看待自我的行为及结果，从而失去心理平衡。

2. 匮乏感

高中教学虽已广泛提倡素质教育，但现实中仍然偏重于应试教育，因此，高中生的知识面较窄，又常局限于理论，与实践相关度不高。同时，高中生与社会接触较少，阅历较浅。进入大学后，大学生的学习、生活都不同于高中阶段。大学里的学术氛围浓厚，并涉及各专业、各学科、各个科学领域。大学的开放性和社会性更强调学生的实践能力，学生要接触的世界更现实化、社会化，人员更复杂，于是有的学生便产生了匮乏感，从而导致自卑、恐惧等心理，并在有意或无意中与别人进行对照，产生嫉妒心理。

3. 失落感

不少高中生往往把大学想象得过于美好，在主观上把大学生活理想化，但进入大学后却发现大学生活是现实的，并非想象中那么完美，理想与现实的落差使这类学生不可避免地产生某种程度的失落感，这种失落感会导致各种消极情绪，嫉妒心理即是其中的一种。

4. 委屈感

现代社会是一个充满竞争的社会，大学校园也不例外。在竞争中，由于主客观各方面的原因，难免出现难分上下而又不得不有所区分的时候，此时其中一方可能会感到委屈，进而对另一方产生嫉妒心理。

（三）嫉妒心理的克服

嫉妒是"平庸的情调对于卓越才能的反感"，常导致害人害己的不良后果，大学生应学会理智地处理嫉妒心理。

1. 正确地看待人生的价值

每个人都是独特的个体，不会被别人复制，也复制不了别人。努力做最真实的自己，不要去做无谓的比较，不断提升和完善自己、创造并体现自身的价值才是关键。秉持这样的姿态就能摆脱心中杂念，心胸开阔，不计较眼前得失，更不会花时间和精力嫉妒他人的成功了。一个埋头于自己目标的人是无暇顾及别人的事的。俗语"无事生非"，正出于此。一个人没有理想，胸无大志，无所事事，就会专挑别人的"刺"，寻别人的"短"，自己不思进取，却去阻碍他人前进，唯愿众人都平庸度过一生。

2. 发挥自我优势

"金无足赤，人无完人"，各人有各人的优势和长处。追求万事超人前既无必要，也不可能。要全方位地认识自己，既看到自己的长处，又正视自己的差距，扬长避短，发现并开拓自身的潜能，不断提高自己，力求改善现状，开创新局面。

3. 培养达观的人生态度

一般而言，虚荣心强、心胸狭窄、敏感多疑的人更容易产生嫉妒心理。要积极克服性格上的弱点，加强自己的性格塑造，逐渐培养不图虚荣、心胸开阔、谦虚自信的人格，这对消除嫉妒心理至关重要。

人生就是一个大舞台，各得其所，各有归宿。要有勇气承认对方有比自己更高明、更优秀的地方，从而重新认识、发现和开拓自我，这样就能从病态的自尊心和自卑感中解放出来，从嫉妒的泥潭中摆脱出来。

4. 加强沟通，加深理解

许多嫉妒心理是由误解产生的。嫉妒者误认为对方的优势会对自己造成损害，从而耿耿于怀。所以要打开心扉，主动接近别人，加强心理沟通，避免发生误会，即使发生了也要及时妥善地解决。

5. 增强竞争意识，力求共进共赢

承认自己某方面与别人的差距，以积极进步的心态认识竞争，以开放的心态迎接竞争，积极参与竞争，可以将发现的差距转化、树立为自我改进或奋斗的目标，形成你追我赶的积极共进氛围，尽可能激发自身潜能，努力实现自身潜在的价值。同时，与他人竞争时应该有所选择和侧重，避免分散精力和进行无谓的竞争。

五、猜疑心理

猜疑是人性的弱点之一，历来是害人害己的祸根，是卑鄙灵魂的伙伴。一个人一旦掉进猜疑的陷阱，必定处处神经过敏，事事捕风捉影，对他人失去信任，对自己也同样心生疑窦，损害正常的人际关系，影响个人的身心健康。

猜疑可以说是人际交往中友谊之树的蛀虫。正如英国哲学家培根所说："猜疑之心犹如蝙蝠，它总是在黄昏中起飞。这种心情是迷惑人的，又是乱人心智的。它能使人迷惘，混淆敌友，从而破坏人的事业。"具有猜疑心理的人，往往先在主观上设定他人对自己不满，然后在生活中寻找证据，带着以邻为壑的心理，必然把无中生有的事强加于人，甚至把别人的善意曲解为恶意。这是一种狭隘的、片面的、缺乏根据的盲目想象。

（一）猜疑心理的表现

生活中常会碰到一些猜疑心很重的人，这类人整天疑心重重、无中生有，认为人人都不可信，不可交，如果看见别人在窃窃私语，就以为在说自己的坏话；别人无意之中看自己一眼，就以为别人不怀好意，别有用心；每当自己做错了事，即使别人不知道，也怀疑别人早就知道，好像正盯着自己似的；别人无意之中说了一句笑话，也以为是在讥讽自己；怀疑别人对自己的真诚，认为这些都是虚假的，整个世界都是罪恶的，自己没有一个可以

谈心的朋友；经常感到孤独、寂寞、心慌、焦虑；总觉得别人在背后说自己坏话，或给自己使坏。

喜欢猜疑的人特别留心外界和别人对自己的态度，对别人脱口而出的一句话很可能琢磨半天，努力挖掘其中的"潜台词"。这样便不能轻松自然地与人交往，久而久之，不仅自己心情不好，也影响到人际关系。这种人心有疑惑却不愿公开，也很少与人交心，整天闷闷不乐、郁郁寡欢。由于自我封闭阻隔了个体与外界的联系，妨碍了情感交流，猜疑者将会由怀疑别人发展到怀疑自己、失去信心，变得自卑、怯懦、消极、被动。

（二）猜疑心理的成因

1. 作茧自缚的封闭思维

猜疑一般是从某一假想目标开始的，最后又回到假想目标，就像一个圆圈一样，越画越圆。最典型的例子就是"疑人偷斧"的寓言：一个人丢失了斧头，怀疑是邻居的儿子偷的。从这个假想目标出发，他观察邻居儿子的言谈举止、神色仪态无一不是偷斧者的样子，思索的结果进一步巩固和强化了原先的假想，于是，他断定邻居的儿子就是贼了。可是，不久后他在山谷里找到了斧头，再看那个邻居的儿子，竟然一点也不像偷斧者了。现实生活中猜疑心理的产生和发展，几乎都与这种封闭性思维主宰了正常思维密切相关。

2. 对环境、对他人、对自己缺乏信任

古人说："长相知，不相疑。"反之，不相知，必定长相疑。不过，"他信"的缺乏，往往又与"自信"的不足相联系。疑神疑鬼的人，看似怀疑别人，实际上是怀疑自己，至少是自信心不足。有些人在某些方面自认为不如别人，因而总以为别人在议论自己，看不起自己，算计自己。一个人越自信，越容易信任别人，越不易产生猜疑心理。

3. 对交往挫折的自我防卫

有些人由于以前轻信别人，在交往中受过骗，蒙受了巨大的精神损失，遭受了重大的情感挫折，因而万念俱灰，不再相信任何人，为猜疑心理埋下了伏笔。

（三）猜疑心理的克服

猜疑的人通常过于敏感。敏感并不一定是缺点，对事物敏感的人往往很有灵气，有创造力，但如果过于敏感，特别是与人交往时过于敏感，就需要想办法加以控制了，具体可采用以下几种方法。

1. 用理性的力量克制冲动情绪

当发现自己开始怀疑别人时，应当立即寻找产生怀疑的原因，在没有形成固定思维之前，回顾正反两个方面的信息。如"疑人偷斧"中的那个农夫，如果失斧后冷静想一想，斧头会不会是自己砍柴时忘了带回家，或者挑柴时掉在了路上，那么这个险些影响他与邻居关系的猜疑，或许根本就不会产生。现实生活中的许多猜疑被戳穿后显得很可笑，但在戳穿之前，由于猜疑者的头脑被封闭性思维主宰，这种猜疑显得顺理成章。此时，冷静思考显然是十分必要的。

2. 培养自信心

每个人都应当看到自己的长处，培养起自信心，相信自己会处理好人际关系，会给别

人留下良好的印象。当自己充满信心地工作和生活时，就不用担心自己的行为，也不会随便怀疑别人是否会挑剔、为难自己了。

3. 学会自我安慰

一个人在生活中遭到别人的非议和流言，与他人产生误会，没有什么大不了的。不在一些生活细节上斤斤计较，就可以避免很多烦恼。如果觉得别人怀疑自己，应当安慰自己不必为别人的闲言碎语所困扰，不要在意别人的议论。这样不仅解脱了自己，而且取得了一次小小的精神胜利，产生的怀疑自然就烟消云散了。

4. 及时沟通，消除疑惑

世界上不被误会的人是没有的，关键是要有消除误会的能力与办法。如果误会不能尽快解除，就会发展为猜疑。猜疑不能及时解除，就可能导致不幸。所以如果可能的话，最好与"怀疑"的对象开诚布公地谈一谈，以便弄清真相，解除误会。猜疑者生疑之后，冷静地思考是很重要的，但冷静思考后如果疑惑依然存在，就应该通过适当的方式，与被猜疑者进行推心置腹的交流。若是误会，可以及时消除；若是看法不同，通过谈心，可以了解对方的想法，也很有好处；若真的证实了猜疑并非无端，那么心平气和地讨论，也有可能将问题解决在冲突之前。

第三节　大学生人际交往能力的培养

阿拉伯有位哲人曾经说过，一个没有交际能力的人，犹如陆地上的船，是永远不会行驶到壮阔的大海中去的。人际交往是一门艺术，只有做到沟通从心开始，才能在交往世界里赢得好人缘。

人际交往最直接的目的，是要在交往的对象之间产生积极而肯定的亲和倾向，也就是要形成良好的人际吸引力。一般来说，人际吸引除了受宏观的社会政治、经济、文化因素影响之外，还受到生活中一些具体因素的影响，比如距离远近、熟识程度、相似程度、性格互补、人格魅力，等等。

这就决定了人际交往是一项长期的、动态的、复杂的综合性实践活动，包括下文要讨论的人际交往基本原则、方法技巧都有着丰富的内涵和科学性，不是一朝一夕能够速成的。但是，良好的人际关系是大学生取得成功的必备条件，是每一个大学生的必修课。

调查结果表明，那些对大学生活感到成就感低的学生，其列在第一位的影响因素就是人际交往的不适。在大学生人际交往的过程中，一些不良的心理因素常会影响其人际交往的正常进行，使得一些大学生不敢交往、不愿交往，甚至不能交往，严重影响了正常的学习和生活。一般来说，大学生在人际交往的过程中出现一些困难或不适应是很正常的，但如果人际关系严重失调，人际交往受阻，则表明个体没有很好遵循一些人际交往的基本原则，或者没有在把握人际交往规律的基础上，掌握成功交往的方法与技巧。

良好的人际关系，既需要真诚和热情，也需要掌握人际交往的方法与技巧。人际交往的方法和技巧是在一定知识和认知基础上形成的实践技能，掌握这些方法和技巧，能够有效处理人际交往中遇到的问题。除此之外，大学生还应当从品格、性格、能力、学识、体态、交际手段和社会经验等方面全面地锻炼自己，通过学习、实践、反思的螺旋上升循环，培养人际交往能力，掌握必要的交往艺术，消除交往障碍，改善人际关系，提升个人魅力，以适应未来发展的需要。

一、提高对人际交往的认知水平

认知是行为的指导，要构建当代大学生良好的人际关系，必须首先使大学生充分认识到良好人际交往对自身成长与发展所具有的重要作用。

1. 正确认识自己和他人

良好人际交往的一个很重要的前提就是正确认识自己和他人，而要正确认识自己和他人，就要做到客观公正地评价自我和他人，包括自己和他人的过去和现在。在竞争中既要看到自己和他人的长处和优势，也要看到自己和他人的短处和劣势，只有这样，才能更好地取长补短。大学生应该让过去的成绩和一切成为过去时，把大学生活作为人生的一个新起点，平静地看待周围的人和事，尽量保持平和的心态。

2. 正确认识人际交往

良好的人际关系是通过人际交往建立起来的，只有经常交往，才能逐步加深了解，进而不断提高人际交往的能力和水平。所以，大学生要加强互动，特别是要积极主动地交往，即使开始时两个人关系紧张，也可以通过交往来逐步消除误会。大学生要把人际交往作为一门重要的必修课程来学习和实践，因为它是大学生顺利推进自身社会化进程的必经环节。除了要增强学习能力，大学生还要合理分配时间，以便适时适度地参与人际交往、参加各类集体活动等。

二、把握和谐人际交往的基本原则

（一）平等民主、尊重友善的原则

平等原则是马克思主义理论思想的重要内容，它指的是无论在经济生活、政治生活、法律生活，还是在日常生活中，人与人都是平等的。不论现实中存在着怎样的差异，人人都应享有平等的权利而不被其他人所歧视。

追求交往主体间的平等与尊重，是当代大学生人际交往中最主要的心理需求。所以，平等民主原则是人际关系特别是大学生良好人际关系构建的首要原则，是其他一切原则的前提和基础。相互尊重既是人与人之间建立感情的基础，也是人际交往的一项基本原则。马斯洛需求理论认为，人人都有被尊重的需要。人只有在自尊心得到基本满足的情况下，才会产生最大程度的愉悦，才易于接受对方的态度、观点；如果这种需要得不到满足，就会产生失望和不愉快情绪，甚至不愿意与人继续交往下去。

因此，在人际关系中，交往是平等的，尊重是相互的。古人云："爱人者人恒爱之，敬人者人恒敬之。"大学生在人际交往中只有以平等友善的姿态出现，给他人以尊重和友善，才可能建立平等畅通的沟通渠道，才可能形成良好的人际关系。同时，大学生应当有正确的自我认知，在与人交往时，既不能觉得低人一等，也不能高高在上，尊重交往对象的人格、爱好与习惯。只有先尊重他人，才能得到他人的尊重。

现代大学生因各自所处的地域、家庭不同，在经济、生活习惯及综合能力等方面存在着差异，甚至是较大的差异。这就可能造成在交往过程中，一些人因自身条件好于他人而产生自我优越感，从而歧视他人。鉴于此，大学生要做到不因家庭富裕、生活条件好，或者是自身才华出众，就在与别人的交往中歧视他人，要能与条件不如自己的同学和睦相处。

（二）积极主动、理解包容的原则

不能主动与他人交往，对他人缺乏理解与宽容是阻碍大学生人际交往的重要原因。因此，要构建大学生的良好人际关系，必须遵循积极主动、理解包容的原则。大学生活是一个人在群体环境中学习生活的过程，也是其走向社会的必要准备。当代大学生应当认识到这一点，主动、热情地与不同类型的人交往，主动地敞开自己的心扉，接纳别人，坦诚地与同学、老师、朋友沟通和交流；在交往中不要过多地计较个人得失，要学会悦纳他人，主动地表现出与人交往的意愿，对他人表示欢迎。

此外，在人际交往中，由于个人在性格、家庭、经历、文化、修养等方面存在差异，会出现认知的不一致，因误会、不理解而产生矛盾是难免的，这就要求大学生在人际交往中遵循宽容的原则。宽容表现在对非原则性问题不斤斤计较，求同存异，对他人有宽容的胸怀，设身处地地为对方着想，包容、接纳他人；对他人的过错或缺点表示理解和宽容，以友善的举动去帮助他人。这不仅有助于扩大交往空间，而且能有效消除人际交往中的矛盾冲突，促使关系融洽，共同成长。

（三）真诚守信、心理相容的原则

怀疑、畏惧他人，缺乏信任是影响大学生建立良好人际关系的主要障碍，因此，构建大学生良好人际关系必须坚持真诚守信、心理相容的原则。真诚主要表现在为人处世言行一致、表里如一，只有这样才能得到他人的信任。那种掩饰、伪装、敷衍、搪塞的人是难以获得他人信任的。当代大学生更加关注交往中的真诚态度，都希望朋友间要信守诺言，以诚信为本，做到以善意的态度来批评劝告，以真诚的态度来鼓励赞美，而不是虚伪地恭维与奉承，更不是粗暴地讽刺与攻击。只有真诚守信，在待人接物时不弄虚作假，才能赢得良好的人际关系，实现朋友间的心理相容。心理相容是指与人相处时豁达、真诚，实现交往双方心灵的交流。要想实现交往双方的心理相容，换位思考是一种有效的方法，即真诚地、设身处地地为他人着想，注重从多方面、多角度思考问题，站在对方的立场和角度理解他人的想法、情感和需要；这既是一种胸怀，也是一种思维方式。只有通过换位思考，双方才能相互理解、解疑释惑、消除隔阂、增进团结，实现心理相容。

（四）互利互助、合作共进的原则

以自我为中心，按照自己的愿望要求他人，也是影响大学生建立良好人际关系的重要障碍，因此，构建大学生良好人际关系必须坚持互利互助、合作共进的原则。良好人际关系的建立以真心关爱他人、互惠互助为前提。互利互助原则并非等价交换，更不是庸俗的交易，而是一种自觉自愿的相互付出、相互帮助、相互奉献。心理学家认为，以帮助与相互帮助为开端的人际交往，不仅容易确立良好的第一印象，而且可以迅速拉近人与人之间的心理距离，更易建立良好的关系。因此，大学生在处理人际关系时要以利他共赢为信条，真诚关心帮助他人。由于不同的经历、不同的性格，每个交往的对象都有自己的特点，大学生既要善于发现别人的优点和长处，见贤思齐，虚心学习，又要对别人的缺点和不足真

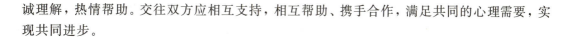

诚理解，热情帮助。交往双方应相互支持，相互帮助、携手合作，满足共同的心理需要，实现共同进步。

三、善用成功人际交往的实用技巧

1. 重视第一印象

人际交往总是从第一印象开始的，第一印象具有认识效应、即时效应和长久效应，会直接影响双方交往的态度。一般来说，在首次交往中如果给对方留下诚恳、热情、大方的印象，双方进一步的交往就有了良好的基础；相反，如果在首次交往中留下了虚伪、冷漠、呆板的印象，对方就不愿再接近自己。因此，加强自身的修养，重视交往中的第一印象十分重要。当然，第一印象毕竟是初步的、表面性的，当第一印象不佳、对方对自己有误解时，也不要灰心，仍要友好、热情地与人交往，以便让对方进一步了解自己。

2. 寻找共同话题

谈论别人感兴趣的事或共同感兴趣的事，可以把两人的关注点联系在一起。要使交往顺利进行，选择话题很重要。最好事先了解对方的兴趣、爱好，或者个人经历、家庭情况，谈论对方感兴趣的话题，这样交往时对方就会把你当成知音，双方的感情自然会融洽起来。如果事先无法了解，在交往中也要尽量把话题引向与对方有关的事，从中发现对方的兴趣，使整个交谈有一个良好的开端，并为今后的交往打下基础。谈论共同感兴趣的事情，能打破谈话的僵局，是缩短交往距离的有效策略之一。

3. 学会用心倾听

在人际沟通中，有时听比说更重要，要正确理解别人，必须先听懂对方。想要成为一个良好的倾听者，首先，要提高"听力"，不仅听对方描述的事情，还要注意对方表露的情感和态度，因为只有设身处地才能真正听懂。其次，要善于"倾听"，即把自己的想法暂时搁置在一边，全神贯注去听对方的表述，不要带着自己的情绪去听。最后，要恰当地"回应"，用眼神、点头、鼓励性语言表达自己的兴趣和理解。专注的倾听能使人感到自己被重视，能鼓励对方表达自己的想法，促进真诚的沟通，产生良好的沟通效果。

▶ 延伸阅读

三个小金人

古时候，有个国家派使臣来到中国，向皇帝进贡了三个一模一样的金人，同时提出一个问题：这三个金人哪个最有价值？

皇帝为了不丢大国的颜面，想了许多办法，称重量、看做工、检查纯度等，可是到最后只得出一个答案：在这些方面，三个金人都是分毫不差的。

大臣们寻求好办法。一个已经退位的大臣听说后，就找到皇帝说："请给臣一个机会，让我用一根稻草试试吧。"皇帝不太相信，一根稻草怎么能试出来呢？由于没有别的办法，就只好让这个大臣试试看了。只见这个大臣拿着一根稻草来到三个小金人面前，当他把稻草插入第一个金人的耳朵时，稻草的另一端从金人另一个耳朵里冒了出来；当插入第二个金人耳朵里时，稻草从嘴巴里露出来了；当他把稻草插入第三个金人耳朵里时，稻草掉进了金人肚子里。这个大臣说道："第三个金人最有价值！"站在旁边的使者赶紧点头，连连称赞。

这个故事告诉我们，最有价值的人，不一定是最能说的人。善于倾听，才是成熟的人最基本的素质。苏格拉底说过："自然赋予我们一张嘴，却给了我们两只耳朵，就是让我们多听少说。"聆听是一门学问，会聆听的人，才会把他人的话听到心里。

4. 注重语言艺术

注重语言艺术是培养交往能力的重要内容。首先，应注意正确地运用语言，学会用清楚、准确、简练、生动的语言表达自己的想法，养成使用敬语、谦语的习惯，切忌出口成"脏"，要妥善地赞扬和批评，力求语言有幽默感。其次，听对方讲话时要目光专注、姿态谦恭，既要适当发问，又不能随意打断别人的谈话。再次，要"归过于密室，扬善于公堂"，即避免当面伤害别人的感情。如果要批评人，应该注重以下方面：一是可以从赞扬入手，比如说他近来进步很大，只是某些方面能注意就更好了；二是批评应先从自我入手，如回忆过去自己做事的失误和教训，受批评者听后会感到亲切；三是批评时要给人留下情面，语言要温和，不挫伤别人的自尊心；四是拒绝别人时，态度要诚恳委婉，可以先肯定再拒绝。

5. 善用"无声"语言

无声语言一般包括眼神、手势、姿态、位置、肢体动作、面部表情等。俗话说"眼睛是心灵的窗户"，眼神的诚挚来自心底的纯真和坦诚，目光的关注可以向对方表明你对正在谈论的话题很感兴趣，面部表情、手势以及其他肢体语言等都能表达你的感受和态度，也能让对方感应到你的感受。交谈及交往过程中适宜的点头、微笑、摇头，均能表达对对方谈话内容的认同度；身体的适度前倾，能表达对对方的尊重。反之，不合时宜的抖脚、看表、目光飘散，会让对方觉得你对话题不感兴趣，在催促结束交流。美国加州大学洛杉矶分校的一项研究表明，个人行为表现给人的印象7％取决于言辞，38％取决于音质，55％取决于无声语言的交流。可见无声语言在人际交往中的重要性。在人际交往中根据交流内容和场合，正确适宜地运用无声语言，巧妙表达自己的思想感情，有时能起到"此时无声胜有声"的效果。

6. 保持适当距离

交往的距离一般与人际关系的质量有关，关系融洽则距离较近，关系紧张则距离较远。初次交往，相距太远会使对方感到你没有诚意，有意疏远他；距离太近又会使对方感到不自在。因此在交往的过程中，通过分析来把握彼此关系的现状以及对方的性格特征，并在此基础上选择适当的交往距离，也是一种交往的艺术。

7. 适度开放自我

在人际交往中，适度地主动开放自我是收获和增进友谊的有效途径。行为心理学的研究告诉我们，互惠欲的培养靠的是人与人之间交往频率的增加。交往初期，只有积极主动地融入新集体，参加大家组织的活动，才会产生归属感和安全感。友谊的产生和维持也需要交往双方心理上的互利互惠。互惠欲的培养是交往双方感情上的付出和索取，只有两者平衡，才会使彼此心灵感到满足，交往的过程才会持续和长久。孤芳自赏、顾影自怜的交往态度，既违背了人的社会性，也使人在不知不觉中将自我封闭起来，为自己设置了一座人际屏障。所以，为了收获和增进友谊，大学生需要打破自己设置的心理屏障，敞开心扉，开放自己，用坦诚真挚的态度获得他人的理解和接纳。

8．讲究换位思考

知识拓展 6

交往只要以对方为中心，站在对方的角度和立场看问题，去了解他人的想法、需要和动机，就能找到恰当的方式回应，更好地与他人相处；这不仅能让别人感受到温暖与关怀，还能鼓励、安慰和支持别人。"以他人希望的方式来对待他"，被称为人际交往中的"白金法则"。心理换位是指在人际交往的过程中，把自己置于对方的位置上去认识、体验和思考问题，设身处地地为他人着想，以求得心理上的沟通。在人际交往中，心理换位不仅是一种思考方式，也是一种心理品质。大学生之间的人际交往问题或矛盾，往往是由于没有注意到对方对自己行为的感受和反应而引起的。虽然这种情况的发生一般都是无意的，但对人际交往关系有着不小的影响，应该引起注意和重视。

9．勇于承认错误

为错误辩解，不如诚恳承认错误。坚持错误会使感情疏远，承认错误则能够得到别人的谅解。争论问题要看有没有价值，或求同存异，或搁置不谈，或不纠缠于鸡毛蒜皮的小事。争辩中既要大度，也要把握分寸，控制自己的情绪，不说刻薄的话，不做极端的事。

10．提升自身魅力

在大学生人际交往中，不断提升自身魅力是建立并维护良好人际关系的根本和首要任务。首先，要注重日常生活中自身的仪表仪态。仪表和打扮在人际交往中所起到的作用非常直观和明显，一个人的外貌是天生的，但打扮和仪表是可以维护和调整的，所以，大学生的着装要得体、合适，并逐步形成自己的风格特点。这不是要求穿着华丽或者奢侈，而是要根据不同场合有意识地选择适合自己的得体的服饰和仪表、仪态，这样在人际交往中才会更加出众和出彩。当然，也要防止在人际交往中以貌取人，以免造成不必要的麻烦和尴尬。其次，更为根本的在于提升自身综合能力和人格魅力。大学生的主要职责是学习和增长才能，因此应具有过硬的专业知识技能，不断学习和把握本专业的新知识、新信息，逐步培养自己成为该领域的行家里手。同时，多拓展本专业外的知识，广泛猎取其他学科知识，也能进一步扩充自己的知识结构，提升气质，"腹有诗书气自华"。锤炼自身品质、性格等方面的人格魅力是大学生持久的自修课，要在人际交往中获得成功，就要努力在人际交往态度和性格上塑造自己，使自己成为一个具有健康人格特质的人，具备真诚待人、诚实守信、克制宽容、富有同情心、热情开朗等人格魅力。

课后拓展

◆◆◆ **心理测试**

交往类型测试

【测试说明】以下四对八种交往类型，符合自己实际情况的打"√"，不符合情况的打"×"，介于符合与不符合之间的打"△"。

1．主动型/被动型

(1) 在路上碰到熟人你主动打招呼。 （　　）

(2) 你经常主动写信或打电话与外地亲友联系。 （　　）

(3) 在课堂上你会主动发言。 （　　）

(4) 在你有困难时，你会毫不犹豫地请求别人帮助。 （　　）

(5) 在车船上，你会主动与别人交谈。 （　　）

(6) 在人们各行其是的环境中生活，你感到不自在。 （　　）

(7) 你喜欢串门。 （　　）

(8) 有同学来拜访你，你非常热情和高兴。 （　　）

2．领导型/随从型

(1) 你喜欢在大庭广众之下侃侃而谈。 （　　）

(2) 在集体中你常坚持己见。 （　　）

(3) 别人批评你时，你很难接受。 （　　）

(4) 你喜欢考虑影响全局的宏观问题胜于喜欢考虑具体的微观问题。 （　　）

(5) 在同学意见有分歧时，你愿意当仲裁。 （　　）

(6) 你很同情弱者。 （　　）

(7) 当与你有关的人做错事时，你感到自己也有责任。 （　　）

(8) 在有几个人的情况下，有人提出问题你会率先回答。 （　　）

3．严谨型/随便型

(1) 和老朋友渐渐疏远了，你感到心里不安。 （　　）

(2) 在新环境中，你不会结交一些朋友。 （　　）

(3) 班级活动时，有人替你垫了公共汽车票、门票钱，事后你一定如数归还。 （　　）

(4) 与人约会，因意外情况迟到了，你会再三解释。 （　　）

(5) 你很少同异性同学交往。 （　　）

(6) 在集体活动中，你不会爽朗大笑。 （　　）

(7) 你从无忘记自己诺言的情况。 （　　）

(8) 根据情况取消既定计划，你很不自在。 （　　）

4．开放型/闭锁型

(1) 在信中或电话中，你经常谈论自己。 （　　）

(2) 心中有事，你总是忍不住要找同学倾吐。 （　　）

(3) 与志趣不同、性格相异的人交往，感到愉快。 （　　）

(4) 同学们愿意找你交流不同的见解。 （　　）

(5) 在集体中，你会发表没有完全成熟的意见。 （　　）

(6) 你喜欢不断结交新朋友。 （　　）

(7) 你喜欢不断接受新思想、新观念、新信息。 （　　）

(8) 经常有同学来拜访你。 （　　）

【计分方法】打"√"的每题得 3 分，打"×"的每题得 1 分，打"△"的每题得 2 分。将四对八种交往类型分别加出总分。

【测试结果】如果你的每对得分在 16 分以上，说明你属于每对交往类型的前一种；得分

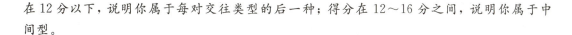

在 12 分以下，说明你属于每对交往类型的后一种；得分在 12～16 分之间，说明你属于中间型。

❖ **实践训练**

倒 下 与 接 住

1. 游戏规则

根据场地的大小，组织学生两两对应站好，前面一排的学生站在离地面一定的高度，双臂抱于胸前，向后直倒。注意：脚不可以踩下面一级的楼梯或地面，身体尽可能平直；后面的学生距离前面的学生大约半个身位，要用力接住；依次换位进行。

2. 要求

尽可能多的学生参加这个游戏，体验内心真实感受。

3. 讨论

(1) 倒下的那一刻你害怕吗？你相信其他学生会稳稳地托住你吗？

(2) 你现在的感觉是什么？

(3) 你从这个游戏中学到了什么？

折 纸 游 戏

1. 游戏规则

请学生拿出一张长方形的纸，然后根据老师的提示进行操作。操作过程中第一组学生面对面，可以商量，也可以询问老师；其他 6 组学生背对背，不能相互商量，也不能询问老师，要独立完成。

2. 游戏过程

(1) 折一折：① 把这张纸上下对折；② 再把它左右对折；③ 在右上角撕掉一个等腰三角形；④ 然后把这张纸左右对折；⑤ 再上下对折；⑥ 在左下角撕掉一个等腰三角形。

(2) 看一看：做完后，请将这张纸展开来看一下，它的形状是什么？比较第一组与其他 6 组学生撕的"作品"，发现，第一组学生的作品形状一样或接近，而其他 6 个组的学生撕出来纸的形状差别很大。

(3) 议一议：为什么同样的材料、同样的指令，其他 6 个组的学生撕出来的"作品"形状会如此千差万别？

🖐 课后思考

1. 人际交往对大学生综合发展有何意义？

2. 常见的大学生人际交往障碍有哪些？

3. 把握和谐人际交往的基本原则是什么？

项目七 大学生恋爱心理及性心理

项目要点

- 大学生性心理的特点
- 大学生恋爱心理问题调适
- 大学生健康恋爱择偶观的培养

学习目标

通过本项目能正确认识恋爱心理和性心理的发展特点及常见问题，引导大学生正确对待恋爱问题和性心理问题，力争适时解决和妥善处理与其相关的各种矛盾和心理障碍。

案例导入

某男，21岁，大学三年级学生。平时性格比较内向，不善于与人交往，从没有和女孩子特别亲近过。然而不久前做了一个梦，梦中居然和别人发生了性关系。梦醒后他愧疚不已，感到犯了乱伦的罪过，无颜面对他人。后来又做了一个梦，梦中和班中的女团支书发生了关系。潜意识中似乎在证明什么，他不相信自己道德如此败坏，竟这样下流无耻，担心团支书因此受到伤害，以至于不敢面对她，只要她在教室，他就看不下去书，如果单独与她不期而遇，一天便会心神不宁，强烈的罪恶感使他不能安心学习。他担心自己要变成性犯罪分子，有时还怀疑自己是不是得了精神病，为什么会如此不正常。心理的负荷使他不敢入睡，生怕"旧梦重温"，讲又讲不出口，想也想不开，忘更是忘不掉，万般苦闷中他走进咨询室。

令这位大学生苦恼不已的梦叫性梦。他之所以受到梦境强烈的负面影响，是因为这一荒诞怪异的梦中所带有的不道德性质，使他产生了强烈的内疚心理，以至于怀疑自己，害怕睡觉。人之所以会做性梦，是生理和心理综合活动的结果。梦中的情景，都与梦者平时的经验和思想活动有关。由于梦是一种典型的无意识想象过程，所以性梦不免荒诞离奇。在性梦中出现的不合常规的性恋动作与性对象，既不表明梦者的人格特征，也不表明他的伦理道德修养水平。因而性梦之后完全没有必要自责。

大学生大多处于青年期，身体发育已经成熟，大学的管理又相对宽松，在荷尔蒙和心理需要的双重作用下，很多大学生开始追求爱情，也有部分大学生开始有了性体验。大学生的恋爱往往理想化，注重浪漫激情。可是，激情很可能随时间的流逝而减少，对伴侣的新鲜感和理想化的态度也会随着交往的加深而有所变化。如何更加理性地看待恋爱与性、如何给爱情保鲜、如何维持爱情的稳定与长久等课题，是很多大学生需要认真思考和学习的。

第一节　大学生恋爱心理概述

恋爱和性问题是大学生最感困扰的一类心理问题。爱情究竟是什么？大学阶段恋爱和性心理的特征是什么？这些都成为大学生探究的重要心理问题。

一、爱情概述

1. 爱情与恋爱的含义

爱情是男女两性基于一定的客观物质条件和共同的人生理想，在各自内心中形成的相互间最真挚的爱慕，并渴望对方成为自己终身伴侣的最强烈、专一和稳定的情感。爱情是异性之间的强烈依恋、亲近、向往，以及无私并且无所不尽其心的情感。它通常是情与欲的对照，爱情由情爱和性爱两个部分组成，情爱是爱情的灵魂，性爱是爱情的附加属性，并不是必要存在的，情爱才是爱情的根本与核心。

恋爱是指异性之间在生理、心理和环境因素交互作用下互相倾慕和培植爱情的过程。恋爱虽然是追求爱情的行为，但并不是与生俱来的。一个人对爱情的追求，只有当他的生理和心理发展到一定阶段时才会产生。所谓的大学生恋爱，也是大学生生理发育和心理发展的结果。

2. 爱情的属性

（1）爱情的生物性。

爱情是人类性爱情感的体验，是人类生物性的自然表现。对一个人的性要求应该坦率、单纯而自然。女性对男性及男性对女性的欲求本身最初表现的是内在本能的、简单的、初级的生命冲动。爱情的生物性来自人体内肾上腺素、苯乙胺、荷尔蒙、多巴胺、叶加压素等物质。医学研究表明，初坠爱河的人，间脑底部开始分泌出一种化合物——苯乙胺，分泌的苯乙胺越多，发生的效力也就越激烈，产生的爱意当然就越浓了，最后就成为苯乙胺的俘虏——坠入情网。

（2）爱情的社会性。

人类之爱不仅出于生物学动机，而且伴随着深刻的情感体验，同时更要受到社会伦理道德的严格约束，因而社会性更为重要。爱情社会性的内涵非常丰富，主要表现在四个方面：

① 爱情是理性而有目的的交往。爱的力量是从非性欲的爱的素养中培养出来的，爱情中的主要动力并不是来源于性欲，而是两个人的相互吸引。爱情是有意识的，没有意识就没有爱情。

② 爱情是具有道德属性的两性关系。爱情关系是一种由自然关系连接起来的人与人之间最亲密的特殊社会关系，爱情是与人的善恶观和道德观联系在一起的。只有人才能把道德带进两性关系，一旦爱上一个人，就应承担尊重这种亲昵并将其看作最大的幸福而加

以珍惜的义务。当一个人体会到真正的爱情后，就会表现出自我牺牲精神与巨大的道德力量。这种道德意识是随着社会的发展而不断向前发展的。

③ 爱情把两个人的命运紧密联系在一起。爱情是一对男女进行共同生活的基础，由此而建立婚姻和家庭形式的关系。"参与爱情的只有两个人，要诞生新的生命。"爱情以生理力量为基础，但其精神力量才是爱情中永恒与不竭的动力源，特别是当热恋的激情退却后，在平实生活中爱情要靠双方的精神力量才能维系，使之在平凡的生活中依旧光彩照人。

④ 爱情的表达方式具有社会性的羞耻感。它是以一种丰富的不断变化的社会方式进行的，与美感相对应的是，爱情的社会性有其特有的羞耻感，既表现在爱情表达方式与性行为的选择上，也表现在爱情受挫后引起的心理反应上。特别是单相思与失恋，羞耻感经常是爱情的伴生物。

3. 爱情产生的生理和心理基础

生理成熟为大学生恋爱提供了物质基础，但心理成熟与社会性成熟却是恋爱的必要准备。恋爱作为大学生情感发展历程中的重要体验会对大学生产生积极或消极的影响。

（1）爱情产生的生理基础。

爱情产生的生物学基础是生理的成熟。处在青年期的大学生，性成熟是随着生理的发展和性器官的发育而完成的。生理的成熟常常会使心理产生变化，渐渐就会出现与异性交往的心理需求。

（2）爱情产生的心理基础。

双方的互相倾慕是产生爱情的内在心理因素，它是指在男女之间，由于相貌姿态相悦，思想一致，性格相投，兴趣爱好相近等因素产生的心理共鸣，也由此产生出特殊的兴奋、愉悦、倾慕、眷恋之情。

4. 爱情的相关理论

迄今为止，心理学家、行为科学家都没有能够客观地解释人类的爱情，下面介绍几种较有代表性的爱情理论：

（1）斯腾伯格的爱情三角理论。

这个理论认为：爱情包括亲密、激情、承诺三种成分。亲密是指与伴侣间心灵相近，互相契合，互相归属的感觉，属于爱情的情感成分；激情是指强烈地渴望与伴侣结合，促使关系产生浪漫和外在吸引力的动机，也就是与性相关的动机驱力，属于爱情的动机成分；承诺则包括短期和长期两个部分，短期的部分是指个体决定去爱一个人，长期的部分是指对两人之间亲密关系所做出的持久性承诺，属于爱情的认知成分。仅仅有亲密的爱是一种喜欢，仅有承诺的爱是一种"空洞的爱"，只有激情的爱是迷恋，迷恋与承诺结合是伴侣的爱，亲密与激情结合是浪漫的爱，承诺与激情结合是虚幻的爱，三种成分结合在一起才是圆满完美的爱。随着认识时间的增加及相处方式的改变。斯腾伯格的爱情三角理论如图7-1所示。

斯腾伯格进一步提出，在三种成分下有八种不同的爱情关系组合，分别为：

① 无爱。三种成分俱无。

② 喜欢。只包括亲密成分。

③ 迷恋的爱。只包括激情成分。

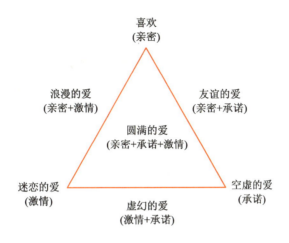

图 7-1　斯腾伯格的爱情三角理论

④ 空虚的爱。只包括承诺的成分。

⑤ 浪漫的爱。亲密与激情的结合。

⑥ 友谊的爱。亲密与承诺的结合。

⑦ 虚幻的爱。激情与承诺的结合。

⑧ 圆满的爱。三种成分同时包含在爱情关系当中。

八种爱情关系组合如表 7-1 所示。

表 7-1　斯腾伯格爱情三角理论——爱情关系的组合

爱的种类	亲密	激情	承诺
无爱	－	－	－
喜欢	＋	－	－
迷恋的爱	－	＋	－
空虚的爱	－	－	＋
浪漫的爱	＋	＋	－
友谊的爱	＋	－	＋
虚幻的爱	－	＋	＋
圆满的爱	＋	＋	＋

注：“＋”表示存在；“－”表示不存在。

（2）约翰·李的爱情彩虹图。

社会学家约翰·李将男女之间的爱情分成六种形态：情欲之爱、游戏之爱、友谊之爱、依附之爱、现实之爱及利他之爱，爱情彩虹图如图 7-2 所示。

① 情欲之爱（Eros）建立在理想化的外在美的基础之上，是罗曼蒂克、激情的爱情。特点是一见钟情，以貌取人、缺少心灵沟通、热烈而专一，靠激情维持。

② 游戏之爱（Ludus）视爱情为一场让异性青睐的游戏，并不会将真实的情感投入，常更换对象，且重视的是过程而非结果；不承担爱的责任，寻求刺激与新鲜感。

③ 友谊之爱（Storge）是指如青梅竹马般的感情，是一种细水长流型、稳定的爱。这种

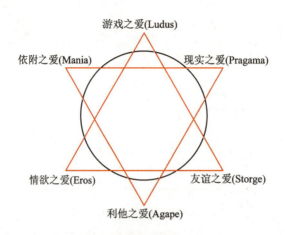

游戏之爱(Ludus)

依附之爱(Mania)   现实之爱(Pragama)

情欲之爱(Eros)   友谊之爱(Storge)

利他之爱(Agape)

图 7 - 2

爱情以友谊为基础，在长久了解的基础上成长着，能够协调一致解决分歧，是宁静、融洽、温馨和共同成长的爱情。

④ 依附之爱(Mania)者对于情感的需求非常大，依附、占有、妒忌、猜疑、狂热，在恋爱中情绪不稳定。这种爱控制对方情感的欲望强烈，将两人牢牢地捆在爱情这条绳索上。

⑤ 现实之爱(Pragama)者则是会考虑对方的现实条件，以期让自己的酬赏增加且减少付出成本的爱情。这类爱情理性高于情感，是一种受市场调节的现实主义态度支配的爱情形态。

⑥ 利他之爱(Agape)带着一种牺牲、奉献的态度，追求爱情且不求对方回报。这种自我牺牲型爱情是无怨无悔的，是纯洁高尚的。

（3）爱情依恋理论。

爱情依恋理论是对爱情与童年依恋的联系进行的研究。婴儿时期与人建立的依恋关系，会使个体形成持久且稳定的人格特质，这项特质在个体与异性建立亲密关系时会自然地流露出来。哈杉和谢弗将成人的爱情关系视为一种依恋的过程，并分为三种类型：

① 安全依恋：与伴侣的关系良好、稳定，能彼此信任、互相支持。绝大多数人的爱情关系属于安全依恋。

② 逃避依恋：害怕且逃避与伴侣的亲密。电影《天使爱美丽》中的艾米丽就属于这种类型。

③ 焦虑/矛盾依恋：时常具有情绪不稳、极端反应的现象，善于忌妒且希望跟伴侣的关系是互惠的。

在哈杉和谢弗的研究中发现，三种不同的爱情依恋类型在成人中所占比例分别为：安全依附约占 56%，逃避依附约占 25%，而焦虑/矛盾依附约占 19%，与婴儿依附类型的调查比例相当接近。

巴塞洛缪和霍洛维茨以上述爱情依恋理论的概念为基础，发展出一种爱情依恋风格理论，他们以正向或负向的自我意象和正向或负向的他人意象两个不同的向度来分析，得到四种类型的爱情依恋风格：

① 安全依恋：由正向自我意象和正向他人意象所形成。

② 焦虑依恋：由负向自我意象和正向他人意象所形成。

③ 排除依恋：由正向自我意象和负向他人意象所形成。
④ 逃避依附：由负向自我意象和负向他人意象所形成。

▶ 延伸阅读

当我真的有爱时

萨提亚

当我真的有爱时
我会在你说话时凝视着你
我试图理解你在说什么，而不是在准备怎样回答
我接纳你的感受，听到你的想法，看见你的灵魂

当我真的有爱时
我倾听并选择放下防卫
我听见你了，并且对于对与错不加评判
当我没听懂时，我还请你澄清我没有理解的地方

当我真的有爱时
我允许你深深地触动我，即使我可能会因此而受伤
我告诉你我的梦想、我的希望、我的受伤，以及什么能带给我喜悦
我还跟你分享我在哪里失败了，在哪里我觉得做得还不错

当我真的有爱时
我跟你一起放声大笑
但有时我也会幽默地嘲弄你一番
我会跟你谈心，而不是对你训话

当我真的有爱时
我会尊重你的空间，而不是强行挤入
我会在你的界限周围徘徊，或后退几步
直到你感到舒服地让我进入为止
我不会强迫你说出心中的秘密
我等待，直到你自己选择暴露它们给我

当我真的有爱时
我将自己的人生剧本放在一边，让演出告一段落
无论好坏美丑，我只做自己就是了
我也愿意看到你的一切，无论好与坏，美丽还是丑陋

二、大学生恋爱的心理特征

进入大学阶段，大学生生理逐渐成熟，性意识不断觉醒，往往对爱情有着美好的向往和热烈的追求。同时大学生又生活在青年人高度集中的特殊环境中，年龄相仿，朝夕相处，加上专业一致，兴趣相投，有较多的共同语言，更容易产生感情上的共鸣而萌发爱情的种子。因此，大学生的恋爱除了具备恋爱的一般特征之外，还具有以下几项典型特征。

（1）不求结果只注重过程，对象盲目随意。

恋爱本来是为寻找相伴一生的爱人，应该是一种真挚的、真诚的情感。但有调查结果显示，当代大学生注重的是恋爱过程本身，至于恋爱的结果并不太在意。把恋爱当作一种感情体验，借以寻求刺激，解除寂寞，填补空虚，满足精神享受，把恋爱当作一种消遣。他们在恋爱中对于究竟爱是什么、为什么爱都没有弄清楚。有的学生一学期谈了好几次恋爱，甚至还与同学互相攀比，看谁找的对象多，看谁的对象漂亮，等等。

（2）追求爱情至上，学业受到影响。

从理性上，大学生们都知道学业是第一位的，感情是第二位的，大学阶段应以学习为主，爱情应当服从学业；或者希望学业和爱情双丰收，既渴求学业有成，又向往爱情幸福。但真正在客观上、行为上能够正确处理好学业与爱情关系的人，却为数不多。更多的人是一旦坠入情网就不能自拔，强烈的感情冲击一切，学习同样受到严重影响。

（3）恋爱观念开放，行为约束减弱。

随着时代的发展，当代大学生的恋爱观念日益开放，传统的以含蓄、内在、深沉为美的形式不再为大学生们所推崇，与之相反的是在公开场合下，手拉手、肩并肩，整日形影不离，甚至搂搂抱抱，招摇过市，致使旁人不得不退避三舍。部分大学生信奉"爱情就是即时的快乐"，在恋爱中只顾及当时的感觉，不愿受传统道德观念的束缚。很多大学生认为"只要有爱情，性是可以理解的"，对恋爱中的人发生性关系抱持宽容的态度，甚至有的学生不再把性行为看成是非常严肃的事，而是顺着内心的冲动，不加以克制，引发很多负性事件。

（4）追求爱的体验，缺乏爱的能力。

大学生恋爱大都是激情碰撞下的初恋，在激情平息之后，却不懂得如何培养爱情。在爱与被爱的磨合中显得笨手笨脚，往往造成对彼此的伤害，轻易地恋爱，轻易地分手，强调爱的体验，负担不起爱的责任。

三、大学生恋爱的类型

大学生因恋爱动机不同而显现出了多样化的恋爱类型。

1. 慰藉型

处在青春期的大学生，正值"心理断乳"时期，他们渴求社会与他人的理解，常有一种莫名的惆怅和孤独。这种心理需要不能被满足时，有的学生往往以恋爱的方式来寻求心理慰藉。在外人看来，他们是在谈情说爱，其实是为了排解内心的孤独，寻找心理的慰藉。

2. 友情型

有的恋人原先是中学同学或同乡，本来就有感情基础，双方考上大学后，凭借天时地利发展成为恋爱关系，这种恋爱关系发展较稳定，成功率也较高。但也有些同乡同学，虽然长期交往，感情上却缺乏共鸣，尽管一方有美意，但最终难以发展为爱情。这部分同学基本上能处理好爱情或友情与学习的关系。

3. 理想型

这些同学往往缺乏冷静思考，对爱情充满理想色彩，一旦认定某个异性与自己理想中的偶像吻合，就会不顾一切地去追求，并甘愿为之牺牲一切。这类同学把爱情理想化，情感比较脆弱，一旦遭受挫折便会非常痛苦，常易出现心理障碍。

4. 志趣型

这一类型的爱情，其基础是感情融洽、志趣相投、事业成功。这种注重事业和精神生活的恋爱，恋爱双方道德高尚、互相尊重，行为端庄大方，感情热烈且举止文明，注重思想上的沟通，以和谐的精神生活和事业的共同追求为满足。例如瞿秋白与杨之华、夏明翰与郑家钧、方志敏与缪敏等革命先烈的爱情之所以被人们铭记，就是因为他们志趣相投，他们相信明天会更好，志同道合的理想、伟大的共同事业让他们的爱情坚不可摧，生死难阻。志趣型爱情的同学一般能较好地处理感情与学业的关系。

5. 功利型

这是一种非常势利的现实主义恋爱类型。有的同学恋爱首先看的是对方的物质条件，或所在区域的优势，或看重对方父母或亲戚的名利地位等。这类大学生往往基于利益关系而谈恋爱，在此之前已把对方算计得一清二楚，把爱情当作谋取功利的手段，没有真实的感情可言。

6. 情欲型

一些大学生受青春期性本能的驱使或受有性爱描述的影视、文学作品的影响，控制力较弱，进行模仿尝试，追求性刺激，以满足性欲望为目的与异性同学交往、恋爱。有的甚至把恋爱当作娱乐，逢场作戏，玩弄异性。这些同学只注重异性的外表，追求感官上的愉悦，而忽视或无视爱情内涵中应有的伦理因素。无疑，这是一种不健康的恋爱类型。

四、男女大学生恋爱心理的差异

大学生恋爱已成为一种普遍的现象，但由于男、女生性别及心理方面的差异必然导致男女大学生恋爱心理的差异。

（1）女生的爱情一般比较固执和深沉。

一般说来，女生对人的认识比男生更"刻板"，她们一旦觉得对方"好"，就会一往情深，棒打不散，不屈服家庭和社会的阻挠，勇敢地同心爱的人在一起甚至结成终身伴侣。但也有的女生因涉世不深，又听不进别人的忠告，一意孤行，被品行虚伪的恶劣男子迷惑，自食其果，后悔莫及。

（2）男生比女生更容易一见倾心。

由于男生较注重女子的外貌、身材等表面特征，女生则较注重男生的内心世界，因此男生更容易一见钟情。有的男生甚至只要一见对方漂亮的外貌就盲目地求爱。如果男女双方都草率从事，就很容易造成不良后果。

（3）男生求爱积极主动，女生的戒备心理比男生强。

男生在恋爱过程中，心情较为急躁，敢于推心置腹，大胆追求，喜欢"速战速决"，希望短期内取得成功。女生则往往不敢大胆地表露自己的感情，有的还出现"逆反"现象，即越是心里喜欢对方，越是要违心地拒绝对方的求爱，怕过早、过于轻易地向别人表明心迹会被人指责为"轻浮"。不少男生在与女生开始接触时，几乎没有考虑对方的心理因素；而大多数女生在恋爱初期抱有较重的戒备心理，常以审慎的态度来观察对方是否出自诚意，唯恐上当受骗。

（4）女生自尊心一般比男生强。

女生在恋爱过程中内心敏感，而且常设法让自尊心得到满足，具体表现在：希望周围同学、朋友和父母对她的恋爱对象有良好的评价；抬高自己，使对方成为一名爱情的"奴隶"；驱使男生对自己献殷勤，等等。而多数男生的心胸则较为宽阔，他们一般并不在乎求爱时遭到对方拒绝而带来的尴尬，如果求之不得，他们会用"精神胜利法"来安慰自己，孤芳自赏，以求得心理平衡。

总之，一般情况下，男生追求异性的情感特点是外露和热烈，兴致勃勃，但稍显粗犷；女生对异性的爱慕情感特点则含蓄而深沉，表现为娇媚、自尊，略带羞涩和执拗。

第二节　大学生恋爱心理及择偶观培养

一、大学生常见的恋爱心理问题及调适

恋爱是较难驾驭的人生艺术，大学生谈恋爱如果处理不当，会直接影响心理健康及学习和生活。近年来，因恋爱导致心理痛楚、人格扭曲，甚至引发精神失常和恶性事件的现象在大学校园里时有发生。大学生常见的恋爱问题主要有以下几个方面。

1. 单恋

（1）什么是单恋？

单恋俗称单相思，是男女一方的倾慕情感苦于不被对方知晓和接受而造成的一厢情愿或对恋爱的渴望，它仅仅停留在个体单方面爱恋而无法发展成双方相恋的状态。无数事实表明，单恋是一种深沉而无望的爱情，它充满了毁灭性的激情甚至疯狂；单恋者在幻觉中甘愿奉献一切，具有痴迷而深刻的悲哀。

（2）导致单恋的原因。

大学生心理尚未完全成熟，单恋现象比较常见，且较多地出现在性格内向、敏感、富于幻想、自卑感较强的人身上。有些大学生爱上了对方，于是也希望得到对方的爱，在这种心理的支配下，误解对方的言行、情感，误把友情当爱情，把对方的亲切和蔼、热情大方当作是爱的表示并坚信不疑，从而陷入单恋的深渊不能自拔。单恋者固然能体验到一种深刻的快乐，但更多体验到的是情感的压抑，因为他们无法正常地向自己所钟爱的异性倾诉柔情，更不能感受到对方爱意的温馨。

深刻的单恋是一种难以矫正的心理障碍，会使人一度丧失自尊，不顾人格尊严地乞求

于所恋对象，严重影响人的知觉判断和理性选择，同时也干扰了对方的学习和生活，有时甚至会走向极端，以伤人的方式终结单恋。

（3）单恋的应对方式。

首先，要避免"恋爱错觉"，学会准确地观察和分析对方表情，用心明辨；要重视其反复性，即某种信息的经常出现可能意义很深，而一两次就不足为凭了；不要强化内心中形成的一见钟情式的浪漫爱情。

其次，如果向对方表白遭到拒绝，就要用理智克制自己的情感，爱情一定是两心相悦的，这种理性、客观、冷静的考虑也是未来幸福快乐的源泉。

2. 多角恋

（1）什么是多角恋？

多角恋是引起恋爱中感情纠葛的主要原因。它是指一个人同时被两个或两个以上的异性追求，或自己同时追求两个或两个以上的异性，并建立了恋爱关系。

由于恋爱具有排他性、冲动性，因此任何一种多角恋都潜伏着极大的危险性，一旦理智失控，就会给对方及社会带来恶果，这一点应引起大学生的高度警惕。

（2）导致多角恋的原因。

① 恋爱动机不良。

有些人从恋爱开始动机就不纯，朝三暮四，见异思迁。

② 标准不明确。

由于个性及思想的不成熟，很多人在恋爱前没有一个明确的恋爱对象标准，造成了无法确定哪一个更适合自己，难以取舍，只有多方应付。

③ 盲目追求。

明知对方有交往对象，由于固执任性、嫉妒好强等原因，还是盲目地展开追求，从而导致多角恋爱。

④ 虚荣心强。

有些大学生爱慕虚荣，自私自利，认为自己的追求者越多，越能体现自己的优秀，给追求者留有幻想，对自己及他人感情不负责任。

（3）多角恋的应对方式。

爱情是专一、排他的，多角恋易引起纷争、不幸和灾难，也极易导致冲突，酿成悲剧，本身也为社会规范所不容。大学生一方面要理智地克制感情，不要胡思乱想；另一方面要谨慎行事，自觉地让自己融入集体中，到同学们当中去。大学生选择恋爱对象，应选择适合自己的唯一，并忠于恋人，善始善终。

3. 失恋

（1）什么是失恋？

失恋是指恋爱过程的中断，是一种严重的恋爱心理挫折。大学生的心理问题中相当一部分属于情感困惑，而由失恋导致的大学生心理异常是其中最为突出的现象。

（2）失恋的不良心理表现。

失恋带来的痛苦、绝望、忧郁、焦虑等不良情绪，如果得不到及时的宣泄转移，心理就会长期处于痛苦失落的失衡状态中，容易导致失恋者沮丧、抑郁、精神分裂与精神失常等心理问题和疾病的产生，严重者甚至采取报复乃至自杀等方式来排解心中的郁闷，所以大学生应对失恋心理问题有足够的认识。

大学生中常见的失恋不良心理主要表现在以下几个方面：

① 自卑心理。有的大学生失恋后感到羞愧难当，陷入自卑、心灰意冷之中，也有的大学生甚至因此而走上绝路。例如，一位大学生与女友从相识到相爱已一年多，可是最近为了一些小事而争吵，之后女友提出分手。失恋后他的第一反应是"我感到很难堪"。失恋后有如此反应的在校园恋人中不乏其人。其实，失恋是恋爱生活中的正常现象，并不是一种错误。因此，不存在什么失面子的问题，更不能因此轻生。

② 迷茫心理。有的大学生把恋爱看得至高无上，一旦失恋了，学业、前途也不顾了。也有的大学生失恋后盲目地追求新的目标，以填补空虚迷茫、失望焦虑的内心，这样不但于事无补，而且可能在恋爱问题上更加草率。

③ 报复心理。部分失恋者会失去理智，产生报复心理，结果可能造成毁灭性的局面。特别是由于一方不道德，如有第三者等而导致失恋，更容易出现报复心理。其实如果对方人格低下，大学生应该为分手而庆幸，切不可降低自己的人格，图一时痛快，自毁前程。

（3）失恋的应对方式。

① 勇敢面对。作为一个有理想有抱负的大学生，应勇敢地正视失恋的现实，要坚信失恋不等于失败，而只是成长过程中的一次历程。告诉自己，失恋是恋爱的一部分，即便是伟人，也难免会遇到"经典的失恋"。

② 倾诉。失恋者精神遭受打击，被悔恨、遗憾、愤怒、惆怅、失望、孤独等不良情绪困扰，应主动找朋友倾诉，释放心理负担。也可以用书面文字，如写日记或利用网络发帖等形式把自己的苦闷记录下来，或给自己看，或给朋友看，这样便能释放自己的苦恼，并寻得心理安慰和寄托。

③ 移情。移情就是及时适当地把情感转移到失恋对象以外的人、事或物上。如失恋后，多与同性朋友交流思想，倾吐苦闷，获得开导和安慰；或积极参加各种娱乐活动，陶冶性情；或投身到大自然的怀抱中，从而得到抚慰。

④ 升华。尽快把精力引向学习及自身事业中，把失恋升华为一种努力向上的动力。许多失恋者因此而创造出了辉煌的成就。如果失恋者能正确对待和处理失恋，不仅能从中学到爱的能力，还能更好地完善自己、提升自己。

⑤ 超然豁达的态度。别人是别人，不是自己，因而不能强求。爱情是以互爱为前提的，不可因一厢情愿而强求，应该尊重对方选择爱人的权利。也可以进行反向思维，多想对方的不足，分析自己的优势，认真总结经验，努力完善自我。当新的、更美好的爱情再次出现时，能够既有准备，又有能力抓住它，不至于与它失之交臂。

总之，失恋者要恢复心理平衡，做好感情转移和空间转移。做到失恋不失德、不失态、不失志、不失命。

4. 网恋

（1）什么是网恋？

网恋具有匿名性和虚拟性的特点。网络交流可以让人感觉安全，不惧展现内心的秘密和脆弱。一些大学生性格内向、自卑，缺乏人际交往技巧，不善于与异性交往，不敢向身边的异性表白情感，平时因缺乏自信而逃避现实，网络恰好给他们提供了既能掩护自尊、获得异性认可，又能够满足爱与归属需要的虚拟环境。

（2）网恋的双面性。

有些学生在网恋中真正找到了自己的另一半，网络对他们来说是一个极好的交流工具。即使是平时不善表达的内向学生，在网上也能够很好地表达出自己的想法和情感。但是，任何事物都有它的两面性，而网恋更是一把双刃剑，学生一旦陷于网恋中，通常会导致学习跟不上、成绩下降、留级甚至退学。由于网上交友聊天、游戏需要注意力高度集中，这种情况下在网上停留时间过久会诱发多种疾病甚至猝死。有些大学生的自我保护意识和防范意识较差，在现实中与网友见面的过程中，被骗钱、骗色甚至受到生命威胁的情况时有发生。

（3）网恋的应对方式。

① 要树立正确的择友观、爱情观，要合理控制和调节自己的感情，朝着积极、理性的方向发展。

② 在网络交流时不要欺骗对方，尽可能真实完整的展现自我。

③ 多探讨比较现实客观的问题，如发现与对方"三观"不合时，及时退出。

④ 建立防范心理，不急于见面，在确认深入交往前，避免泄露自身秘密。

5. 混淆友情和爱情

友情是人们在共同的学习工作中，基于共同的情趣和志向产生的一种美好而又亲密的情谊，也是人与人之间在互相尊重、互相信赖的基础上建立的美好情谊。在大学生中，有很多大学生与异性朋友之间存在着超越一般朋友的关系，但却不是爱情的情谊。这种情谊包含了依赖、尊重、喜欢，还包含有朦胧的性意味，在这种情谊的左右下，有些学生会想入非非，自作多情，误认为对方喜欢自己；有些同学更是在友情和爱情之间徘徊，使双方关系越发的"说不清，道不明"。将这种情谊把握好了，会给双方留下美好的感觉和回忆，一旦失控就会让双方的感情受到伤害，甚至酿成不可估量的错误。

（1）友情和爱情的判定。

友情和爱情是可以清晰判定的，日本一位心理学者提出了五个指标，可供参考：

① 支柱不同。友情的支柱是"理解"，爱情的支柱是"感情"。友情最重要的支柱是彼此的相互了解，不仅是对方的长处优点，就是短处缺点也要充分认清，只有这样，才能产生友情。爱情则不然，它是对对方的美化，视作理想后产生了恋爱，贯穿其间的是感情。

② 地位不同。友情的地位"平等"，爱情却要"一体化"。朋友之间立场相同，地位平等，彼此之间无需多余的客气，也没有烦恼的担忧。如果遇到对朋友不利时，可以直率地提出忠告，甚至动怒也要义正词严地规劝。朋友之间就是这样，有人格的共鸣，亦有激烈的矛盾。爱情则不然，它具有一体感，身体虽二，心却为一，两者不是互相碰击，而是互相融合。

③ 体系不同。友情是"开放的"，爱情则是"关闭的"。两个人有坚固的友情，当人生观与志趣相同的第三者、第四者想加入的话，大家都会欢迎。爱情则不然，两人在恋爱，如果第三者从旁加入，便会心生嫉妒并排除异己。

④ 基础不同。友情的基础是"信赖"，爱情则是纠缠着"不安"。一份真诚的友情，具有绝对的依赖感，犹如不会动摇的磐石。相反的，一对相爱的男女，虽然不是没有依赖感，但却总是被种种不安所包围，比如"我深深地爱着她，她是否也深深地爱着我""他的态度稍微变了，是不是还和以前一样地爱着我"，等等。

⑤ 心境不同。友情充满"充足感"，爱情则充满"欠缺感"。当两个人是亲密的好朋友时，彼此都有满足的心境；但两个人一旦成为情人时，虽然初期会有一时的满足感，可不久之后，就会产生不满足感，总希望有更强烈的爱情保证，经常有一种"莫名的欠缺"尾随着，有着某种着急的感觉。

（2）避免混淆友情和爱情。

① 对照爱情和友情的区别，辨明目前双方的情谊究竟属于友情还是爱情。

② 明确下一步的发展方向，如果"想更进一步"，就要撕掉"友情外衣"，使对方明确感知到你的情意，为爱情的到来做准备；如果只想保持纯洁的友谊，就要保持内心的坚定，有意识的拉开心理、感情、言语、肢体接触的距离，以免使双方受到伤害。

③ 不发生情感的突然反差，无论是哪一方给出了明确的区分信号，双方都要注意循序渐进地控制彼此心理、感情的距离，不要出现情感的突然反差，造成彼此的误解和伤害，毕竟真正的友谊是非常珍贵的。

二、树立健康的恋爱观

爱情是一把双刃剑，它既可以促使大学生积极向上，也可以对大学生的成长产生负面的影响，大学校园因失恋而自杀的现象就是极端的证明。而解决的办法就是大学生应积极地调适恋爱心理，树立正确的恋爱观，因为正确的恋爱观对恋爱行为有导向作用，有利于维护和促进大学生健康成长。树立正确的恋爱观应从以下几个方面着手。

1. 理解爱情的真谛

恋爱不等于真爱，但每个恋爱的人都渴望获得真爱。真爱不是来自两个人口头上的海誓山盟与海枯石烂，而是来自生活中的点点滴滴。

（1）真爱是关心和给予。

弗洛姆说"爱是对所爱对象的生命和成长的积极关心。哪里缺少这种积极关心，哪里就没有爱。"爱是想对方之所想，给对方之所需，是无私的给予和关心。爱是关心对方的需求，同对方分享快乐、兴趣、理解力、知识、悲伤等。爱应该是不做作、真诚主动地给予对方爱，在不问收获、埋头耕耘的过程中，自然而然地获得爱。

（2）真爱是尊重和信任。

尊重意味着一个人对另一方的成长和发展应顺应其自身规律和意愿。尊重蕴含着没有剥削，即让对方按自己的目标去成长和发展，而不是服务于自己。尊重包括对对方的职业、爱好、选择、隐私和不同于自己的观点和生活习惯等方面的接纳、关注和爱护。信任是一种尊重，也是一种自信，不必盘问对方的每个细节，更不必去跟踪调查。爱一个人，就要先信任他（她），不要凭感觉随意猜疑他（她），给他（她）一个自由的时间和空间。

（3）真爱是宽容和理解。

罗杰斯说："爱是深深的理解和接受。"宽容中包含着理解、同情和原谅，是最大限度地接纳对方。既要接纳对方的优点，也要接纳对方的缺点，但要注意限度和原则。

（4）真爱是责任。

幼儿的爱遵循这样的一个原则，我爱因为我依赖；成人的爱则遵循另一个原则，我被爱因为我爱。不成熟的爱说，我爱你因为我需要你；成熟的爱则说，我需要你因为我爱你。

所有的爱情都包含一份神圣的责任，这种责任不是义务，也不是外界强加的，而是内心的自然流露，即为自己所爱的人承担风霜雨雪，而不仅是感官上的愉悦与寂寞时的陪伴。

（5）真爱是理性。

马克思说："真正的爱情是表现在恋人对他的偶像采取含蓄、谦恭甚至羞涩的态度，而绝不是表现在随意流露热情和过早的亲昵。"一时的狂热迷恋是一种危险的情感，那只是一种生理上要求与异性接近的渴望。

（6）真爱是独立。

独立不是疏远，而是指与人相处时有自己的思考和行动，不轻易被他人左右，知道自己真正需要什么。独立的心态是一种成熟的品质，是心理断乳的标志。爱需要保持独特个性和独立人格，不让自己消失在对方的影子里。

2. 遵守恋爱道德

遵守恋爱道德的主要内容包括相互尊重恋爱自由、彼此忠诚；行为端正、有分寸，举止文明；不可随心所欲，无视社会公德；用理智感妥善调节性冲动，保持恋爱行为的文明礼貌。

（1）让爱情建立在志同道合的基础上。

大学生选择恋人最重要的条件应该是志同道合，即双方思想品德、事业理想和生活情趣等大体一致。一般情况下，异性感情的建立是沿着熟人——朋友——好朋友——知己——恋人这一线索发展的，当一个人成为你心中任何人都不能替代的角色时，爱情就可能降临。同样，在分享快乐和痛苦、共同成长的过程中，爱情就可能产生和发展。所以，志同道合的爱情是理想、道德、义务、事业和性爱的有机结合，它为美好的爱情奠定了基础。

（2）培养健康的恋爱行为。

① 恋爱言谈要文雅。男女大学生交谈中要诚恳、坦率、自然，不要为了显示自己而装腔作势、矫揉造作；交谈中切忌出言不逊、污言秽语、举止粗鲁；男女双方应以多方面相互了解为交谈的出发点，不要无休止地盘问对方，损伤对方自尊心，以至遭对方厌恶，伤害感情。

② 恋爱行为要大方自然。一般来说，男女双方初次恋爱，在开始时常感到羞涩与紧张，随着交往的增加会逐渐自然与大方，这个时期要注意行为举止的检点。有的大学生因感情冲动，过早地做出亲昵动作，造成对方反感，影响感情的正常发展。

③ 恋人的亲昵动作要高雅。高雅的亲昵动作能够发挥爱情的愉悦感和心理效应，而粗俗的亲昵动作往往引起情感分离的消极心理效果，不仅有损爱情的纯洁与尊严，而且有损大学生的形象，同时对旁人也是一种不良的心理刺激。大学生应避免恋爱粗俗化，学会克制情感，保持恋爱行为的文明。

④ 恋爱过程中要平等相待。在恋爱中大学生要彼此尊重，和谐相处。不要拿自身的优点去比较对方的不足，以此炫耀抬高自己，戏弄贬低对方，也不宜想方设法考验对方或摆架子，否则，都可能挫伤对方的自尊心，影响双方的感情。

⑤ 要善于控制感情，理智行事。对恋爱中的性冲动，一方面要注意克制和调节，另一方面要注意转移和升华。要善于控制感情，理智行事。平时多与恋人一起参加学习和文娱活动，丰富课外生活，使爱情沿着理性的、健康的道路发展。

（3）相互理解和信任。

大学生应明确爱情需要相互理解和信任，是一份奉献和责任。没有人追求爱情只是为了被约束，相互信任是自信的表现；责任和奉献则意味着个人的道德修养，它是获得崇高爱情的基础。因此，大学生恋人应尽量体谅和理解对方，为彼此营造一种轻松和快乐的氛围。

3. 正确对待爱情在生活中的位置

（1）摆正爱情在人生中的位置。

爱情在人生中占有重要地位，没有爱情的人生是不完美的，但爱情不是人生的根本目的，更不是人生的全部，只为爱情而活是苍白的，事业也是人生的重要组成部分。在择偶心理方面，大学生也应把对方有无事业心和拼搏精神作为择偶天平上一个重要砝码，把爱情的幸福寄托于事业的奋斗之中。

（2）摆正爱情在大学生活中的位置。

大学生应在短暂的大学学习阶段坚持学业第一的观念，避免和克服爱情至上，树立崇高的理想和远大的目标，变"儿女情长"为胸怀大志；明确在终身学习的今天，大学的学习与未来的事业息息相关，也是爱情和未来婚姻美满的基础。此外，大学生也应学会正确处理恋爱与集体活动、社会工作的关系，学会正确处理恋爱与团结其他同学的关系。事实证明，那种抛开学业谈恋爱的做法，不仅有碍成就学业和事业，也难以获得幸福的爱情。

4. 正确处理恋爱挫折

莎士比亚说，"爱是一种甜蜜的痛苦。真诚的爱情不是走一条平坦的道路。"爱情是生活中美好的事情，但在恋爱中遭遇挫折是常有的事。失恋对于每个珍视感情的人，尤其是初恋者的打击都是巨大的，对心灵造成伤害也是难免的，所以失恋者应积极地自我调适，及时走出失恋的心理阴影。1883年，16岁的波兰姑娘玛丽亚，即后来的居里夫人，到某贵族之家当家庭教师。两年后，这家的长子卡西米尔与玛丽亚相恋，由于门第不同，他们的婚姻遭到卡西米尔父母的坚决反对，意志薄弱的卡西米尔屈从了父母。失恋后玛丽亚痛苦万分，竟准备同尘世告别，但她最终凭着顽强的意志克制住自己，并进行自我调适，把个人的不幸化为献身更大目标的动力，化为教育培养当地贫苦孩子的善心以及只身赴巴黎求学的勇气，成为迄今为止人类最伟大的女科学家。

5. 培养爱的能力

爱情之花是美丽而娇嫩的，人们热切地追寻它，但有时往往不知如何去呵护它，以至于爱情之花夭折。恋爱中的许多麻烦在于以被爱代替了去爱，求爱往往是为了摆脱孤独和空虚，建立在这种前提下的情感是短暂的。成熟的爱情以自爱为基础，知道自己需要怎样的爱，并且具有给予爱的能力和拒绝爱的能力。正如心理学家弗洛姆所说："爱是一种能力，也是一种艺术，因此，只有掌握了爱的艺术，具备了爱的能力，才会正确地面对和处理爱情。"

（1）学会爱与被爱。

爱的能力包括爱与被爱两种能力。一个人心中有了爱，在理智分析之后，要敢于表达、善于表达，这是一种爱的能力。同样，面对来自异性的爱，能及时准确地对爱做出判断，并做出接受、谢绝或再观察的选择，这也是一种爱的能力。缺乏这种能力的人，或是匆忙行事，或是无从把握。大学生要具有爱与被爱的能力，就应该懂得爱是什么，就应有健康的恋爱价值观，知道自己喜欢什么，需要什么，适合什么。当别人向你表达爱意时，能及时准确地对爱的信息做出判断，坦然地做出选择，同样也能承受求爱被拒绝或拒绝求爱所引起的心理扰乱。

　　总感到因自己缺少被爱的吸引力而形成心理困境的大学生，应首先从多方面寻找自己的长处，挖掘和排列自己能吸引他人的闪光点及特征，并学着变换一下思维方式，用自己的优点与别人的缺点去对比，以增强自信、悦纳自己。其次，要学会辩证地思考问题，看到事物的两面性。一个人是否对异性有吸引力，是否非要在大学期间拥有如意恋人，并不意味着你今后的生活如何，"迟到的爱"也许会是真爱，早到的爱也许会提前消失。

　　（2）培养与异性交往的能力。

　　大学生在与异性交往时不要过分强调目的性，要注意交往的范围、距离、场合和分寸。如果没有对某一对象萌发爱意，不要轻易参加一对一的单独活动，切不可过于频繁地与某一非选定对象长期交往，否则容易引起恋爱幻想。

　　（3）选择与自己心理特点相配的恋人。

　　心理学家曾经调查大量幸福美满的家庭，得出爱情和谐至少需要以下三项保证的结论。这三项保证是：相互了解、地位背景相配、气质类型相投。大学生要使恋爱和谐，减轻恋爱对心理健康的不良影响，选择与自己心理特点相配的恋人是有必要的。

　　大学生恋爱过程中常见的"恋爱的光晕效应"会导致对自我和对对方的"认知偏差"和"评价偏差"，会导致单相思或失恋后严重的心理障碍。所以大学生要大胆地去与异性同学交往，多参加有异性同学的集体活动和娱乐活动，去了解和观察自己所欣赏的异性同学，同时也了解自己的恋爱期待心理特征，缩短真实自我与理想自我的心理差距，调节好恋爱心理的内部期待与外部期待的矛盾，矫正恋爱动机和恋爱价值定向。通俗说，就是在挑剔对方时也挑剔一下自己，在不能接纳对方时，也找找自己的毛病，多给自己一点积极的心理暗示。克服恋爱的光晕效应的要诀是：其一，天下没有完美的男人，也没有完美的女人；其二，男人和女人的自尊不能靠对方保护；其三，选择理想恋人的期望越高，结局越差，反之，则结局越好。

　　（4）讲究中断恋爱的方式。

　　发现对方并非自己理想的爱人时，当然要提出中断恋爱的要求。但即使有足够的理由中断爱情，也应当讲究方式，谈恋爱时要真诚，提出中断恋爱时也要真诚。提出中断爱情的方法主要有三种：其一，面谈。采用此方式需注意选择适当的环境。其二，通过书信、移动短信或电子邮件等形式表达中断恋爱的态度。此方法有更大的缓冲余地，措辞也能更冷静、得体。其三，寻求中介人的帮助。采用此方式需注意，中介人应也是对方所熟识的人，最好是对方信得过而又非常尊重的人，这样可以顺势对其进行开导、安慰。切勿给对方造成的感觉是损害他（她）的尊严、败坏他（她）的名声。

　　（5）提高恋爱挫折承受能力。

　　大学生的恋爱受多种因素的制约，因而在追求爱情的过程中遇到各种波折是在所难免的。前面所提到的单相思、爱情错觉、失恋等恋爱心理挫折就是对大学生心理承受能力的考验，如果承受能力较强，就能较好地应对挫折，否则就有可能造成不良后果。因此，提高恋爱挫折承受能力对大学生的心理健康是非常重要的。

三、树立健康的择偶观

正确的择偶观或者说恋爱观的基础应该是互相爱慕，志同道合；择偶的标准应是全面的，以品德为重；择偶的态度应是严肃认真的，能够履行相应的义务。确定恋爱对象应注意以下几点。

1. 不以貌取人

爱美之心人皆有之，个体在选择恋爱对象时容易被对方的容貌吸引，但是不能过分强调容貌因素。容貌美是会变化的，唯貌择偶根基不牢，更应该注重内在的美。

2. 要以德评人

在选择恋爱或结婚对象时，要以品德为重，品德高尚的心灵美和外表美相比，前者更为重要。人不是因为美丽才可爱，而是因为可爱才美丽。

3. 不以财量人

在选择恋爱或结婚对象时，适当考虑对方经济条件是无可厚非的。但是以财量人不可取，不能仅看当前的物质条件，有钱财未必有幸福，财富要靠自己去创造。通过双方奋斗获得的财富会更加珍贵，在奋斗中更能促进爱情和婚姻的美满。

4. 要以道选人

道，就是要求志同道合，就是有共同的志向、抱负和事业心，具有共同的人生态度、生活理想和生活道路。这是巩固爱情的可靠基础，有了这样的基础，一旦结婚，双方就会互相体贴，互相帮助，互相谅解，同舟共济，共同度过美好的一生。

知识拓展 7

综上所述，具有正确的恋爱观和择偶观是大学生树立正确人生观的组成部分。在大学阶段，追求成功的事业和爱情，不能操之过急。现在多给自己一点学习的时间，今后才可能有更多的时间留给那最美的恋爱季节。大学生在思想上已趋于独立，对待爱情，更要有自己独到的见解，如果能够理智地对待爱情，处理好校园爱情与其他各方面的关系，就可以在大学这片蓝天上自由翱翔。

第三节　大学生性心理概述

人的恋爱心理来源于性。性作为一种生理、心理、社会现象，始终伴随着每一个人，深刻地影响着一个人的健康、幸福和人格完善。性是什么？大学生应具有怎样的性心理才是正常和健康的？

一、性的含义

概括地说，性是一种存在，是包含生物生理、心理精神、社会文化等各个层面且具有丰富内容的存在。人的性心理受社会环境影响很大。不同时代、不同年龄、不同文化背景下的不同个体，在性心理表现上会有所差异，所以，性既是生理的也是社会的。性心理健康是生物因素和社会文化因素的统一。

1. 生理意义上的性

生理意义上的性指男女性差别。性生理是性心理发展的生物学基础，性生理发育的障碍或缺陷，会导致性心理的发展出现偏差。

2. 心理意义上的性

心理意义上的性指性别，它包括男女两性的心理差异，主要表现在感觉、知觉、气质、性格、思维、情感等方面。如女性在认知、想象上稍强于男性，男性在推理和抽象方面比女性强。此外，男女在触觉和视觉、方向感、竞争力等方面也存在差异。

3. 社会意义上的性

社会意义上的性指性别角色。它是社会按照人们的性别赋予人们不同的社会行为模式，表示不同的社会期望。如一般认定男性的特点应当是勇敢、坚强、果断、有力量等，而女性的特点则是温柔、顺从、依赖等。在这样的传统性别定位下，人们也以此评价和确定男女两性的社会角色，如分工和审美等。

二、大学生性心理健康的标准

大学生性心理健康指的是大学生应达到的性生理发展的健康、性心理发展的健康、性道德发展的健康和性保护发展的健康，包括性知识的获得、正确的性观念、健康的性生活方式、良好的性道德等方面。具体来说，大学生性心理健康应符合以下要求。

（1）性别认同。即能够正确认识和接纳自己的性别角色，并且能够在现实生活中扮演好自己的性别角色。

（2）性欲正常。这里包含两层意思，一是性心理健康的人应具有性欲望，二是正常性欲望的对象指向成熟的异性而不是同性或其他物品的替代物。

（3）性心理发展水平与同龄人基本相当。在校大学生年龄相近，如果某位学生的性认知、性欲望、性活动和性行为与周围同学的情况差异很大，说明其性心理可能存在问题。

（4）具有较强的性适应能力。在个体出现性冲动后，知道如何排解、调控自己的性冲动，能够使自己的性行为与性活动符合社会的规范和要求。

（5）能与异性保持和谐的关系。大学生渴望与异性交往并保持和谐的关系，是性生理和性心理发育成熟的标志，是自然而正常的性要求。

三、大学生性心理的特点

大学生的年龄一般在 18～24 岁之间，正处于性意识从萌芽到日渐明确和成熟的阶段，他们的性心理活动丰富多样，主要表现出以下几个特点。

1. 渴望了解性知识

由于性成熟而对性知识、生育现象有了探求的欲望和浓厚的兴趣，这是大学生性心理发展的正常表现。他们渴求了解自身生理和心理上变化的一切奥秘，渴求对异性的了解，他们心中有很多的疑惑等待找到答案。他们会借助各种途径和手段去了解青春期性生理、心理发育知识，与异性的交往礼仪与方式，性伦理知识，性传播疾病防治知识，性法律知识，等等，以满足心理上的需求。但有些大学生受封建意识的影响，把这种现象看成是羞耻、下流的行为，甚至怀着一种"罪恶感"，秘密地探求性知识，这就有可能得到一些非科学的、不健康的性知识。

2. 对异性的爱慕和追求

大学生彼此向往、相互爱慕，是性心理发展的一个重要表现，而且，爱慕异性是大学生恋爱成功与婚姻美满的性心理基础。一般来说，男女生对异性追求的情感特点有所不同。男生对爱情往往表现得外露、热烈，显得热情奔放，但较为粗犷；女生对异性的爱慕情感往往含蓄、深沉，表现为娇媚、自尊，略显羞涩、被动。

3. 性心理的压抑性和动荡性

大学生性机能的成熟使性的生物性需求更加强烈、迫切，时常伴有性梦、性幻想等行为，而他们健全的性心理结构尚未确立，还没有形成稳定的、正确的道德观和恋爱观，自控和自制的能力有限，对各种性现象、性行为的认知评价体系还不完善，他们的性心理易受外界各种影响而发生变化。

4. 出现性欲望和性冲动

随着性成熟和性心理的发展，大学生不可避免地出现不同程度的性欲望和性冲动，这是正常的生理现象。性欲望和性冲动的个体差异较大，而且男女也存在差异。一般来说，男性的性欲望和性冲动产生较快，女性则比较慢。男性易被视觉刺激引起性欲望，女性易被触觉刺激引起性冲动。

第四节　大学生性心理问题及调适

一、大学生常见性心理问题及调适

目前在大学生中存在的性心理问题大多是性心理与性生理困扰，如性焦虑，也有性观念错位造成的性行为越轨等问题。主要表现为以下几类。

（一）性压抑与性焦虑

1. 性压抑与性焦虑的表现

有调查表明，当前大学生的性压抑与性焦虑的程度越来越高。大学生处于性生理旺盛时期，男女同学朝夕相处，同窗学习，同桌吃饭，友情爱情同在，时常互相吸引；课余也会接触有性色彩的刺激，如书刊、网络、影视等有关性爱的描述，都有可能激发强烈的性欲望和性冲动并渴望宣泄。但由于客观条件和环境的约束，多数大学生得不到正常的疏泄，因而导致性压抑与性焦虑等问题的出现。

还有对自己形体的焦虑、对自己性角色的焦虑和对自己性功能的焦虑。如果男生觉得自己矮小、瘦弱，就可能感到自卑，而女生若觉得自己过胖，长相平平，就可能出现苦恼。男生对自己生殖器的发育，女生对乳房的大小都十分敏感，并常为此心事重重。一些女生觉得自己温柔不够、细心不足；一些男生常感到自己缺乏男子汉的气质，还有一些男生担心自己的性功能是否正常，尤其是看到某些书刊上谈到性功能障碍时，便会疑神疑鬼。

此外，由于不正确的性观念和性知识，对遗精、自慰等性生理和性心理现象缺乏正确的认知，也会引起性压抑和性焦虑。

2. 自我调适方法

（1）掌握科学的性知识。

（2）寻求心理咨询。

（3）参加体育、文娱活动，大方地与异性交往，减缓性压抑。

（二）性冲动

1. 性冲动的表现

性冲动是男女大学生生理、心理的正常反应，它是在性激素作用下和外界刺激下产生的，并不是不纯洁、不道德或可耻的，但不少大学生难以接受自己的性欲、性冲动，对此感到羞愧、自责、苦恼、厌恶和恐惧。一方面是性的自然冲动，另一方面是对性冲动的否定，不少大学生常为这样的矛盾而不安、困惑。从青春期的性萌动到结婚能经常地过性生活，往往要经过 10 年左右的时间。长期的禁欲，使正常的性冲动得不到缓解，就可能会产生性紧张，出现忧郁、烦躁冲动、记忆力下降、无所事事、失眠等神经衰弱的症状。因此，减小性紧张，缓解性冲动是青年大学生很迫切的要求。

2. 自我调适方法

（1）适度的压抑。

（2）合理的性代偿，通过学习、工作或文体活动等多种途径使生理能量得到释放、代偿、升华以及有效的转移。

（3）合理宣泄。

（三）性梦

1. 性梦的表现

性梦是指在睡梦中发生性行为，性梦是青春期性成熟后出现的正常的心理和生理现象，在青年中普遍存在。调查表明，约 70％的人经常或有时梦见性活动，且男性多于女性。弗洛伊德认为"梦是一种受压抑的愿望经过变形的满足"。一个人有性的欲望和冲动，但是客观现实不允许其实现这种欲望，他就必须加以克制。这种欲望和冲动虽在意识层面被压抑了，却可能在潜意识中显露出来，反映出来的是在梦境中得以实现。性梦是一种不由行为人自控的潜意识的性行为，故又称为非意志性的性行为。

男女两性的性梦内容和表现有所不同。一般来说，男性的性梦常伴有射精，即梦遗。梦中情人多为不认识或仅仅见过面的女性，却很少梦见自己所爱的人；梦境总有奇幻和恍惚，非普通言语能形容。梦醒后往往回忆不起梦境的全部细节。对于成熟的未婚男性来说，性梦是缓解性欲冲动的途径之一，一般多则每周一次，少则每半月或每月一次。许多研究发现，性梦的发生与睡前身体上的刺激、心理上的兴奋和情绪上的激发有关，主要和精囊中精液的充积量有关。女性的性梦与男性相比有较大的差异，未婚女性的性梦往往错落零乱，变化无常，很难有清晰的性梦，女性在梦醒后大都能够回忆起梦境的内容。

性梦可以缓和累积的张力，有利于性器官功能的完善和成熟。有过性梦体验的大学生，不必为自己的经历而焦虑和羞怯，应顺其自然，同时要把主要精力放在学习和工作上，避免过多地接受各种性信息和性干扰。

2. 自我调适方法

（1）重视学习科学的性知识。

（2）晚间尽量避免过多地涉及与性有关的话题和活动，有意识地培养自己保持性健康的克制力。

（3）睡前进行适当的体育锻炼，以利于上床后尽快入睡。

（4）避免劳累过度，性自慰过频过强烈，内裤穿得过紧，摩擦性器官及心理上的兴奋、情绪上的激发（如睡前饮酒）等情况。

（四）性自慰

1. 性自慰的表现

性自慰在我国称为"手淫"，它是指用手或工具刺激生殖器官而获得性快感的一种行为。对男性来说，它伴随着精液的排泄；对女性来说，它使体内呈现性的"缓解"状态。

手淫是人到了青春期后产生了性要求和一时不能满足性要求的矛盾的产物。只要自然的性活动受到限制，手淫就很容易出现，当有了社会性的性行为，就可能抛弃这种方式。研究表明，性自慰时所产生的生理变化，相当于性交时的生理变化，它是消除性烦恼的一种手段。在性冲动难以抑制但又没有合法的满足途径时，自慰不是一种完美的解决方式，却于他人无害，于己也是一种自我心理慰藉，在一定程度上具有宣泄能量、缓解性紧张、保持身心平衡、避免性犯罪和出现不轨行为的作用。自慰属于自然行为，适当的、有节制的自慰对身体是无害的。

手淫在大学生中是比较普遍的现象。因手淫而产生心理压力的大学生也占有一定比例。据调查，产生心理压力的主要原因在于对手淫的错误认识。这种错误认识给手淫者带来了巨大的心理压力，使他们在每次手淫前后总是伴随高度的精神紧张、恐惧、焦虑、羞愧和耻辱甚至罪恶感。事实上，国际上已广泛接受的新观念是，"手的性自慰既不是不正常的，也不是对身体有害的行为。"当然，长期频繁的手淫，会引起大脑高级神经功能和性神经反射的紊乱，自然会影响人的身心健康。

2. 自我调适方法

（1）改变认知。性自慰是性宣泄的一种方式，对身体无害。

（2）培养利人心。把关心集体、关心他人放在自己心上。

（3）发展好奇心。培养对科学知识的渴望，用一定的时间发展一至两项长期的爱好，并经常用取得的成绩鼓励自己。

（4）避免性刺激。睡觉前特别注意不看黄色书刊以及有性刺激的影视节目，避免形成新的手淫欲望。

（五）婚前性行为

1. 婚前性行为的表现

大学生处在性生理已经成熟、而性心理尚未成熟的特定时期，有着强烈的性生理感受和性心理体验，且伴有性冲动。大学生在恋爱的过程中，由于性的吸引和双方情感的逐步加深，会出现接吻、搂抱、抚摸等边缘性性行为，进而发展到"偷吃禁果"，发生婚前性行为。婚前性行为会给双方带来不良的后果，同时也不符合我国传统的道德风尚和学校纪律的要求，当事人承受巨大的社会心理压力，短暂的欢乐之后可能是挥之不去的阴影。

没有任何可靠的证据显示，婚前先同居会有助于婚姻生活。研究结果显示，相比较于名实相符的夫妇，同居者幸福感、性的满足感较低，与双方父母的关系也较差。研究还显示，因同居而结婚的比率不高。即使结了婚，夫妻对婚姻的满意度也低于没有同居过的夫妇。因此，同居越久，婚后分手的概率越高。同时，女大学生更容易遭到伴侣的暴力，所以女大学生更应慎重对待婚前性行为。

2. 自我调适方法

（1）要确立婚姻的责任感与恋爱的道德情操，对自己的恋人高度负责。

（2）勇敢说"不"，要从心理上筑起一道防线，牢牢守住婚前婚后的界限。

（3）要掌握好自己的言语举动，不要有过分挑逗性的举止行为。

二、大学生健康性心理的培养

1. 掌握科学知识，消除错误认知

（1）主动接受性教育。

大学生应以积极的态度接受性教育，探求科学的性知识，消除对性的神秘感，改变性无知和性愚昧状态。

（2）建立科学的性观念。

接受性心理各种冲突的自然性和合理性，树立科学与健康的性意识观念。这有利于消除对性意识观念的罪恶感、自卑感和自我否定的评价，增强自信心，确立自尊、自爱的独立意识。

（3）通过健康科学的渠道获得性知识。

通过公开的、健康的渠道获得性知识，进行科学的性知识储备，学会保护和调节自己。避免网络、黄色书籍、光盘等带来的强烈的信息误导和毒害，致使畸形性心理偏好的产生，造成性心理疾病和障碍。

（4）寻求心理咨询，促进身心健康发展。

大学生在遇到性生理和性心理知识、恋爱问题、性生活知识、性变态等问题时，可以自我调节，也可以寻求心理咨询获得性心理指导。大学生不要回避自己的性问题，通过心理咨询，倾诉自己的困惑和真实的情感，获得及时的沟通和积极的引导，排解和消除性心理问题，促进身心和谐发展。

2. 培养多方面兴趣，增加疏导途径

培养文化、体育、艺术、科技等多方面的兴趣，是疏导、宣泄大学生性压力的有效途径之一。事实上，很多健康有益的兴趣活动都是转移、宣泄性冲动的有效方法。因此，大学生应该在生活中培养多方面的兴趣爱好，坚定信心，积极融入集体，多参加集体活动，这是增进大学生健康性心理的有效途径。

3. 培养良好的意志品质，增强对性冲动的控制力和调节力

大学生自我调控性心理能力的大小，在一定意义上是由个人意志品质决定的。意志作为达到既定目的而自觉努力的一种心理状态，具有发动和抑制行为的作用。有些人有很强的性冲动，有些人是在外界刺激的情况下急于要求性满足。但是，不同于动物，人有意志力，人可以抑制和调整自我的冲动，那些放纵自己的人往往缺乏坚强的意志。大学生应当努力培养自己良好的意志品质，善于克制本能欲望的冲动，增强延迟欲望的自制力，这将有利于长久的幸福和今后事业的成功发展。

4. 坚持道德准则，抵御不良风气侵蚀

在正常的恋爱交往中，大学生应坚持尊重、自愿、爱的原则，把控交往的尺度和原则，自觉抵制不良的社会风气，确保爱情的纯洁和美好。避免一味追求性及性行为的新奇感等某些不利于恪守性道德的行为。

课后拓展

✦ **心理测试**

恋爱观测试

【测试说明】恋爱观测试由17道题组成，从答案中选择一个符合自己实际情况的选项。

1. 你想象中的爱情是（　　）。

A. 具有令人神往的浪漫色彩　　　　　B. 能满足自己的情欲

C. 使人振奋向上　　　　　　　　　　D. 没想过

2. 你希望同恋人的结识是（　　）。

A. 在工作或学习中逐渐产生爱情　　　B. 青梅竹马

C. 一见钟情　　　　　　　　　　　　D. 随便

3. 你对未来妻子的主要要求是（　　）。

A. 别人都称赞她的美貌　　　　　　　B. 善于理家

C. 顺从你的意见　　　　　　　　　　D. 能在多方面帮助自己

4. 你对未来丈夫的主要要求是（　　）。

A. 有钱或有地位　　　　　　　　　　B. 为人正直有事业心

C. 不嗜烟酒，体贴自己　　　　　　　D. 英俊有风度

5. 你认为完美的结合是（　　）。

A. 门当户对　　　　　　　　　　　　B. 郎才女貌

C. 心心相印　　　　　　　　　　　　D. 情趣相投

6. 你认为巩固爱情的最好途径是（　　）。

A. 满足对方的物质要求　　　　　　　B. 柔情蜜意

C. 对恋人言听计从　　　　　　　　　D. 让自己变得更完美

7. 在下列格言中,你最喜欢的是(　　)。

A. 生命诚可贵,爱情价更高

B. 爱情的意义在于帮助对方,同时也提高自己

C. 有福同享,有难同当

D. 为了爱,我什么都愿意做

8. 你希望恋人同你在兴趣爱好上(　　)。

A. 完全一致　　　　　　　　　　B. 虽不一致,但能相互照应

C. 服从自己的兴趣　　　　　　　D. 互不干涉

9. 当你发现爱人的缺点时,你会(　　)。

A. 无所谓　　　　　　　　　　　B. 嫌弃对方

C. 内心十分痛苦　　　　　　　　D. 帮他(她)改进

10. 你对恋爱中的曲折的看法是(　　)。

A. 最好不要出现　　　　　　　　B. 自认倒霉

C. 想办法分手　　　　　　　　　D. 把它作为对爱情的考验

11. 你对家庭的向往是(　　)。

A. 能同爱人天天在一起　　　　　B. 人生归宿

C. 能享天伦之乐　　　　　　　　D. 激励对生活的新追求

12. 自己有一位异性朋友时,你会(　　)。

A. 告诉恋人,在对方同意的情况下继续交往　　B. 让恋人知道,但不准干涉

C. 不告诉　　　　　　　　　　　D. 告诉与否看恋人的气量态度而定

13. 另一位异性比恋人条件更好,且对自己有好感,你会(　　)。

A. 讨好对方,想法接近　　　　　B. 保持友谊,说明情况

C. 持冷淡态度　　　　　　　　　D. 听之任之

14. 当你迟迟找不到理想的恋人时,你会(　　)。

A. 反省自己的择偶标准是否实际　B. 一如既往

C. 心灰意冷,甚至绝望　　　　　D. 随便找一个

15. 当你所爱的人不爱你时,你会(　　)。

A. 愉快地同他(她)分手　　　　　B. 毁坏对方的名誉

C. 千方百计缠住对方　　　　　　D. 不知所措

16. 你的恋人对你采取不道德的方式变心时,你会(　　)。

A. 报复　　　　　　　　　　　　B. 散布对方的缺点

C. 只当自己没有看准　　　　　　D. 吸取教训

17. 当发现恋人另有所爱时,你会(　　)。

A. 更加热烈地求爱　　　　　　　B. 想法拆散他(她)们

C. 若他(她)们尚未确定关系就竞争　　D. 主动退出

【计分方法】每道题不同选项的得分如表 7 - 2 所示,找出你所选题的分值,将所有题目的得分相加。

【测试结果】总分在 46 分以上,恋爱观正确;42~45 分,恋爱观基本正确;42 分以下,恋爱观需要调整。

表 7-2 分 值 表

选项	1	2	3	4	5	6	7	8	9	10	11	12	13	14	15	16	17
A	2	3	1	0	1	1	2	1	1	1	2	3	0	3	3	0	1
B	1	2	2	3	1	0	3	2	0	2	1	2	3	1	0	1	0
C	3	1	1	2	3	2	0	0	2	0	1	1	2	0	1	2	2
D	0	1	3	1	2	3	1	3	3	3	3	1	1	1	1	3	3

❖ **实践训练**

鲁宾爱情与喜欢量表

请针对自己的实际情况对下列陈述做出判断，符合记 1 分，不符合记 0 分。比较前 13 项与后 13 项的分数，衡量自己的感情是爱情还是喜欢。

爱情量表的 13 个方面

1. 他（她）情绪低落的时候，我觉得我的职责是使他（她）快乐起来。

2. 我在所有事情上，都可以信赖他（她）。

3. 我觉得要忽略他（她）的过失是一件很容易的事。

4. 我愿意为他（她）做所有的事情。

5. 我对他（她）有一种占有欲。

6. 若我不能和他（她）一起，我觉得非常不幸。

7. 假如我孤寂时，首先想到的就是去找他（她）。

8. 他（她）的幸福与否是我很关心的事。

9. 他（她）不管做什么，我都愿意宽恕他（她）。

10. 我觉得他（她）的幸福和成功是我的责任。

11. 当我和他（她）在一起时，我可以什么事都不做，只是用眼睛看着他（她）。

12. 若我也能让他（她）百分之百地信赖，我觉得十分快乐。

13. 没有他（她），我觉得难以生活下去。

喜欢量表的 13 个方面

1. 当我和他（她）在一起时，我发觉好像两人都有相同的心情。

2. 我认为他（她）非常好。

3. 我愿意推荐他（她）去做被人尊敬的事。

4. 依我看来，他（她）特别成熟。

5. 我对他（她）有高度的信心。

6. 我觉得无论什么人和他（她）相处，都会对他（她）有很好的印象。

7. 我觉得我和他（她）很相似。

8. 在班上或团体中，我愿意什么事都支持他（她）。

9. 我觉得他（她）是许多人中最容易让别人尊重的那一个。

10. 我认为他（她）是十二万分聪明的。

11. 我觉得他（她）是所有我认识的人中，最讨人喜欢的一个。

12. 他（她）是你很想向他（她）学习的那种人。

13. 我觉得他（她）非常容易赢得别人的好感。

结果解释：

爱情测试和喜欢测试中符合你自身情况的项目分别有多少？按规则计算得分，如果爱情测试的分数低于喜欢测试的分数，那么你对对方喜欢的成分多于爱，你们之间的感情是友情而非爱情；反之则是爱情而非友情。

🖐 课后思考

1. 大学生恋爱心理有哪些特征？

2. 大学生常见的恋爱心理问题有哪些？

3. 大学生常见的性心理问题有哪些？

项目八　大学生学习心理健康

项目要点
- 大学生学习的特点
- 大学生常见学习心理问题
- 大学生学习心理指导

学习目标
通过本项目的学习，大学生能正确认识学习心理的发展特点及常见问题，引导大学生掌握学习心理的发展特征。

案例导入
1979年"保安哥"张军之出生于安徽庐江，中专毕业后便南下打工。2003年春天，非典暴发，广东成重灾区，人人自危，他不得不离开广东，回到家乡。

"我不知道我今后要去哪里，也不知道要干什么。"一天，他翻看杂志，一个故事，却引发了他的共鸣。"一个女孩子，和我一样也是没读高中就去打工，十几年，却一步步地读到了博士。"女孩的人生路似乎让迷茫的张军之看到黑夜里的一丝亮光，"我想读书，做研究，读博士，也没有什么不可以的。"

与同样考研的大学生相比，他的确有太多弱势，无论时间还是精力，都远不及在校的学生。"但是，我唯一的优势就是我强烈的动机和坚定的信念。我比任何人都珍惜学习的时间。"他的眼神中透露着坚定。

有了追求，他便在求学的康庄大道上"快马加鞭"。白天在合肥的一家工厂里上班，晚上窝在工厂的宿舍里学习，他只用了4年的时间，就自考了大专和本科心理学的全部课程。

"那时候家里人正好说科大招保安，我一听是科大，就去了。"经家人介绍，张军之成为中科大的一名保安。从此，他穿上制服，白天上班，晚上却成为科大自习室里的一道风景线。对于他来说，考研最难攻克的，莫过于英语。他还清楚地记得，第一次考研，就因为英语分数太低而无缘复试；而第三次考研，也因复试的英语口语遭遇了"滑铁卢"。

2013年9月，"四战"的张军之终于顺利地踏进了江西师范大学心理学院的大门。从2003年到2013年，整整十年的寒窗苦读，终于给了他一纸满意的答卷。

由于不再指向升学，而是指向专业知识和适应社会，大学阶段的课程学习对学生提出了与高中阶段完全不同的挑战和要求，例如课程难度、深度、数量增加，强制性作业减少，对自主学习的要求空前提高，等等。面对大学学习的变化，许多同学无法及时调整角色、找到方法，往往出现学习目标不明确、学习态度消极、学习方式被动、沉迷网络等问题，进而导致焦虑、迷茫、懒惰、自我封闭等心理问题。大学学习环境的改变其实是在提醒学生转变自身的角色，"听老师的话""做个好学生"的时代已经过去，成年人的学习不再是为了满足外界的要求，而是为了自身价值的实现。

第一节　　大学生学习心理概述

一、学习的心理学原理及应用

1. 学习的内涵

一般来讲，学习有广义与狭义之分。广义的学习是指人和动物不断地获得知识经验和技能，形成新习惯，改变自己行为的较长过程。它是有机体以经验方式引起的对环境相对持久的适应性心理变化。从这个定义可以看到，学习是人和动物共有的心理现象。学习有不同水平，各种水平的学习都能引起适应性的变化。学习是后天的习得性活动。狭义的学习是指人对客观现实的认识过程。

人类的学习与动物的学习有质的区别。首先，人类的学习离不开对几千年来人类社会历史所积累的知识经验的继承；其次，人类的学习是有目的的，是主动积极的；最后，人类的学习既包括获得间接经验，也包括个体在实践中获得直接经验。人的一生都在学习，通过学习不仅保持了有机体与环境的动态平衡，而且还产生了改造客观世界的力量。

2. 学习的心理学理论

关于学习的心理学理论有许多，影响较大的有联结理论、认知理论和人本主义理论。这些理论都对学习做了较深入的探讨，在教育界有一定的影响。

（1）学习的联结理论是 20 世纪初由桑代克首先提出来的，后经行为主义心理学家华生（J. B. Watson）、赫尔（C. L. Hull）、斯金纳等人的进一步发展，成为一个较为完整且影响较大的学习理论。这一理论是用刺激与反应的联结，即条件反射来解释学习过程。它解释了学习发生的原因以及影响学习的主要因素。

（2）学习的认知理论以格式塔的顿悟说、托尔曼（E. C. Tolman）的认知论、布鲁纳的（J. S. Bruner）学习理论等为代表。格式塔流派强调在整体环境中研究学习，同时还强调知觉经验组织的作用。该流派认为，学习是知觉的重新组织，这种知觉经验变化的过程不是渐进的尝试与错误的过程，而是突然领悟。托尔曼关于学习的理论受格式塔理论的影响，他认为外在强化并不是学习产生的必要因素，不强化也会出现学习。另外，他还强调内在强化的作用，在学习过程中存在着尝试与错误的过程，在多次尝试中，有的预期被证实，有的预期未被证实。预期的证实是一种强化，这就是内在强化，即由学习活动本身所带来的强化。布鲁纳是美国当代著名认知学家。他认为，学习是认知结构的组织与重新组织。他强调学生的发现学习，重视内在动机与内在强化训练在学习中的作用。

（3）人本主义学习理论的代表人物是罗杰斯。罗杰斯的学习理论可以概括为以下几点：

① 学习是有意义的心理过程，而不是机械的刺激和反应联结的总和。

② 学习是学习者内在潜能的发挥。人类的学习是一种自发的、有目的、有选择的学习过程。教学任务就是创设一种有利于学生学习潜能发挥的情境，使学生的潜能得以充分发挥。

③ 从学习的内容上讲，应该学习对学习者有用的、有价值的经验。

④ 最有用的学习是学会如何进行学习，即对学习方法的学习和掌握，在学习过程中获得知识和经验。

▶ 延伸阅读

学习的本质

著名的美籍中国物理学家李政道教授曾于 1984 年 5 月 4 日访问中国科技大学，其与该校少年班的同学座谈时说："开始，只是考一个人的记忆力，考的是运算技巧。这不是学习的重点，学习的重点是培养能力。"

当时李教授问："你们谁是上海来的学生？""我是。"一个学生回答。"你对上海的马路熟悉吗？""差不多都熟悉。""那好。我再找一个从来没去过上海的同学。"李教授一边说，一边指着另外一个学生："好。假如你，没去过上海。现在我给你一张上海地图，告诉你，明天考试的内容是画上海地图，要求标出全部主要街道的名称。"然后，李教授又回头对那位上海同学说："不过，并不告诉你，第二天，叫你们俩来画地图。你们大家说，他们俩，哪一幅地图画得好一些？"同学们不约而同地指着那位没去过上海的同学，齐声说："当然是他画得好一些。""大家说得对！"李教授很兴奋，接着说："他虽然没有去过上海，但是他可以连街道名称都标得准确无误。不过再过一天，如果把他们都带到上海市中心，并且假定上海市所有的路牌都拿掉了。你们说，他们俩哪一个能从上海市中心走出来？"同学们都笑了，答案是显然的。李教授说："我们搞科学研究，就是在没有路牌的地方走路。只有多走，才能熟悉。你地图虽然画得好，考试可得满分，但是你走不出去啊。所以，真正的学习是培养自己在没有'路牌'的地方也可以走路的能力，最好能走出来，这才是学习的本质。"

二、大学生学习的特点

（一）学生学习的特点

1. 学生学习与人们在日常工作和生活中的学习的区别

学生的学习是狭义的学习。冯忠良教授在《学习心理学》一书里，对学生学习的特点进行了高度的概括和精辟的分析。他指出，在校学生的学习与人们在日常生活和工作中的学习有三个显著的区别：

（1）掌握前人的经验是学生学习的主要内容。前人的经验，包括科学文化知识、技能和社会生活规范或行为准则。将前人的经验纳入自己的知识结构，内化为自己的精神财富，形成必要的才能和品德，是学生学习的主要任务。由于学校有特定的教学目的、明确的教学大纲、严格的规章制度和训练有素的师资力量，所以可以保证学生在有限时间内快速高效地完成学习任务。

（2）从总体上看，学生的学习是以间接经验的形成为主（这是由于学生学习的主要内容是前人经验），以直接经验的形成为辅（这是由于直接经验是学生理解、掌握间接经验的基础）的，教师的传授则是学生掌握前人经验的必要条件。教师把物化为文字、语言或其他符号的前人经验传递给学生。

（3）由于学生正处于生理和心理不断发展的时期，学生必须在德、智、体诸方面全面发展。这是学生具备从事未来职业的道德品质、专业知识、专门技能和健康体魄的基本条件。

冯忠良教授在《结构——定向教学的理论与实践》一书中对于学生学习特点这个问题又从理论上做了进一步的发展和阐释，突出强调了学生学习的接受本性，即学生的学习从本质上说属于接受学习。"所谓接受学习，是指这种学习本身是占有传播者所提供的经验，使其成为自己辨认事物、处理问题的工具。"学生学习的接受性不是一种任意的规定动作，而是受制于教育系统的整体特性。"教育及教学是一种经验传递系统，也是一种人际交往系统"，在此系统中，师生是一对相互依存的社会角色。"教师所处的是经验所有者及传授者的地位，其职能主要是传授经验，其规范行为是经验的传授活动。学生所处的是经验欲得者及接受者的地位，其职能是接受经验，其规范行为是经验的接受活动。"基于这种分析，学生的学习必然是接受学习。

2. 学习的四个派生性特点

从学生的学习属于接受学习这个根本特点，又可繁衍出四个派生性特点：

（1）学生学习的定向性。所谓定向性，是指学生的接受学习有着一定的明确目的和方向。

（2）学生学习的连续性。所谓连续性，是指学生所接受的学习内容之间存在着内在的联系，"前面的学习为后来的学习提供了准备条件，后来的学习是前面学习的补充和发展"。因而学生学习的成效受制于教学的整体设计。

（3）学生学习的意义性。所谓意义性，具有两层含义：其一，学生的接受学习不仅需要了解负载着经验或信息的媒体或信号本身，而且特别应当掌握媒体或信号的含义（意义）；其二，从总体上说，各种学习内容之间不是一系列孤立因素的积累，而是可以分门别类、相互沟通的，最终构建起具有意义联系的结构。

（4）学生学习的言语性。所谓言语性，是指"在接受学习中，用以传输经验的主要媒体是言语信号"。学生借助言语信号可以使自己的学习超越狭隘的直觉限制，"通过语义网络的构建，整合各种经验，建立起稳定的经验结构"。

（二）大学生学习的特点

大学生学习的特点与大学生的生理、心理发展水平紧密相关。大学生一般在 18～24 岁，生理功能已基本达到了成熟水平，在此基础上，心理功能迅速发展，特别是大学生的思维能力达到了较高程度，他们已经能够接受比较复杂的、大量的科学文化知识，掌握难度较大的操作技能，具备一定的科学研究能力。与此同时，他们的价值观、世界观、道德观、美感及其个性也逐步形成并日趋稳定。与中小学生相比，大学生的社会角色有着更加丰富的内涵，他们既是公民，归属于知识分子群体，同时又即将承担某种社会职业角色。以上种种因素规定和制约了大学生学习的特点。

1. 学习内容的特点

（1）职业方向明确，专业性较强。

大学生的学习既区别于中学生的学习，又不同于职业学校的学习活动。大学生的学习活动实质上是一种学习——职业活动。它一方面是在较高层次上积累专业知识，另一方面又带有较强的职业方向，也就是说，大学生所选择的专业同他毕业后准备从事的职业直接相关。

大学生进入高等院校后，就要分系、分专业，按照国家对各种专业人才的需要，有组织、有计划地在教师的指导下深入地进行专业学习，为今后从事的工作做准备。

（2）学科内容的高层次性和争议性。

高等院校开设的基础课程，包括了本学科的基本理论、基本知识和基本技能，这"三基"是大学生在校学习期间应当牢固掌握的。但是，在科学技术日新月异的今天，仅仅具备本学科的基本知识还不足以适应社会的发展，因而，许多高等院校十分注重在教学中增添本学科前沿性的、内容起点高、视野较宽的新理论与新知识，但这类知识正因其新，故而也有不成熟的一面。再有，教师自身知识和教材内容的更新需要一个过程和一定的时间，因而教师在讲授这部分知识时，有时很难拿出一个被专家公认的观点，只能介绍各家学派、各种观点供学生参考。同时，学生通过查阅资料、独立思考、切磋讨论、论证阐释等，可以大大提高自己分析问题和解决问题的能力。

2. 学习方法的特点

（1）自学能力的增强和提高。

大学生在学习活动中逐渐感受到自学的重要性。他们认识到如果总是一味地依赖于教师的教学，那么获取知识的途径就局限在了课堂上，这样不仅难以顺利完成大学阶段的学习任务，而且对于未来的职业发展以及一生的继续学习都是极为不利的。因而许多大学生，尤其是高年级学生已经把自学变成学习的重要形式。

从大学生的身心发展、知识积累和思维水平看，他们已具备了主动学习的强烈动机和独立学习的主观条件。同时，学校也为大学生的自学创造了必要条件：

① 课程安排留有余地，保证学生有自学的时间。

② 教师介绍教材之外的参考书和各种学术观点，为学生提供学习内容。

③ 有些高校实行学分制，设置了较多的选修课、讲座，学生可以跨系、跨专业听课，涉猎更广博的知识。

④ 经常举办演讲会、学术讨论会、报告会、辩论会，使学生可以相互切磋，博采众长，集思广益。

⑤ 学生通过撰写学年论文和毕业论文、参加实习和科研活动，在确立题目、研究分析、实验操作等过程中，大大提高了独立从事科研的能力。

（2）校内和校外学习相结合。

高等院校是一个宽松、开放的亚社会环境，为学生提供了优越而特殊的学习条件。许多大学生不会把自己禁锢在校园里死读书，读死书。他们放眼世界，放眼未来，在校学习期间就有意识地把学到的科学文化知识同社会实践紧密结合起来。譬如，社会学系的学生到工厂、农村搞社会调查；播音系的学生到电台、电视台参与播音和主持节目；广告专业的学生研究市场营销情况；理工科的学生进工矿企业参与新产品的研制工作。他们不仅为社会提供了服务，而且还在社会实践中发现了自己知识和能力的不足，进而对校内学习做出及时调整和补充，使自己的知识更加完善。校内外学习的结合大大激发了大学生学习科学文化知识的自觉性、积极性，并进一步增强和提高了他们自学的能力，这为大学生将来顺利地走向社会并获得事业成功打下了坚实的基础。

3. 自我意识的发展

自控性、批判性和自觉性是大学生自我意识的反映，也是大学生比高中生思想更成熟、思维水平更高的表现。

（1）自控性的增强。

自控性是大学生对自我进行控制、调节的能力。它包含着大学生对自我、自我与他人、自我与周围环境的认识、评价和调节。能不能有效地控制自我，直接关系着大学生能否较快地适应大学生活，正确认识自己实际的学习能力，并凭借意志力去克服学习障碍，取得好的学习成绩。

在我国，学生从高中毕业到升入大学，这中间相隔的时间很短，但二者之间的跨度却很大；在教学管理、教学方法、课程设置、教材内容等方面，高中和大学之间差别很大。学生在高中的学习中已形成了依赖教师的详细讲解和具体指导的心理定式，陡然转入教师"大撒手"、学习安排由自己做主的大学生活，常常有种失控的感觉，甚至惶惶然不知所措。客观现实要求他们重新审视自我，重新评价自己的学习能力，认真分析学习中新出现的问题，寻找克服学习障碍的办法和提高学习效率的途径。经过一段痛苦的反省和艰苦的努力，许多大学生的自我调控能力得到了较明显的提高。

（2）批判性的增强。

处于青年中期的大学生，他们的抽象逻辑思维已占主导地位，创造性思维得到发展；他们的记忆方式也由机械记忆为主过渡到意义记忆为主；他们的世界观、价值观正在逐渐形成。对于教师的讲课内容、教材中已有的结论，他们总爱投以探询的目光，保持审慎的态度。他们愿意独立思考，通过与他人辩论，获得别人的认同。当然他们的观点难免偏激，这正需要教师的点拨和指导。

（3）自觉性的增强。

多数大学生能清醒地意识到自己将要肩负的重任和学习的意义。他们为自己制订学习计划，利用课余时间钻图书馆、听学术讲座、参与课外活动来开拓知识面；有的学生不满足于本专业的学习，力求多旁听外系课程；还有的学生在低年级就为考研究生、出国深造积极做准备，表现出很高的学习热情。

知识拓展8

第二节　大学生常见学习心理问题及调适

一、大学生常见学习心理问题分析

（一）专业学习引起的学习心理问题

20岁之前，我有过辉煌和荣耀，一度是世界上最幸福的女孩。考上大学之后，我却彷徨起来，选了自己不爱学的专业，再也没有了少年时对知识、对学习的渴求和激情。高中时，憧憬自己能够有一天妙笔生花，把世界变成文学，于是坚持要学文科，希望在文学的海洋里避开与日俱增的郁闷。面对严峻的就业形势，父亲为了我的前程，却坚持让我选学理科，甚至明确地要求我将来当医生。父亲的想法是美好的，因为我有一个堂叔——居于美国的博士医师，他有着精湛的技艺。可是，我的脑海里缺少对生理的研究。虽然，初中时数理化恒冠全校，但我在高中时已显得力不从心，我开始对它们不抱希望，只想把自己的作文写得精彩绝伦。父亲的愿望与我的爱好背道而驰，我注定要走进深深的迷惘中。

高二分科后，因为成绩不太理想，班主任残酷地把我调到教室的最后一排，而一直对我宠爱有加的语文老师也突然对我冷漠，英语成绩向来很好的我也总是不能引起英语老师的注意。所有这些让我年轻的心里下起冰冷的雨。狂妄自傲的我自然地离开了人群，孤独地生存。我写给父亲的信从来没有回音。于是，我收起两代相融的心思，重新审视"代沟"二字。从点点回忆和生活细节中看，父亲无疑是疼爱我的。从小到大，学业的颠途中，父亲一直陪伴我，为我扛起沉重的行李，为我……只是他很少了解我的心。高考是失败的，我进了大专班，并选学了中药学专业。但是，我没有兴趣，离开散文，离开诗歌和小说，我开始堕落在无可奈何中，并与周遭的人们格格不入，真正相知的朋友也是屈指可数。我的固执与高傲已经把我的生活与欢娱隔绝开来。20岁依然没有固定的目标，却再也不想读书。前路一片渺茫，不知道喧嚣的尘世中是否有我残存的领地……

这是一篇摘自《大众心理学》中的文章，文中的主人翁在大学学习中由于专业选择不理想而造成学习索然无味。在前文中，我们就分析过，专业性是大学生学习活动中的一个显著特点，大学教育的主要目的是为社会培养高级专业技术人才。根据我国目前的情况来看，大学生的专业定向问题提前到了高考志愿填报之时，甚至更早的偏文还是偏理的选择之时，具体到每一个确定的个体来说，专业定向一旦确定，是很难再根据个人的意愿加以改变的。专业定向的不理想是由专业学习引起的学习问题的一个重要方面。此外，即便是大学生对自己所学的专业没有厌恶感，也存在一个因专业学习内容本身造成学习不适应的问题。

大学的专业学习对很多尚未跨入大学校门的学生来说，是很陌生的，但是，专业的定向恰恰在这个阶段就必须完成。普遍来说，大学生当初在填报高考志愿时，除少数学生是出于个人志向的主动选择外，大多数学生是在老师和家长的劝慰、参谋和要求下进行的被动选择。而老师和家长在进行专业选择时一般会考虑这样几种因素：高考分数与填报专业的分数要求、毕业之后就业的问题及所填报的专业在目前的热门程度等，相对于学生本人的志愿因素，则考虑得少得多。在这样的情况下，进入大学校门之后，专业学习与个人志向之间的矛盾就显露出来了。当大学生专业与个人志向大体一致时，当然会感到欣慰与满足，并由此增添向上的动力；当所学专业与自己的志向不一致时，就会产生苦恼、迷惘、失落之感，直接影响他们对专业知识的学习，导致学习问题的产生。

大学生专业不理想引发的学习问题主要表现为以下几种类型。

1. 深恶痛绝型

前文示例中的大学生即属于这种类型。这类大学生因为种种不得已的原因选择了一个自己不喜欢的专业，内心必然会产生相当强烈的失落、沮丧、郁闷、忧伤甚至绝望等情绪反应。在这些消极情绪的影响下，大学生会对所学专业存在严重的排斥心理，一提起自己的专业就头疼，对专业知识的学习不仅缺乏兴趣，而且感到厌烦，终日无精打采、消沉冷漠。在这种心态的影响下，自然学不好专业，这样一来，也更加深了自己根本不适合这个专业的主观判断。

2. 游移不定型

此类大学生对自己所学专业没有深厚的情感，对专业的态度不坚定，时好时坏，容易受到外界各种因素的影响。当听说此专业大有前途时，对所学专业充满热情和兴趣，学习劲头十足；而一旦听到有关该专业的负面消息，就热情全无，回到无动力的观望状态。

3. 委曲求全型

这类大学生在专业选择上虽然没有选择到自己所喜爱的专业，但是在主观认识上意识到仅凭自己的力量无法改变现实，讨厌也好，喜欢也好，都得学下去，所以尽量改变自己的主观情感，尽力学好这个专业。如果他们的委曲求全最终得到相应的回报，那么万事大吉；如果在此过程中出了问题，很容易回头找到专业的毛病，不愿意继续努力。

（二）学习动机引起的学习心理问题

人们无论从事什么活动，总要受到动机的调节和支配。动机是引起和维持个体的活动，并使活动朝着一定目标展开的内部动力。个体的学习活动也同其他活动一样，受到一定动机的调节与支配。学习动机即是推动、引导和维持人们进行学习活动的一种内部力量或内部机制，它是影响学生学习活动得以发动、维持、进行直至完成的内在动力，是学习过程中不可缺少的条件。

大学生中，由学习动机引起的学习问题主要分为两种情况。

1. 学习动机缺乏造成的不愿继续学习

这类大学生可能在高考前为了一纸大学录取通知书而拼命苦读，进入大学后，再也没有向上的目标激励自己努力学习；也可能进入大学后，在学业上自己也曾努力过，但是受种种原因的影响，自己的学习成绩不能像高中时那样在班级中名列前茅，因而对学习失去兴趣，再也没有了向上的动力与决心，产生了破罐子破摔的消极心理；也可能因对所学专业的不满意而产生了消极情绪，继而影响了学习积极性……总之，原因是多种多样的，但在表现形式上都是类似的，即学习缺乏主动性、积极性和自觉性。

2. 学习动机过强导致的学习焦虑

学习动机过强的大学生一般来说都有争强好胜的人格特征，在学习方面有着严格的要求，不允许自己有一丝一毫的放松。这类大学生往往抱着只要自己努力就一定能达到目标的错误认知，为自己设立了远大的、有些不切实际的学习目标；当自己经过万般努力而目标仍不能实现时，就给自己造成了很大的心理压力，产生了学习上的焦虑，降低了学习效率，使自己处于抑郁的心境之中。

（三）自我管理学习能力低下引起的学习心理问题

大学生的学习与中学阶段的学习有着巨大的不同，这种显著的差异使大学学习表现出独有的特征，尤其是大学学习自主性这一特点，对大学生更多地提出了"学会学习"的要求，由此，对大学生的自我管理学习能力也提出了较高的要求。但并非每一个进入大学阶段的学生都能迅速适应大学学习的要求。

自我管理是一种控制自己行为的能力，是一个人个性的表现。自我管理学习可分为三步：第一步，自我观察，即仔细观察自己，密切注意自己的行为。第二步，判断，即用一个标准来比较自己所看到的事情。第三步，自我反馈，即如果做得好，就给自己一个奖赏；若做得还不够，就给自己敲响警钟。自我管理学习的过程包括自我评价、组织和转化、目标和计划的制订、寻找信息、自我监督、建构学习环境、增强责任心、练习和复习、寻找社会帮助等。由此可以看出，大学生的自我管理学习能力就是大学生在学习活动过程中所展现出来的对开展学习时的自我调节、监控及安排计划的能力。

大学的学习生活中，如果能够对自己的学习进行有效的自我管理，充分调动自身的认知、情感、行为等因素参与到学习过程中，使自己真正成为学习的主人，就能成为一个高效的学习者。但是现实情况并非如此，进入大学校园的学生，在学习方面的心理问题恰恰更多地表现在这个方面。比如不能有效地安排好自己的学习，缺乏时间管理技能；面对学业压力，尤其是考试的压力，没有良好的应试策略；对学习的目的与意义存在矛盾态度，缺乏与自己相适应的学习目标；对学习任务及学习成绩无法达到理想状态造成的学习压力、紧张等负面情绪，且情绪难以进行有效的调节等。

二、大学生学习心理问题的调适

（一）专业引起的学习心理问题调节

1. 了解自己、了解专业，改变原有的不合理认知

现实中的一部分大学生，实际上并不是像他们自己所意识到的那样存在着严重的专业定向与自己本身特长爱好不一致的问题。专业定向方面的心理困扰更多的是由于对自己的了解不深入，对专业的认识不全面而引起的不合理的认知造成的。这种大学生往往在还没有系统深入地与所学专业接触，就深感自己的专业让人讨厌，往往是过多地受到了他人意见的影响而轻易得出的结论。这种认知上的偏差进一步影响大学生对待专业学习的态度及学习效果，而专业学习成绩的不理想又反过来加深了他们的专业选择错误的认知偏差，导致一个恶性循环。所以，大学生对自己所学专业感到并不称心如意的时候，不要轻易地下结论，而应通过各种途径加深对相关情况的认识了解，尤其应全面地了解自己，全面地了解所学专业。

选择一个与自己的兴趣、爱好、特长相符的专业，是大学生专业定向时一个很重要的因素。既然如此，全面地了解自己，包括能力倾向、专业兴趣、个性特征方面的自我认知了解就是非常必要的。美国心理学家霍兰德根据人格特征与专业定向乃至将来的职业选择的关系，把人格划分为六个类型，他认为，不同的人格类型在专业的选择方面具有明显的差异。如研究型的人有强烈的好奇心，重分析，好内省，比较慎重，他们喜欢从事有观察、有科学分析的创造性活动，如天文学研究等。艺术型的人想象力丰富，有理想，易冲动，好独创，他们喜欢从事非系统的、自由的活动，如表演、绘画等。常规型的人易顺从，能自我抑制、想象力差，喜欢稳定、有秩序的环境，他们愿意从事重复性、习惯性的工作，如统计、

财税、金融业、文秘等。而企业型的人喜欢支配别人，有冒险精神，自信而精力旺盛，好发表自己的见解，他们愿意从事组织、领导的工作，如企事业单位领导人、律师、工业顾问、个体经营者等。

自己对哪一方面的工作感兴趣，是确定专业的一个重要依据，能力倾向和专业兴趣可以用"霍兰德职业偏好测验量表"来进行检测。在个性特征方面，主要指的是个体的气质和性格，比如好动还是好静，乐于与人打交道还是乐于与物打交道，反应是否灵敏等，不同个性的人适应于学习不同的专业，从事不同类型的工作。大学生可以通过气质调查量表、卡特尔16PF人格测验量表等来增加对自己个性特征的了解。只有在全面准确地认识了解自己的基础上，才能在专业定向上找准自己的坐标，不致盲目听从他人的意见而对所学专业心生厌恶。

了解自己，明确自己的特点和长处，仅是改变不合理认知的一个方面，还有一个重要的方面在于全面认识自己所学的专业。大学生除了通过找本专业的老师或高年级同学进行咨询，倾听他们对本专业的情况介绍及他们自己的建议，还应更多更深入地接触专业理论知识，甚至在可能的条件下，最好亲自参加一些自己所学专业的相关实践活动，在实践中加深对专业的了解。社会心理学上有这样一个实验，两组大学生分别评价一项工作的好坏，一组大学生只是依赖一些书面介绍，另一组则要亲自参加这一项工作，结果第二组对这项工作的评价明显要比第一组的评价高。心理学家认为之所以会出现这种情况，是因为第二组学生参与了工作，为维护自己参与性的价值，所以明显提高了对工作的评价。可见，当我们全身心地投入某项工作中时，会发现该项工作的重要性与价值所在。因而，通过实践活动的开展加深对专业的了解，是大学生全面认识本专业的一个重要途径。

总之，通过对自身的客观分析和对专业特点及发展前景的了解，促使自己改变以往对所学专业不合理的认知，增加对本专业的心理认同感，是摆脱专业不理想的心理困扰的途径之一。

2. 改变原有态度，培养专业兴趣

从大学生的实际情况来看，的确有一部分大学生存在专业定向上的偏差，对于这部分大学生，在可能的情况下改学其他专业是解决其专业选择不理想的较好方式，但在我国目前的教育体制下，转专业是比较困难的。同时从实际情况来说，任何一个专业都不是十全十美的，都有其局限性和不尽如人意的地方，但是，每个专业又都有其独一无二的特点和优势。所以，大学生针对自己所学专业的特点，通过改变原有态度、培养专业兴趣来解决自己专业不理想的问题是一个可行的办法。

（1）态度构成中认知成分的改变——通过新经验的建立改变原有的专业认知。

态度的认知成分会在人们的头脑中形成一种既定的模式或刻板印象，这往往使人倾向于按照某种思维模式来认识态度对象。这种认知是在过去所得的经验（既包括直接经验也包括间接经验）的基础上形成的，我们可以通过新经验的建立来改变这种认知。据此，大学生要改变对原有专业的态度，首先得改变对原有专业的认知，这可以通过建立一些新的经验来达到。例如：

——我所学的专业就其就业前景来看是十分乐观的！（可通过毕业班同学寻找工作的

感受得知）

——从事与本专业相关工作的收入还不错哦！（可通过行业收入调查获知）

——本专业的学习还是有一些有意思的地方嘛！（可通过多参加知名学者、教授的讲座，多听专业课名师的课堂教学获知）

——把专业知识用到实践中还真管用！（可通过多了解一些本专业成名人物的传记获知）

——原来同班的同学中有那么多喜欢本专业、认为本专业很有发展前途的人！（可通过与同学之间的沟通和交流获知）

——同寝室的某某原来对专业学习那么不满意，这段时间怎么专业学习这么起劲？原来他说我们无法改变环境来适应我们，就得改变自己来适应环境！（可通过与专业学习态度发生改变的同学的交流获知）

——其他的专业看来也不都是尽如人意的！（可通过与其他专业同学的交流获知）

大学生要改变对自己专业原有的认知，得尽可能地多建立一些与原有认知不同的新经验，发现新建经验与原有经验之间的矛盾，再通过自己积极能动的调控，最终达到认可并热爱自己专业的目的。

（2）态度构成中情感成分的改变——通过积极的自我暗示改变原有的专业学习情感。

态度构成中的情感成分是指个人对于一定态度对象的体验，如接纳或拒绝、喜爱或厌恶、热情或冷漠、敬重或轻视等。态度中的认知与情感是不能截然分开的，态度的情感倾向部分基于认知因素的直接支持，所以，大学生对专业学习态度的改变，应在认知改变的基础上，进一步改变自己对专业学习的负面情绪和情感。

大学生可以在认知发生变化的基础上，通过积极的心理暗示来改变原有的专业学习情感。所谓心理暗示，是指通过语言动作，以一种含蓄的方式，对他人（或自己）的认知、情感、意志以及行为产生影响的心理活动过程。在这里，心理暗示主要指的是自我暗示。

（3）重新选择专业。

如果采用以上两种调适方法仍然不能克服因专业不理想带来的心理困扰，则不妨考虑采取重新选择专业的办法。虽然实现专业转换是较为困难的，但国内的某些高校还是允许入学新生在经过一年的原专业学习后重新选择专业。除此之外，大学生还可以通过修读第二学位、继续升学等途径重新选择专业。如果个人所在学校不允许直接转专业，或没办法通过直接转专业来达到重新选择的目的，那么可以在修读所学专业的同时，修读自己感兴趣的第二学位。此外，大学生还可以借考研之机，选择自己喜欢的专业。这两种情况都会让大学生涉足两个不同的专业，既能扩大知识面，增加自己就业的竞争实力，也满足了专业与志向之间的一致性。

（二）学习动机引起的学习心理问题调节

1. 对于学习动机过强的大学生，引导其适当降低学习动机

一般大学生都认为，学习动机越强，学习越努力，学习效率也越高，越能在学习上获得自己想要的好成绩。心理学家耶基斯和多德森的研究指出，学习动机的强度与学习效率的关系不是线性关系，而是成倒 U 形曲线关系。也就是说，学习动机的强度有一个最佳水平，此时的学习效率最高，一旦超过了顶峰状态，动机强度过强时就会对活动的结果产生

一定的阻碍作用。而且学习动机的最佳水平不是固定不变的，它与学习任务的难易程度有关。在学习任务比较容易时，学习效率随动机强度的提高呈上升的趋势，其最佳水平为较强的动机强度；但在学习任务比较困难时，学习效率反而随动机强度的提高而下降，其最佳水平为低于中等水平的动机强度；对于一般难度的任务，学习动机强度居中为最佳水平。

有着太强学习动机的大学生，一般对自己抱有很大的希望，制定了一些不切实际的学习目标，这样一来，学习活动的成绩好坏对自己的影响非常大。当心理压力过大、情绪过于紧张时，学习效率会降低。所以，有着太强学习动机的大学生，有必要对自己的实际水平与能力做一个正确的分析，对过强的学习动机进行适度的调节。

2. 对于缺乏学习动机的大学生，应激发其学习动机

学习动机虽然不是提高学习效果的唯一心理因素，但却是极其重要的因素。学习动机缺乏的大学生，一般来说，都存在程度或轻或重的学习困难，轻则考试通不过，重则存在留级、退学的可能，由此还可能引发大学生的自卑、抑郁等心理疾病，甚至引发更为严重的其他问题。所以，面对由学习动机缺乏而产生学习适应不良的大学生，应通过各种途径强化其学习动机。

（三）自我管理学习能力低下引起的学习心理问题调节

学习时间管理训练主要是帮助大学生提高科学统筹学习时间的能力，达到合理利用时间、提高单位时间利用率、正确支配时间，以取得良好学习效果的目的。

1. 学会时间分配，提高时间使用效率

如果每天都有很多事要做，假如这些事情是很多需要完成的学习任务，而且这些事情有着不同的重要性，有轻重缓急之分，那么学会将任务按一定的标准加以排序，再统筹计划分配时间逐一完成，将有助于对时间的有效利用。学习时间分配的方法有以下几种。

（1）次序分配法。

所谓次序分配法，即指将每天的学习（工作、生活等）活动，按其实际需要（或复杂程度等），有次序地予以分配，以便使一天的活动有节奏、有次序地合理进行的方法。美国时间管理专家艾伦·莱金在其代表作《如何控制你的时间和生命》一书中指出：每个人要做的事情均可分成 A、B、C 三类，A 类的事情最重要（或每天需完成的常规性事情），B 类事情次之（一般性的），C 类事情可以放一放。如果把 A、B 两类事情办好，就完成了工作的 80% 以上。要是有特殊情况出现（如老师要求催办 C 类），就可将其上升为 B 类，或将 B 类上升为 A 类，等等。莱金将此法称为有计划的转移。这种方法的精妙之处就在于将有效的时间安排给了最重要的事情。

（2）重点分配法。

所谓重点分配法，即指按事情的轻重缓急，有重点地对时间予以分配，以便使重点任务能保证完成的方法。英国社会经济学家巴特莱称此为 80/20 分配规律法。他指出：可将事情分成 80% 与 20% 的比例关系，并分配以不同的时间，从而既实现对时间的控制，又可使事情有效完成。他以藏书为例进行了说明。假设某人有藏书 1000 册，他就应该将使用率最高的 20% 即 200 册挑选出来，放在取用最方便的地方。这样，查阅时既节省了时间，又提高了效率。在学习时间的分配上，也可以借鉴和使用此法。例如，把 80% 的课余学习时

间分配给 20％ 最重要、最需要完成的学习任务上，把 20％ 的时间分配给 80％ 的一般事情，这样一来，就突出了学习重点，保证学习任务的完成。

3）性质分配法

所谓性质分配法，即指按事情的不同性质（工作、学习、生活、休息等）来分配时间，以便获得时间的无形"扩展"和"增值"的方法。例如，大学生可能将一天 24 小时按性质划分为"刚性"时间——每天必需的常规性的课内学习时间、睡眠时间、休息时间等；"弹性"时间——每天可调节使用的学习时间、社交活动时间、体育锻炼时间、其他时间等。从"弹性"时间中又可分出学习与非学习时间，学习时间又可分为整体学习时间和分散学习时间。性质分配法的优点在于，在每天的活动中，除了"刚性"时间外，可以有效地利用"弹性"时间，让时间得到"扩展"和"增值"。

2. 了解和掌握自己的"生物钟"，充分利用最佳学习时间

你充分了解自己的生物钟节律吗？知道自己在一天的哪段时间里学习效率最高吗？根据学习者对不同学习时间的偏好，可将学习者分为四种类型：清晨型（也叫百灵鸟型）、上午型、下午型、夜晚型（也叫猫头鹰型）。

（1）清晨型。

清晨型的学习者在清晨头脑清醒，反应敏捷，记忆和思维效率高。清晨型学习者这样描述自己对学习时间的偏爱，"我总是习惯于在清晨学习，这时候，思维特别活跃，记忆也特别好。所以，我总是把需要记忆的知识放在清晨记诵，这样往往收到好的效果。相反，如果让我在下午学习，那简直糟透了，心不在焉，注意力不集中，反应迟钝，其学习效果是可想而知的。因此，我习惯在下午运动。我并非'猫头鹰'型，从不习惯熬夜，所以早睡早起成了我的习惯。"

（2）上午型。

上午型学习者在四个时间段中上午的学习效率最高。他们常常说，"我发现上午 9 点后头脑才完全清醒，这时候注意集中，思维活跃，学习效果最好。所以我对这段时间抓得特别紧，决不把它轻易放过。"

（3）下午型。

下午型学习者偏爱下午学习，他们在下午时的学习效率最高。该类型的学习者较少，但确实存在。

（4）夜晚型。

夜晚型学习者一到夜间，大脑即转入高度兴奋状态，且特别清醒，注意力集中，精力充沛，思维活跃，学习效率特别高。下面是一位猫头鹰型学习者对自己偏爱的学习时间的描述，"如果让我选择什么时间来自修，那答案无疑是晚间，甚至深夜。清凉沁人的空气中，飘荡着湿润的泥土气息与淡淡的花香。此时，坐在敞开的窗户前，伏在橘黄色的光影里，头顶着星星，面对着书卷，让知识渗入脑中，的确是一种享受。那一刻的学习与在白天拥挤、喧嚣状态下的学习相比已有天壤之别。乐于晚上学习的另一重要原因是，此刻我的心情特别平静，可以说是心静如水，但大脑却运转飞快。众所周知，情绪对学习是很重要的，大喜、大怒、心乱如麻、胡思乱想等状态下都不可能进行良好的学习活动。所以，我选择了心情平和的晚间学习。再加上我的大脑夜间工作的效率优于昼间，晚上学习常使我感觉事半功倍，而且常常有顿悟式的发现。"

三、考试的心理健康

考试是大学生学习生活中很重要的一部分，每个人对考试的态度和感受都不尽相同。许多大学生不同程度地存在着对考试的焦虑感，而作弊现象也在不同的考试场合中存在。如何对待和消除考试焦虑，以及如何正确看待作弊行为，这是大学生心理健康教育的重要内容。

（一）考试焦虑

1. 一般意义的焦虑及其特点

从一般意义讲，焦虑是一种类似担忧的反应，是对当前或预计到对自尊心有潜在威胁的任何情境所具有的担忧的反应倾向。但焦虑与担忧又有本质区别，担忧通常是指对身体上的威胁的反应，而焦虑则是对威胁到自尊心的情境的相应反应。例如，一个人担心自己会因受凉而生病是一种担忧，而当一个人担心自己考试不及格从而丧失自尊时，便是一种焦虑反应。

根据威胁来源的不同，可将焦虑分为正常焦虑与神经过敏性焦虑。当焦虑是由来自外部的对自尊心的威胁引起的时候，便是正常焦虑，在人格心理学中，它被称为由客观情境引起的正常人的焦虑。神经过敏性焦虑的威胁则来自受到严重伤害的自尊心本身，它是焦虑者对于会进一步有损于自尊心的新情境的过度担忧反应。

2. 考试焦虑及其特点

考试焦虑是焦虑的一种情况，它是指在一定的应试情境激发下，受个体认知评价能力、人格倾向与其他身心因素所制约，以担忧为基本特征，以防御或逃避为行为方式，通过不同程度的情绪性反应所表现出来的一种心理状态。

与一般性焦虑相比，考试焦虑有以下特点：

（1）考试焦虑是由应试情境引起的，它比一般性焦虑的威胁要小得多。

（2）考试焦虑的持续时间较短。因为其威胁来自考试情境，一般随应考时间的长短而变化，且随着考试的结束，这种焦虑也就逐渐消除了。一般性焦虑则在较长时间内始终表现出焦虑的症状。

（3）考试焦虑不是一种人格特性，而是一种特定情境（考试情境）下的状态反应，它只存在于某些人中，在某种程度上受个体人格倾向的制约与影响。与之不同的是，一般性焦虑则反映了个体人格上的一种稳定的倾向。

3. 考试焦虑的影响

焦虑对考试的影响受多方面因素的制约，如学习者原有焦虑水平的差异、考试材料难易程度以及学习者本身的能力水平等。

（1）适度的焦虑有利于考试。

一般来讲，考试过程中有适度的焦虑，会对个体产生一定的激励作用，可以使其较好地发挥自己的水平，获得较为满意的成绩。

心理学家指出，高度的焦虑只有同高度的能力相结合才能促进学习；而高度的焦虑同低能力或一般能力相结合则往往会抑制学习。因此就大多数人而言，应当把焦虑控制在中等程度。

（2）过度焦虑的危害。

适度的考试焦虑有利于水平的发挥，过度的考试焦虑则对学习有着极大的危害，甚至对人的身心健康造成潜在威胁。

一方面，过度的考试焦虑危害人的认知过程，是阻抑个体认知活动的消极情绪反应，具体表现在：

① 过度的考试焦虑易分散和阻断注意过程。注意是人的心理活动对一定对象的指向和集中。任何行为都须保持一定的注意才能进行，在考试过程中尤其重要，考生必须使注意力高度集中，才能按要求完成答题。而过度的考试焦虑会使应试者注意力分散，从而影响考试。

② 过度的考试焦虑干扰回忆过程。回忆是提取大脑中保存的内容。考试中要求考生能准确迅速地回忆起学习过的内容，以完成考试题目。过度的考试焦虑会使考生头昏脑胀，致使回忆发生混乱，甚至无法回忆起学过的内容。

③ 过度的考试焦虑对思维过程有瓦解作用。思维是认知过程的核心，清晰灵活的思维过程有利于考试中的顺利作答。但过度的考试焦虑会使考生的思维陷入混乱甚至停滞，同样不利于考生水平的正常发挥。

另一方面，过度的考试焦虑还会危及考生的身心健康，考试焦虑所伴随的生理反应会导致有害机体健康的变化产生，例如会使考生神经衰弱、胃肠功能紊乱等。另外，考试焦虑所引起的生理变化，对机体的天然防御机制有破坏作用，使人对疾病的抵抗力降低，甚至在考后会继续危害考生的心理，使他们终日处于烦恼不安之中，为自己的考试成绩担忧，甚至感到胆怯自卑。

总之，过度的考试焦虑既不利于考生在考试中的正常发挥，又会危及考生的身心健康，是应该尽量避免的。

（二）考试焦虑的形成与消除

1. 引发考试焦虑的影响因素

（1）生理因素。

考试焦虑的形成与程度的高低首先受个体生理特点的影响。在生理因素中，遗传素质与健康状况对个体的焦虑状况影响较大。

个体的遗传素质存在着个别差异。由于个人的遗传基因以及胎儿时期的内外环境的不同，使人的神经类型及其他生理特点各不相同。有些人的神经系统属于弱型，极易对刺激环境产生紧张反应，这种类型的人较易产生较高水平的考试焦虑。

另外，个体的身体健康状况也是影响考试焦虑程度的因素之一。身体健康状况良好的人，精力充沛，情绪稳定，能够对考试做出积极反应，因而考试的焦虑程度较低。而身体状况不佳的人，极易为考试所困扰，特别是面临重大考试时，情绪很容易波动，考试焦虑程度较高。

（2）认知评价能力。

认知评价能力取决于对刺激性质的认识程度、对该刺激利害关系的预测程度以及对自身应付能力的估量程度。认知评价能力对个体的考试焦虑程度影响非常大。假如一个人对某一次考试很重视，把它看作对自己的一生有重大影响的事件，那么他就会十分在意自己能否考好，考试焦虑程度相应地也就较高；反之，焦虑程度就比较低。另外，当考生对自己的能力不太有把握的时候，焦虑程度也会提高。

（3）知识经验。

考生自身所具备的知识的多寡也决定着其考试焦虑程度的高低。如果考生在考前准备得较为充分，对将要测验的内容已做到心中有数，便会泰然等待考试的来临，在考试中也会镇定自如地答题，而不会产生焦虑情绪；相反，若考生考前准备不足，便会产生焦虑情绪。

（4）应试技能。

具备一定的应试技能会使考生在考场上得心应手，自如地答题，焦虑程度自然较低。而没有很好地掌握基本应试技能的人，在考场上极易陷入慌乱之中，要么时间不够，要么答卷涂改过多，等等，如此便会引发考生的焦虑。

2. 如何消除考试焦虑

如何消除过度的考试焦虑是许多同学所关心的问题。根据以上的分析，这里提出几点消除考试焦虑的建议，供大家参考。

（1）认真学习，充分备考。

前面已提到，知识经验准备得是否充分，是考试焦虑的重要影响因素之一。所以，想要降低考试焦虑，首先就要认真复习功课，真正灵活掌握要测验的内容，只有这样，在考场上才不至于因为不会做题而惊慌，引起焦虑。从这个意义上讲，考试没有捷径可走，唯一可行的方法是认真复习功课，为考试做尽可能充分的知识上的准备。

（2）增强考试的自信心。

许多考生产生焦虑的原因不是知识经验不足，而是自信心不足，对自己的估量低于自己的实际水平。所以，要消除考试焦虑，考生就必须学会对自己树立起信心，相信以自己的知识水平能够自如地应付将要到来的考试，并能在考试中取得令人满意的成绩。当然，这种自信心应当建立在一定的知识基础之上，没有知识准备的盲目自信，不仅不会有利于焦虑的消除，反而会使考生在失败后陷入更大的失望与焦虑之中。

（3）形成对考试的正确认知评价。

一个人对考试的认知评价正确与否也影响其考试焦虑的程度。要想消除不必要的考试焦虑，一个很重要的方面就在于要力求形成对考试的正确认识。正确认识考试的重要性，既不夸大也不缩小其重要性，特别是不要夸大考试的重要性。许多考生之所以产生过度的焦虑，主要是因为过分夸大了考试的重要性。另外，还要学会正确评价自身的能力水平，只有充分了解自身，才会做到心中有数，镇定地迎接考试；否则，便会在惶惑不安中产生过度的焦虑。

（4）学习必要的应试技能。

考试主要考查考生对知识的掌握情况，因此，考试成绩的好坏在很大程度上取决于考生的知识水平，这是人所共知的。但是还有一个很重要的因素却为许多人所忽视，那就是应试技能。知识准备不充分，只懂应试技能的应用，无疑不会提高考试成绩，但若在较为充分地做了复习准备之后，学会运用应试技能，则会使考生消除对考试的焦虑，顺利完成考试。具体的应试技能因科目的不同而不同，这里只介绍应试技能的一般方法，希望对同学们有所启发。

首先，要做到对考试心中有数。考前要对考试题型、解题思路、答题要点以及评分标准进行较为全面的了解，这样在考试中才能泰然答题。

其次，在考试过程中，要保持平静。为了做到这一点，不妨在发试卷的前几分钟，闭目做几次深呼吸，排除一切杂念，只把心思放在考试上。发下试卷之后，不要提笔就答，而应将试卷大体看一遍，了解清楚题量以及各题的难度等情况，以便分清轻重缓急，掌握好答题时间。

最后，也是很重要的一点，就是在考试后不要过分关心考过科目题目的对错，特别是当后面还有考试时，更应该将已考的科目暂时抛开，全心全意地准备后面的考试。只有这样，才能保持平静的心情，而不至于出现过度的考试焦虑。

影响考试焦虑的因素很多，相应地消除考试焦虑的方法也就很多，同时由于每个人各自不同的特点，不能一概而论。大家可以根据上面的建议，结合自身的特点，找出合适的方法来消除自己的焦虑，以便在考试中取得好成绩。

（三）大学生的考试作弊心理

1. 大学生考试作弊的心理表现及特点

根据对大量调查材料的分析，考试作弊的大学生大致有以下几种情况：

（1）"不得不抄"，即作弊纯属迫不得已。这种多见于平时学习不认真、学习成绩较差、考前没有进行系统复习和充分准备的大学生。他们自感及格困难，又害怕补考，于是靠作弊蒙混过关。他们的作弊动机和目的非常明确，就是混及格。而且考前大多有作弊准备，或打小抄，或和学习好的同学约好坐前后座以得近水楼台之便，或在考场中"眼观六路，耳听八方"以获取有用信息。他们对考试抱有厌恶态度并认为作弊不是什么坏事，考试情绪低沉，意志力较差，久而久之由偶尔作弊发展成"惯抄"。

（2）"能抄则抄"，即只要条件许可，不被监考老师察觉，就不失时机地抄袭。这种多见于学习成绩中等和较好的大学生。他们一般无不及格之忧。作弊动机是为了取得更高的分数。例如，有的大学生说："假如允许作弊的话（即老师不太管的情况下），我想我也会抄的，因为谁不想'好上加好呢'！"他们对考试作弊大多持无所谓态度，作弊大多是在"攀比心理""从众心理"的驱使下产生的，是"虚荣心"在作怪。

（3）对于那些平时学习认真、学习成绩好、复习较充分的大学生来说，一般是不作弊的，他们对考试作弊大多持反对态度，认为作弊是不诚实的表现，是自欺欺人的事。但他们当中也有参与作弊的，多属于帮助别人作弊。其中又有两种情况：一种是碍于同学面子，在对方要求下为对方提供方便，他们大多有一种怕得罪对方的心理，参与作弊是不情愿的、被动的。另一种是主动帮助别人，多发生在彼此要好的学生之间，在"哥们义气"驱使下共同作弊，参与作弊是主动的。还有一种奇怪的现象，即有的学习成绩好的大学生热心过度，在没有事先约定的情况下，在考试中主动帮助那些落后生，被帮助者自然是来者不拒，造成这种现象的主要原因是有的学生想得奖学金、当三好学生，但需要同学拥护，为给其他同学一个"好印象"，以捞取选票，遂伸出了"援助之手"。

此外，不同年级、不同性别的大学生的作弊心态也有差异，一般地，男生作弊者多于女生，女生、低年级大学生在考试作弊时的紧张程度明显高于男生和高年级学生。

2. 大学生考试作弊心理的原因

大学生考试作弊心理是十分复杂的，究其原因主要有：

（1）对考试反感。这是造成大学生作弊的主要原因，其中最主要的因素是考试内容多为记忆性知识，大学生很反感。据调查，有34.14％的作弊者因为这一原因而作弊。

（2）考前未认真复习，在考试中采用作弊的方式投机取巧。由于各种原因，例如不喜欢某一门课，或某一科目学起来较困难等，使得许多人考前未能对所学内容进行认真复习。为了通过考试，许多人就采取了作弊的方式，希望以这种方式应付考试。

（3）虚荣心和自尊心。有些大学生是出于自尊心和虚荣心而作弊的。他们认为考试成绩好可以为入党、评优秀干部、当三好学生、得奖学金等创造条件，因求"高分"心切，而产生了弄虚作假的念头。还有个别大学生为逃避补考、维持自尊铤而走险。

（4）作弊诱因。很多大学生考试作弊是因为存在作弊的诱因，其中最主要的是见到别的学生作弊，觉得自己不抄吃亏。例如，一位大学生的自述："考试时大家都作弊，谁不作弊谁吃亏，其实考试时很多同学也不想作弊，可是看到周围的同学都作弊，自己不做白不作……如果大家都不作弊那就好了！"有相当一部分大学生是出于怕吃亏的心理而作弊的。

（5）侥幸心理。据调查，11.69％的作弊大学生存在侥幸心理，他们认为不会被发现或发现了老师也会高抬贵手的，在这种侥幸心理的驱使下遂出现了作弊行为。

3. 作弊的危害及教育

在不同心理的支配下，许多考生在考试中作弊，而且其中相当一部分人从中"获益"——不费力气地获得了高分数。也许正是这个"益处"，使得越来越多的同学已经或打算采取作弊的方式来应付考试。

虽然作弊在某些时候可以使考生不费力气就得到高分，但是，作弊也会对考生的心理及其他方面产生不良影响，具体表现如下：

（1）引起考生的考试焦虑。

作弊是一种欺骗行为，作弊过程要躲过监考老师，就必然引起考生的紧张不安，使得本来没有考试焦虑的考生可能因为这种特殊的情景与心理状态，而产生不必要的考试焦虑，影响考试作答。

（2）作弊对考生并无实际益处。

作弊可能使考生在某一次考试中获得高分，但这并不等于他真正掌握了知识，而在以后的学习工作中，考试分数并非衡量一个人知识水平高低的唯一标准。所以，从表面看来，作弊是考生欺骗老师，但从本质上看，作弊则是一种自欺欺人的行为，它并不能使考生得到任何实际的利益，既不会有利于考生的学习，也不会有利于他今后的工作。

（3）作弊不利于考生的心理健康。

在作弊过程中，难免不被发现，一旦被发现，考生就会感到羞愧与失望，各种沮丧心情都可能产生，有时还会在考后持续许久，从而影响考生的心理健康。假如作弊被发现后，下面还有别的考试，这种羞愧感就会影响下一个科目的成绩，更不利于考生心理上的恢复。

杜绝或减少大学生考试作弊现象是主要的教育问题。只有通过培养大学生远大的学习目标、崇高的理想、正确积极的学习态度、较高的意志自觉性，才能从根本上解决问题。同时，树立良好的校风、学风也极为重要。考试作弊现象的大量出现是当前"厌学风""新读书无用论"的必然结果。此外，大学教师应不断提高教学水平，引导大学生好学、乐学，并在考试内容方面注重兼顾基础知识和解决问题能力的考查。最后，严肃考试过程、严抓考场纪律、严惩作弊学生也极为重要。

第三节　大学生的学习指导

我们党为全面建设社会主义现代化强国绘就了宏伟蓝图，也为广大青年实现人生出彩搭建了广阔舞台。广大青年施展才华、追逐梦想，有无比宽广的天地。热血奋斗的重要前提是拥有真学问、怀揣真本领。学习是进步的阶梯，实践是成长的良师。习近平总书记在党的二十大报告中指出，青年人正处于学习的黄金时期，应该把学习作为首要任务，作为一种责任、一种精神追求、一种生活方式，树立梦想从学习开始、事业靠本领成就的观念，让勤奋学习成为青春远航的动力，让增长本领成为青春搏击的能量。

一、对于学习态度的认识

1. 学习态度及其构成要素

学习态度是学生对待学习所持有的比较稳定的心理倾向。构成学习态度的因素有认识、情感、意向三种因素。认识因素是指大学生对学习目的、意义的看法；情感因素即大学生在学习中的情绪状态和情感体验；意向因素是大学生的学习行为倾向性的心理因素。

从认识因素的角度来看，对于自己的学业，大学生中普遍存在着重视和轻视两种不同的认识。重视学业的大学生，一般来说，有远大的理想、抱负，升入大学仅仅是自己理想实现过程中的一个里程碑。因而，他们能够督促自己认真、刻苦并坚持不懈地努力学习钻研，尽可能地拓宽自己的知识领域、加深自己的专业水平。轻视学业的大学生也为数不少，他们没有明确的人生奋斗目标，认为进入大学就算是达到了自己努力的终点，因而以消极懈怠的方式对待自己的学业。

从情感因素的角度来看，对于自己的学习，尤其是专业学习，有积极型和消极型之分。积极型的大学生对于自己的专业有强烈的兴趣和热情，能够多途径地进行自主学习，在学习活动中往往更多地获得一种肯定的情感体验，努力学习让他们的大学生活更加充实丰富；消极型的大学生则相反，学习活动尤其是自己的专业学习不仅不能给他们带来肯定的情感体验，反而让他们心烦意乱，甚至痛苦不堪。

从意向因素的角度来看，有的大学生学习出于主动，有的大学生学习则纯属被动。主动型的大学生在强烈的学习动机的推动下，能够在学习中积极思考、举一反三，进行探索性的学习研究。被动型的大学生则缺乏强烈的学习动机，满足于教师课堂的知识传授，习惯于机械式地完成学习任务。

2. 学习动机、学习目标与学习态度的关系

学习动机、学习目标与学习态度之间存在紧密联系。学习动机越强，学习态度就越积极和坚定；反之，学习动机越弱，学习态度就越消极和不稳定。大学生应该对学习态度有正确的认识。首先，大学生要重新调整和树立自己的学习目标，激发强大的学习动力；其次，大学生要自觉进行自我教育，担负起大学生这一角色职责，树立远大的理想和正确的

人生观；再次，培养对自己所学专业的兴趣，对学习保持主动性与自觉性。

二、关于学习策略的指导

大学生所面临的学习环境发生了很大的改变，中学时期那种相对而言带有强制性的学习、填鸭式的教学、堆积如山的题海战术已不复存在，这必将带来学习策略的改变。刘电芝认为"学习策略是指学习者在学习活动中有效学习的程序、规则、方法、技巧及调控方式"。这实际上是把不同学者对学习策略的认识加以综合概括而成的。以往的研究者们从四个不同的角度研究学习策略：① 把学习策略看作是内隐的学习规则系统；② 把学习策略看作是具体的学习方法或技能；③ 把学习策略看作是学习的程序与步骤；④ 把学习策略看作是学生的学习过程。

在综合归纳的基础上，刘电芝提出，学习策略可以指总的学习思路与方法，也可以指具体的活动或技巧；既可能是外部行为，即外显的操作程序与步骤，如 SQ3R 阅读法，也可能是内部的心理活动，如内隐的思维过程；对学习的影响既有直接影响，如记忆策略、组织策略，又有间接影响，如情感策略、社会策略；在对策略的运用上，既可能是有意识的行为，也可能是无意识的行为。正是基于这种认识，她认为，凡是有助于提高学习质量和学习效率的程序、规则、方法、技巧及调控方式均属学习策略范畴。迈克卡等人对学习策略的成分进行了总结，如表 8-1 所示。

表 8-1　学习策略的成分

认知策略	复述策略：如复述、抄写、做记录、画线等 精细加工策略：如想象、口述、总结、做笔记、类比等 组织策略：如组块、选择要点、列提纲、画地图等
元认知策略	计划策略：如设置目标、浏览、设疑等 监视策略：如自我测查、集中注意、监视领会等 调节策略：如调整阅读速度、复查、使用应试策略等
资源管理策略	时间管理：如建立时间表、设置目标等 环境管理：如寻找固定地方、安静地方等 努力管理：如归因努力、调整心境、自我强化等 他人支持：如寻求教师、伙伴帮助等

有学者认为，在组成学习策略的这三个组成部分中，资源管理策略对大学生来说是非常重要的，它是辅助学生管理可用的环境和资源的策略，学生使用这些策略能帮助他们适应环境、调节环境，以适应其需要。

三、学习方法的指导

学习方法是指在学习过程中，为了达到学习目的、掌握学习内容而采取的手段、方式、途径，它是与学习策略不同的两个概念。一般认为，学习策略与学习方法属不同层次的范畴，学习方法往往与具体的学习任务相联系，用于解决具体的学习问题，因而，学习方法是较为直接具体的，学习者可通过反复使用而熟能生巧，在学习情境中达到凭习惯加以运用的程度。学习策略则比学习方法高一个层次，具有一定的概括性，它的功能在于调节与控制整个学习过程以及具体学习方法的选用，对学习方法具有选择、应用上的指导意义。这二者又有着紧密的联系，学习方法是学习策略的知识与技能基础，学习策略最终要落脚在学习方法上，通过学习方法表现出来。

大学阶段的学习不同于中学时期的学习。在大学里，许多时间以自学为主，老师的指导与督促明显少于中学时期。为了帮助大学生更快更好地找到合适的学习方法，这里介绍根据心理学原理得出并在实践中被证明确实有一定作用的学习方法。

1. 整体与部分学习法

整体学习法是指将学习材料作为一个整体来学习。学习过程中，将材料从头至尾反复学习，以获得对材料的总体印象和了解，并进而了解一些较为具体的内容。

部分学习法是指将学习材料分成几个部分或几个具体的概念，每次集中学习其中一部分或一个具体概念。根据每个具体的部分或概念的难易程度不同，具体安排学习时间或次数。

2. 集中与分散学习法

集中学习法是指较长时间地进行学习，学习的次数相对少一些，一次学习时间的长短取决于所学习材料的性质及其他因素。一般来讲，比较复杂难懂的材料，用集中法较为合适，这样可以保证学习者在一定时间内集中注意力，有利于理解并掌握那些抽象难懂的材料。但集中学习的时间不宜过长，否则容易引起学习者的疲劳，使学习效率下降。至于多长时间为宜，要视个人的体力与脑力情况而定。

分散学习法是指将学习时间分成几个阶段，每学习一段时间就稍作休息，至于每次分散学习的时间多长为宜，也要视学习材料的性质以及个人的个体情况而定。

3. 过度学习

过度学习是指对知识达到勉强可以回忆的程度后，继续进行学习，也就是在对知识技能全部学会以后再继续学习一段时间，以巩固学习成果。实验研究证明，过度学习对材料的保持率起着很重要的作用，但过度学习超过一半之后，对内容记忆的效果有下降的趋势。因此，在一个限度之内，过度学习的学习效果较好。

4. 迁移学习

迁移学习就是指先前的学习或训练的内容对后来的类似学习或训练内容的影响。在迁移学习中，有正迁移和负迁移。在应用迁移的方法时，要尽可能地促进正迁移，而避开负迁移。研究表明，迁移的条件是，对刺激（信息）和反应相同联结越多迁移量就大，反之则小。迁移量取决于刺激和反应的类似程度。另外，学习时间的间隔也会影响迁移的效果。

为了获得迁移学习的成功，在平时的学习中就要注意掌握最基本的知识，这样就可以形成基本知识对一些具体知识与应用的正迁移。另外，还要注意使新学习材料与原有知识由"近"至"远"的安排，即使新学习的材料先尽可能地接近原有知识，然后逐渐扩展到新知识的范围，这样有助于形成正迁移。

四、学习资源的利用

（一）利用校内学习资源

大学图书馆、实验室、计算机网络以及具有专长的教师等都是大学生学习的重要资源。大学生应该充分利用好这些资源。清华大学的学生都有同一种感受，认为清华的晚自习对他们养成良好的学习习惯起了非常重要的作用。白天听课、做实验，晚上在图书馆潜心学习，图书馆里万籁俱寂，好像远离尘器，在这种地方学习是一种享受。如果常到图书馆去借阅相关的书籍进行学习，几本书互相参考对比，就会很有收获。

仅会从图书馆借书是不够的，还要善于利用其他资料，例如图书期刊、报纸、文件及其他各种形式的信息，包括缩微、声像制品等。有一些学术网站是要付费下载的，但一些高校会以学校的名义购买阅览或者下载的权利，经校园网登录学校图书馆网站或者直接在搜索引擎界面都可以免费下载文献资源。另外，如果暑期不在校园内却又想下载文献资源，可以向学校图书馆申请短期的免费下载账号继续学习使用。

要珍惜学校组织的讲座、报告和学术交流。学校邀请一些知名人士或者业界精英来学校做特邀报告或者开展讲座，同学们要珍惜这些前辈传经授业解惑的机会。

（二）利用社会学习资源

社会学习资源总体上可分为两类，即媒体资源和人物资源。媒体资源主要有教材、工具书、计算机软件、录音带、光盘等。人物资源主要指我们身边接触的活生生的人，它可能带给大学生的无数鲜明而生动的"活"的学习资源。诺贝尔奖获得者保罗·萨缪尔森精辟地讲道："我可以告诉你们怎样获得诺贝尔奖。诀窍之一，就是要有名师指点。"在社会空间里，大学生可以通过更多样化的渠道获得丰富的知识与信息。

当前5G网络的兴起和知识革命的深入，社会学习资源触手可及。很多名师大家为了加强沟通，打破了地理限制，在网络中建立社交窗口，通过推送发文、短视频拍摄等方式，分享自己的科研和学习心得，大大降低了社会学习资源的门槛。很多热心的科学技术人员，会针对大学生的专业实际、思想热点、学科前沿、最新学术动态等精心准备视频学习资源。这些学习资源不仅包含着专家们的学术水平、思想，也包含着他们在研究中的经历、经验以及创造性思维等。大学生可以在很短的时间内，将专家毕其一生的思想及研究成果吸取过来，这是促进自己迅速成才的非常重要和高效的途径。

（三）利用人际关系学习资源

这里所谓的人际关系，不是走后门找关系，而是根据自己的学习需要合理利用自身的人际关系，比如，在学习中遇到解决不了的问题时，通过询问身边同学、朋友或者请教老师来解决，这就是最简单的人际关系学习资源。随着进入社会参加工作，人际关系逐渐复杂，告别了学生时代简单的师生关系，进入工作中还会有师徒关系等存在。通过请教工作中的师傅或者单位中的专家、行业领军人物，学习可以达到事半功倍的效果。

好的人际关系有助于学习

世界一流人际关系资源专家哈维·麦凯就是巧妙地利用了人际关系来推销自己，从而找到了一份好工作。哈维·麦凯刚大学毕业就陷入了失业大军之中，原因很简单，当时正处于全国经济萧条时期，工作很难找。好在哈维·麦凯的父亲是位记者，认识一些政商两界的重要人物，其中有一位叫查理·沃德的先生，是全世界最大的月历卡片制造公司——布朗·比格罗公司的董事长。四年前，沃德因税务问题而入狱服刑，哈维·麦凯的父亲发现别人控诉沃德逃税的案件有些失实，于是赴监狱采访沃德，写了一些公正的报道，这使沃德非常感激麦凯的父亲。出狱后，沃德对哈维·麦凯的父亲说，假如孩子毕业后想找个好工作，他可以帮忙。

此时哈维·麦凯面试了很多家企业，但都由于经济不景气，公司裁员而被拒绝。父亲想起查理·沃德先生的承诺，便抱着试试看的想法让哈维·麦凯给沃德的公司打电话。谁知沃德回答得十分干脆。他说："你明天上午10点钟直接到我办公室面谈吧!"次日，哈维·麦凯如约而至。他为面试做了充分的准备，谁知招聘却变成了聊天。沃德兴致勃勃地谈到哈维·麦凯的父亲的那一段狱中采访，整个谈话的过程十分轻松愉快。聊了一会儿后，沃德说："我想派你到我们的直属公司工作，就在对街公司。"哈维·麦凯立即就有了一份工作，并且拥有最好的薪水和福利。那不仅是一份工作，更是一份事业。

42年后，哈维·麦凯已成为美国著名的信封公司的老板。在沃德先生的公司工作期间，哈维·麦凯熟悉了经营信封业的流程，懂得了操作模式，学会了推销的技巧，其中最大的收获就是他为自己积累了大量的人际关系资源，这些人际关系成了哈维·麦凯成就事业的关键。哈维·麦凯说："建立人际关系就是一个挖井的过程，付出的是一点点汗水，得到的是源源不断的财富。"因此，不要忽视与周围人建立良好人际关系的机会。你所认识的每一个人都有可能成为你生命中的贵人，成为你事业中重要的支撑。好的人际关系能够为你创造机遇;不善于经营人际关系的人，可能无法有效地把握迎面走来的机遇，而与机遇失之交臂。

(四) 利用技能训练学习资源

未来，技能将变得越来越重要，将成为人们就业和创业的重要资本。教育的一个重要原则是，学校传授给学生的将不仅是知识，更重要的是技能。高等职业教育的一项很重要的特征就是强化实践环节，而且实践环节几乎占到整个课时的一半。如何利用好实习、实训环节来提高专业技能是十分重要的。在技能训练过程中应注意以下五个方面。

1. 复习理论知识

现场教学的思维路线是，将课堂中学习的理论知识(前人的经验总结)在实践中进行验证，经过自己的理解和总结，升华为自己所掌握的理论知识。

2. 运用综合思维

在现场教学过程中，要思想集中、注意观察，印证并深化所学的理论知识，随时做好

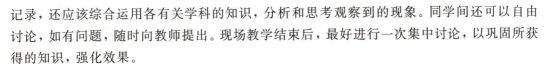

记录，还应该综合运用各有关学科的知识，分析和思考观察到的现象。同学间还可以自由讨论，如有问题，随时向教师提出。现场教学结束后，最好进行一次集中讨论，以巩固所获得的知识，强化效果。

3. 注意关键细节

在现场教学全过程中，要根据教学要求分清重点部分和难点部分，尤其要善于抓住关键细节。关键细节往往反映了现象或事物的特点，是现场教学的精华。如果只看到生产场面和有趣的东西，忽视了关键细节，那么就没有收获。

4. 提高观察能力

在现场教学过程和生产实际中，导致某一现象出现的影响因素很多，要自觉运用感知规律去分析各种因素，抓住主要因素，提高自己的观察能力。

5. 撰写实习报告

撰写实习报告是训练文字表达能力的手段，也是实习过程的总结。大学生应该平时认真记录，注重归纳总结，努力使自己的实习报告成为一篇好的调查报告。

五、学习能力的培养

1. 学会读书

具体的读书方法因人而异，但也有一个基本的步骤可供大家参考。

（1）浏览概貌。

拿到一本书，应当先阅读序、后记与目录，以对将要阅读的书形成一个总体印象，并从中了解一些与阅读此书有关的基本知识背景等内容。

（2）仔细研读。

这是读书过程中最重要的一步。在这个过程中要认真阅读书中的每一章，细细地领会其中的内容，必要的时候，还应做读书笔记。

（3）复习思考。

读完一本书，不能一扔了之，还要就书中的内容做一番思考，以便使这些内容与自己头脑中的知识与思想相互融合。只有这样，读书才是一件真正有意义的事。而对于专业书籍，更应多次复习，以加强记忆，达到掌握专业知识的目的。

2. 学会做笔记

做笔记包括读书笔记和课堂笔记。做笔记的方法有多种，个人可以根据自己的喜好与习惯选择其中的一种或几种来使用。

一般来讲，做读书笔记有以下几种方法：做眉批、做摘录、写提要以及写心得。眉批式笔记，即读后将自己的看法写在书的空白处，这种方法只适于阅读自己的书时使用；摘录式笔记，则是指摘录书中重要的句子、段落。提要式笔记，则是在通读全书之后对书中内容的一个概要记录，一般是用自己的话总结全书的内容，有时也可以引用书中的段落作为对本书的概括；心得式笔记，是指对一本书的感受与心得的记录，也可以记下对书中内容的疑问以及不同见解。

做听课笔记的方法与上述方法略有不同，如表 8-2 所示。

表 8-2　做听课笔记的方法

步骤	名称	内　　容
1	主动记	根据教师的学习提纲、布置的作业，预测老师讲的内容
2	重点记	每节课都是围绕重要的核心观点开展的，因此要重点理解、记录教师介绍的理论观点、支持例证或进行的解释
3	抓信号词	听课时要抓住教师思路变化的词语，如： "最重要的是……"表示要讲的观点； "与此相对的是……"表示要讲相反的观点； "我们看一个例子……"表示要讲支持主要观点的证据
4	积极听	坐在能听清楚、可以看到教师的地方，保持与教师的互动，积极提问，保持活跃、机敏的思维状态
5	选择记	听课要听完整，但记录要有选择，课堂上记住要点即可

3. 培养自学的能力

大学生在校学习的时间很短，在短短的几年时间里掌握本专业的所有知识是不可能的，更何况知识还在不断更新之中，所以，大学生要真正掌握好专业知识，并跟上本专业的发展，就必须学会自学。

（1）自学的特点。

从广义上讲，自学是指人的一切自主性学习活动，它既包括学习者的自学活动，也包括在校学生在教师指导下的自学。大学生在校期间应注意培养在教师指导下的自学能力，为毕业后自学打下基础。

自学与师授性学习相比，有选择性、灵活性与探索性等特点。作为大学生的自学，从选择性上讲，可以根据所学专业的情况乃至将来的工作需要进行有限制的选择。这种学习同样具有灵活性，自学者可以根据自己的实际情况安排学习的内容、时间及地点等。同时这种自学也具有探索性的特点，大学生对本专业已有一个基本的了解，在确定自学的内容时，便会从具有突破性的地方入手，进行深一层的学习，以获得某些突破性的知识与发现。

（2）自学的方法。

完全靠自己探索的自学与在教师指导下的自学的特点略有不同。大学生在校期间主要以后一种形式的自学为主，而毕业走上工作岗位后则主要以前一种自学方式为主。一个人的工作时间要比在校时间长得多，为了帮助大学生在今后的工作中更顺利地进行自学，这里介绍一下完全靠自学的方法。教师指导下的自学与之并无本质上的区别，所以，尚在学校学习的大学生也可以从下面的介绍中了解自学的基本规律，用以指导自己的学习。

自学的首要任务是确定自学的目标。自学者可以自问："我为什么要自学？是为了跟上本专业的发展，还是为了进一步拓宽自己的知识面，以适应各种工作需要？抑或是从自己的长远和全面的利益出发，进一步学习本专业的知识，以适应社会潮流？"自学的目标有许多，只有明确了自学目标之后，才能根据既定的目标选择自学的内容和具体方法。

在确定了自学目标之后，下一步要做的就是制订较为详细的自学计划，明确自学内容、进程以及具体的学习时间安排等。

　　自学过程中，也要注意自学方法的选择，科学的学习方法将使自学达到事半功倍的效果。学习方法在前面已有介绍，大家可以参考选用。

课后拓展

❖ 心理测试

学习动机测试

　　【测试说明】请你根据自己的实际情况，对每个问题做出"是"或"否"的回答。为了保证测验的准确性，请认真作答。

　　1. 如果别人不督促你，你极少主动地学习。　　　　　　　　　　　　　　　（　　）

　　2. 你一读书就觉得疲劳与厌烦，只想睡觉。　　　　　　　　　　　　　　　（　　）

　　3. 当你读书时，需要很长的时间才能提起精神。　　　　　　　　　　　　　（　　）

　　4. 除了老师指定的作业外，你不想再多看书。　　　　　　　　　　　　　　（　　）

　　5. 在学习中遇到不懂的知识，你根本不想设法弄懂它。　　　　　　　　　　（　　）

　　6. 你常想：自己不用花太多的时间，成绩也会超过别人。　　　　　　　　　（　　）

　　7. 你迫切希望自己在短时间内就能大幅度提高自己的学习成绩。　　　　　　（　　）

　　8. 你常为短时间内成绩没能提高而烦恼不已。　　　　　　　　　　　　　　（　　）

　　9. 为了及时完成某项作业，你宁愿废寝忘食、通宵达旦。　　　　　　　　　（　　）

　　10. 为了把功课学好，你放弃了许多感兴趣的活动，如体育锻炼、看电影与郊游等。

　　　　　　　　　　　　　　　　　　　　　　　　　　　　　　　　　　　　（　　）

　　11. 你觉得读书没意思，想去找个工作做。　　　　　　　　　　　　　　　　（　　）

　　12. 你常认为课本上的基础知识没啥好学的，只有看高深的理论、读经典作品才带劲儿。　　　　　　　　　　　　　　　　　　　　　　　　　　　　　　　　　（　　）

　　13. 你平时只在喜欢的科目上狠下功夫，对不喜欢的科目则放任自流。　　　（　　）

　　14. 你花在课外读物上的时间比花在教科书上的时间要多得多。　　　　　　（　　）

　　15. 你把自己的时间平均分配在各科上。　　　　　　　　　　　　　　　　　（　　）

　　16. 你给自己定下的学习目标，多数因做不到而不得不放弃。　　　　　　　（　　）

　　17. 你几乎毫不费力就实现了你的学习目标。　　　　　　　　　　　　　　　（　　）

　　18. 你总是同时为实现好几个学习目标而忙得焦头烂额。　　　　　　　　　（　　）

　　19. 为了应付每天的学习任务，你已经感到力不从心。　　　　　　　　　　（　　）

　　20. 为了实现一个大目标，你不再给自己制订循序渐进的小目标。　　　　　（　　）

　　【计分方法】从总体上讲，选"是"记 1 分，选"否"记 0 分，将各题得分相加，算出总分。上述 20 道题目可分成 4 组，它们分别测查你在四个方面的困扰程度：1～5 题测查你的学习动机是不是太弱；6～10 题测查你的学习动机是不是太强；11～15 题测查你在学习兴趣方面是否存在困扰；16～20 题测查你在学习目标上是否存在困扰。

　　若你对某组题中大多数题目持认同的态度，则一般说明你在相应的学习动机上存在一些不够正确的认识，或存在一定程度的困扰。

【测试结果】0～5分，说明你在学习动机上有少许问题，必要的时候可做适当调整；6～13分，说明你在学习动机上有一定的问题和困扰，有必要进行调整；14分以上，说明你在学习动机上有严重的问题和困扰，必须要进行调整。

❖ 实践训练

学习生命线

1. 游戏人数：不限。
2. 游戏场地：室内。
3. 游戏对象：适合所有学生。
4. 游戏方法：

（1）准备一张白纸和两支笔（须一支较鲜艳，一支较暗淡），以便用不同颜色来代表情绪。

（2）把白纸横放摆好，在纸的中上部写上"……的学习生命线"，从左至右画一道长长的横线，然后给这条线加上一个箭头，让它成为一条有方向的线。

（3）按照自己规定的生命长度，找到自己目前年龄所在的标志点。在标志点的左边，即代表着过去的岁月的那部分，把对你有重大影响的时间用笔标出来。快乐的事用鲜艳的笔写在生命线的上方。如果感觉非常快乐，就把这件事的位置写得更高些。在生命线下，用暗淡的笔同理记载不快乐的事。在记录的同时需在线上标注时间。

（4）在标志点的右边，即代表着未来学习展望的那部分，把你这一生想干的事情，比如职业生涯、个人追求都标出来。将这些能给你带来的快乐和期待按程度高低置于坐标上方。当然，在将来的生涯中，还有挫折和困难，如职场或事业方面可能出现的挫折、失业等，用暗淡的笔写于坐标下方。在记录的同时需在线上标注时间。

（5）最后，你便收获了一张清晰明了的"学习生命线"。

🔔 课后思考

1. 大学阶段的课程学习有何特点？
2. 大学生常见的学习心理问题有哪些？
3. 从心理学原理来谈谈如何更好地完成大学阶段的学习？

项目九 大学生家庭与个人成长

项目要点

- 家庭的概念和特征
- 家庭与个人成长的关系
- 建立和谐家庭关系的方法

学习目标

通过本项目的学习，了解家庭对于大学生心理健康的影响，认识家庭和心理健康的关系，了解家庭对心理健康的影响方式，从而学会创建良好的家庭氛围。

案例导入

本科毕业于北大、硕士就读于美国的留学生已长达12年不回家过春节，并将自己的父母拉黑6年，删除与父母的一切联系方式。这背后到底有着怎样的故事呢？到底是为什么会和最亲近的父母结下如此深仇大恨？近期一位留学硕士控诉父母的万字长文在网络上引发轩然大波，以下为经过删减、整理的部分内容。

我是"80后"，男性，来自小城清阳（化名），在一个驻当地的上级直属事业单位大院成长。父母都是体制内普通人，文化程度在同龄人里较高。

我最早经历但很晚才意识到的危机之一是我家人尤其是我母亲并没有完全接纳我。她以前多次陶醉地讲两三岁时她把我打扮成女孩的故事，并给我看过一张我的裙装照片。大约上学前班时，我母亲当着我的面对着她想象中的女儿"芽芽"说话，可我是独生子。事后来看，我认为我母亲是不能接纳男孩子的刚强、自主等气质。有一事可为佐证，小学时我反复受到欺凌，我母亲叫我去给老师讲，而且要哭着讲。

五年级时我开始在离家四五千米的市里上奥数班，周末我父亲带着我坐车过去，而当时我母亲很不乐意我去。我当时学起来很有感觉，虽然一开始摸不着节奏，但后来进步相当快。六年级时一次奥数班考试，我带去的一个很普通的人造革文件夹丢失，找回后发现已被人划坏并涂抹。回家后，我母亲既不痛惜物质损失——确实没必要——也没有用积极的态度安慰我，而是表现出一种混合了得意和癫狂的怪异情绪，歇斯底里地说："这下你知道，外面的世界很精彩了吧。"此事和穿衣服都是过度保护的例子。

……

过去无数的悲凉和伤痛像电影一样闪过。我跟很多人谈了这次和家人的冲突及相关的事，唯独没有再和家人谈。我的遭遇有一定的必然因素。时代大背景权且不谈，我的父亲在一个缺乏情感交流的家庭中长大，极端自卑，而我的母亲作为老么从小受宠。这两人在一起本就有风险，而社会支持系统的不完善进一步导致他们错误的教育实践没能得到及时纠正。

我的感情经历写不出多少，所以放在最后。我有过喜欢的对象，也用自己的方式付出和努力过，但我的经历决定了我建立亲密家庭关系非常困难。

如同植物的成长离不开土壤提供养料，每个人的生理和心理成长也都离不开家庭这片土壤。家庭在个人的成长成才过程中具有非常重要的作用，但每个家庭所提供的土壤是不一样的，有的土壤丰沃，培养出来的小人儿精神饱满、阳光自信、乐观开朗；有的土壤贫瘠，培养出来的小人儿蔫头耷脑、消极悲观、阴郁自卑。对人类个体来说，保证生命延续的物质供给是最基本的功能，除此之外还有一项功能非常重要——心理的抚育，良好的家庭关系是个人健康心理发展的重要保证。

第一节　家庭概述

习近平总书记在 2018 年春节团拜会上的讲话中强调了家庭的重要性，他指出，"千家万户都好，国家才能好，民族才能好。"家庭是社会的基本细胞，是人生的第一所学校。不论时代发生多大变化，不论生活格局发生多大变化，我们都要重视家庭建设，注重家庭、家教、家风，使千千万万个家庭成为国家发展、民族进步、社会和谐的重要基点。

一、家庭的概念

1. 我国古代的观点

"家"在甲骨文字形中，上面是"宀"，表示与房室有关，下面是"豕"，即猪。古代生产力低下，人们大多在屋子里养猪。有猪意味着有财富，有财富就意味着家，所以房子里有猪就成了家的标志。

2. 我国现代的观点

《中国大百科全书·社会学卷》认为，家庭是指在婚姻关系、血缘关系或收养关系基础上产生的，以情感为纽带的、亲属之间所构成的社会生活单位。

3. 原生家庭与新生家庭

原生家庭是指儿女还未成婚，仍与父母生活在一起的家庭。新生家庭就是夫妻双方组成的家庭，这样的家庭不包括夫妻双方的父母。

弗里曼提出的五项原生家庭的重要角色，让我们了解了原生家庭对新生家庭的影响：第一，人在家庭的经历中，都有情感未了的需要，如来自没有安全感家庭的人想在配偶身上找到安全感。第二，我们择偶时希望从情感上得到在原生家庭中未得到的需要，如父母的肯定、需要感到自己是独特的等。第三，我们都带着这些未了的情感遗憾，希望在新的婚姻关系或家庭中得到弥补。第四，如果需要没有在原生家庭得到满足，就会只顾索取，没能力为配偶付出。这种看法虽然有点悲观，但我们如果勇于面对自己原生家庭的问题，就能找到新的动力重新去爱。第五，关系上的问题大多是原生家庭未解的结，且大多因为缺乏理解、关心和爱。当然，这种看法并不是鼓励你抱怨原生家庭，而是鼓励你去正视原生家庭遗留下来的问题。

二、家庭的功能与变迁

（一）家庭的功能

1. 经济功能

家庭的经济功能包括家庭中的生产、分配、交换、消费，它是家庭功能的物质基础，用于满足人们基本生存的需要。

2. 生育功能

人类进入个体婚制阶段以来，家庭一直被当作生育子女、繁衍后代的基本合法单位。两性通过婚姻，生育并共同抚养子女。

3. 性生活功能

性是人类基本的生物要求，性生活是婚姻关系中的生物学基础。性生活和生育等行为密切相关，社会通过一定的法律与道德规范使之文明化，使家庭成为满足两性生活需求的基本单位。

4. 抚养和赡养功能

父母对子女有抚养的义务，家庭成员之间也是相互供养、相互给予生活援助的关系。子女对父母有赡养的责任，这是代与代之间的相互抚育和照应。家庭赡养包括经济上的供养、生活上的照料和情感上的交流三个方面。

5. 教育和社会化功能

家庭的教育和社会化功能包括父母教育子女和家庭成员之间相互教育两个方面。一是父母对子女的教育和儿童的社会化。一般而言，儿童的初级社会化是在家庭及其邻里环境中完成的，家庭是儿童社会化的第一场所。二是家庭成员相互教育以完成再社会化的过程，是指父母从子女那里学习新的知识，如学习网络知识、外语、流行音乐等。

6. 感情交流功能

"家庭是心灵的港湾"，感情交流和沟通既是人的心理需求之一，也是家庭精神生活的重要组成部分。对于个人来说，各种心理态度的形成、人格的发展、感情的慰藉和精神的寄托等都离不开家庭。

7. 休息和娱乐功能

家庭娱乐对于儿童来说尤为重要，儿童在家庭游戏中能够获得经验，养成习惯。对于成年人来说，家庭娱乐可以调剂生活，增加乐趣。

（二）家庭功能的变迁

随着时代的发展，家庭的功能也在不断发生变化，主要表现在以下方面：
（1）威望、权利、地位从以家庭为中心转向以个人为中心。

（2）家庭的经济功能已经广泛地融入工厂、商店和银行，即家庭经济功能中的生产、分配、交换职能已为社会化统筹所替代，家庭在经济上已变成其成员共同生活的消费单位。

（3）老师代替家长对孩子进行基本的教育。

（4）社会保险、医疗保险、医疗补助、失业补贴和其他各种社会保障制度，部分取代了家庭中传统的保护功能。

（5）家庭赡养老人的功能也已部分被社会承担起来。

（6）传统的赡养仍然占主导地位，但有"淡化"趋势。家庭成员之间经济关系的深刻变革，造成赡养功能的不断削弱。年轻一代的经济独立、家庭生活方式的差异、代际纠纷等，使得老年人独居的越来越多。

（7）公共娱乐场所增加，娱乐内容丰富，家庭不再是主要的休闲场所。

（8）家庭的生育功能越来越萎缩、退化。初婚年龄和初育年龄推迟，生育子女数量减少，生育观念发生了很大变化。

三、家庭的结构

（一）家庭结构的含义

家庭结构是指家庭的构成，但不是指家庭的经济、职业、文化构成，而是特指家庭中成员的构成及其相互作用、相互影响的状态，以及由家庭成员的不同配合和组织而形成的关系模式。

家庭结构表现为三个层面：第一，家庭由多少成员组成；第二，家庭由哪些成员组成；第三，家庭成员按照哪种关系模式组织起来。

（二）家庭结构的类型

1. 核心家庭

核心家庭是指由一对夫妇及其未婚子女组成的家庭，如图9-1所示。核心家庭的特点是：① 家庭规模小，关系简单，只有一个核心，是最稳定的一种家庭结构；② 家庭关系具有亲密和脆弱两重性，出现危机时，会因较少得到家庭内外的支持而导致解体。

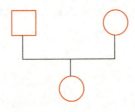

图9-1 核心家庭

说明：框和图代表异性；框和圆通过线条连接成一对夫妇；单独的圆代表未婚子女。余同。

2. 扩展家庭

扩展家庭是指由两对或两对以上夫妇与其未婚子女组成的家庭，其特点是① 人数多、结构较复杂、关系较繁多，家庭功能受多重相互关系的影响；② 家庭存在一个或一个以上的权力中心以及次中心；③ 家庭内外资源多，可用性大，当家庭遇到危机时，有利于提高适应度，克服危机。扩展家庭又可分为主干家庭和联合家庭。

（1）主干家庭。

主干家庭又称直系家庭或扩大的核心家庭，是由一对夫妇与父母和未婚子女组成的家庭，如图 9-2 所示。主干家庭通常由两代或两代以上夫妻组成，每代最多一对夫妻，且中间无断代。

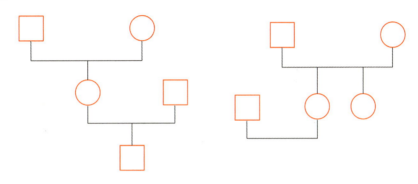

图 9-2　主干家庭

（2）联合家庭。

联合家庭是指家庭中任何一代包含两对以上夫妻的家庭，如父母和两对或两对以上已婚子女及其孩子组成的家庭，或是兄弟姐妹婚后不分家的家庭，如图 9-3 所示。

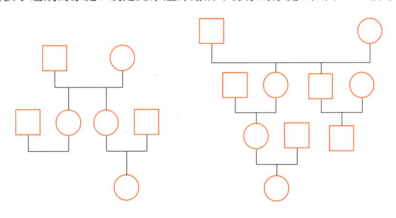

图 9-3　联合家庭

四、家庭生命周期

家庭生命周期是一个家庭形成、发展直至消亡的过程，反映了家庭从形成到解体所呈现的变化规律。一般把家庭生命周期划分为形成期、扩展期、稳定期、收缩期、空巢期与解体期六个阶段。一个家庭从建立到消失的过程便是一个家庭的生命周期。

（1）形成期：从结婚到第一个孩子出生。

（2）扩展期：从第一个孩子出生到最后一个孩子出生。

（3）稳定期：从最后一个孩子出生到第一个孩子离开父母家。

（4）收缩期：从第一个孩子离开父母家到最后一个孩子离开父母家。

（5）空巢期：从最后一个孩子离开父母家到配偶一方死亡。

（6）解体期：从配偶一方死亡到配偶另一方死亡。

家庭生命周期这个概念涵盖了婚姻、生育、教育和死亡等一系列生命课题，对家庭生命周期的研究可以对家庭、生命、婚姻的各种现象和机制进行更深入的探讨，避免了将婚姻、生育、死亡等家庭过程孤立起来进行研究的弊端。比如，通过对家庭生命周期进行分析，可以更好地解释处于不同家庭生命周期的人的心理状态、家庭成员之间的关系、婚姻障碍背后的家庭原因等。

第二节　家庭与个人成长

家庭是大学生人生中的第一个"课堂"，对一个人性格的形成和发展具有重要和深远的影响。父母对子女的身心健康负有不可推卸的责任，家庭环境的影响在人的一生中起着奠基作用。

一、影响大学生心理健康的家庭因素

大学生在学校所发生的心理问题，多在其早期成长过程中就埋下了种子，问题的解决也需要家庭的配合与参与。家庭环境是影响大学生心理健康的重要因素，许多研究表明：大学生的心理健康水平取决于他们原生家庭中父母的教养方式、家庭结构、婚姻状况、父母的职业与文化程度和家庭经济状况等。

1. 父母的教养方式

父母的教养方式对子女的心理发育和健康有着不可忽视的作用。

美国心理学家戴安娜·鲍姆林德认为，可以把父母教养方式归纳为两个维度：一是父母对待儿童的情感态度，即接受—拒绝维度；二是父母对儿童的要求和控制程度，即控制—容许维度。这两个维度的不同组合，可以形成四种教养方式：权威型（接受＋控制）、专断型（拒绝＋控制）、放纵型（接受＋容许）和忽视型（拒绝＋容许）。不同的教养方式无疑会对儿童的社会性发展和个性形成产生重大影响。

父母温暖、关怀、体贴的教养方式容易使子女形成热情、自信、自尊、独立、有坚持性、积极情绪较多的人格特点，从而促进其心理的健康发展。父母拒绝、否认的教养方式容易使孩子形成羞耻、自卑、自罪、无助，办事谨小慎微，优柔寡断，害怕被他人拒绝，不懂什么是爱，更不知道被爱滋味的心理。父母过分干涉的教养方式容易使孩子形成缺乏自信、过分自我约束和依赖等不良的人格特点。父母惩罚严厉的教养方式容易使子女产生自卑、无助和不安全感，特别易使子女丧失自尊，产生焦虑和强迫症状。

2. 家庭结构

家庭结构对大学生心理健康状况也有重要影响。卢勤采用临床症状自评量表（SCL—

90)及自编家庭信息问卷对成都市某大学 5090 名 2009 级新生进行的调查表明：家庭结构对大学生的心理健康总体水平及人际敏感、抑郁、精神病性等因子的得分均具有显著影响。寄居家庭的大学生相对于其他家庭的学生而言，与人交往时更加敏感；单亲家庭学生的抑郁程度更高，心理健康总体水平较差。由于家庭结构的不健全，单亲家庭子女往往会失去与父母中的一方进行交流的可能，相对只能获取部分关爱，与正常家庭的子女相比较，其心灵会蒙上一层阴影，很容易产生敏感、自卑心理。

3. 父母的婚姻状况

父母婚姻状况是影响大学生心理健康的又一因素。父母和睦恩爱可以让孩子感受到爱情的甜蜜和家庭的温馨，而父母之间经常吵闹甚至离婚，对孩子的心理和成长则会带来负面影响。和谐的家庭氛围能使子女身心愉悦，心理压力减轻，有利于其身心健康的良性发展。不和谐家庭中，争吵、溺爱、冷淡和暴力等会给孩子的身心健康造成不同程度的伤害，其中溺爱和暴力两种家庭氛围下，孩子的心理问题尤为突出。

研究表明，父母离婚对男孩的负面影响相对比较严重，对年幼孩子的影响大于年龄大的孩子；父母分手两年以内的影响明显大于两年以后，但可以持续很久；随着时间的推移，父母离婚对孩子的影响会逐步由强转弱。父母离婚对子女影响的机制可能与家庭结构缺陷和功能失调有关。例如，孩子与未获得监护权的父亲（或母亲）之间的交往时间减少，缺少必要的关爱、生活扶助和辅导，导致孩子学业下降、行为不端、缺少自尊；也可能因为缺少父亲或母亲角色的示范而减少孩子学习社交技巧的机会。一些单亲家庭，因为家庭收入减少、生活水平下降、经济条件恶化，会导致孩子的学习条件及居住环境变差。

也有学者认为，父母离婚对孩子的影响其实有限，而且因人而异。事实上，不少离异家庭中的孩子在家庭变故的挫折经历中更早地成长、成熟起来，独立性和自理能力增强，更懂得体贴父母，勤俭节约，适应性较强，富有同情心，为争气而奋发向上。单亲家庭的孩子，只要监护人一方尽职有爱心，孩子的身心健康状况同样良好。同时，无歧视的学校环境，也有利于离异家庭孩子的健康成长。

4. 父母的职业与文化程度

父母的职业与文化程度是影响其子女的道德同一性、学习成绩及抱负水平的重要因素之一。国内外大量研究表明，父母受过高等教育的学生，其成绩普遍比父母受教育水平较低的学生好，学习志向更高。受过高等教育的母亲，其子女具有读研究生抱负的，比只受过初等教育的母亲的子女多四倍；而那些母亲只受过初等教育的子女，只想读到中学毕业的，也比受过高等教育的母亲的子女多四倍。

有调查发现，知识分子家庭的孩子一般行为问题较少，而其他家庭的孩子，其行为问题可能较多。父母低文化组的青少年，体育锻炼的情况亦比父母高文化组的差。这说明，父母的文化修养、言行举止、职业态度与职业习惯都会通过教养方式、沟通方式等途径直接或间接地影响子女的心理健康状况。父母的职业也会给家庭环境、学习条件、学习气氛、孩子的职业倾向带来较大的影响。一般来说，当父母的职业较好、成就或收入较高时，其子女会倾向选择与父母相同或相近的职业；相反，如果父母的职业较为辛苦，风险大、收入低且成就不高，子女则通常不会选择同样的职业。

5. 家庭经济状况

家庭经济状况在某种程度上也会影响大学生心理的健康发展。有研究发现，家庭经济困难的学生其心理健康水平显著低于经济不困难的学生。家庭经济收入越低,学生的心理健康水平相对越低。家庭经济状况差的学生大多来自农村,他们要承受更多的经济和心理压力。一些经济条件差的学生由于经济拮据、视野有限和交往能力欠缺且一时又无力改变现状,容易产生敏感、自卑、抑郁、焦虑、人际关系紧张等问题。同时,生活在富裕家庭的大学生也可能出现较多的心理健康问题,如娇气、自私、高傲等。

二、亲子关系对个体成长的影响

1. 对亲社会行为的影响

根据人的社会性行为的动机和目的及其与社会主流文化的适应性,可以将个体的行为分为亲社会行为和反社会行为两大类。亲社会行为是指个体在与他人的交往中表现出的微笑、友爱、尊敬长辈、谦让、助人、乐群、责任、同情、分享、利他等一切对社会有积极作用的行为。反社会行为则是指侵害别人、骂人、破坏公物、偷盗等社会所不能接受的行为。

亲社会行为是个体发展良好人际关系的重要基础,与青少年发展良好道德品质的过程是完全一致的,受到社会的肯定和鼓励。反社会行为往往是导致人际冲突甚至犯罪的根源,因此,这种行为为社会所反对和抵制。青少年的社会行为受生物因素、社会因素、同伴因素和社会文化传统及大众传播媒介等诸多因素的影响。研究显示,和睦、融洽的亲子关系会促进儿童亲社会行为的发展。

2. 对同伴关系、师生关系的影响

个体的心理发育是在与周围人的相互作用和交往中不断发展的。个体的交往对象可以分为家庭内和家庭外两大系统,而亲子关系是最初建立的家庭内人际关系,这种关系的好坏会对同伴关系和师生关系等家庭外的人际关系产生重要的示范作用。对亲子关系、儿童社会行为及同伴接受性之间关系的研究表明,在儿童社会性发展过程中,亲子关系对儿童的社会行为和同伴接受性具有长久的影响,而儿童的社会行为与同伴接受性之间也是相互影响、相互作用的。积极的亲子关系会使儿童感受到爱与尊重,对自己、他人和周围环境有积极乐观的认识和期望,故乐于与父母以外的人交往,从而有助于形成积极的同伴关系和师生关系。

亲子关系对同伴关系和师生关系的直接影响主要有:第一,父母在子女教育方面的社会化策略影响到儿童在同伴关系和师生关系中的地位和信心;第二,父母对儿童在同伴关系和师生关系中如何交往有示范、榜样作用。

3. 对人格形成的影响

精神分析学家弗洛伊德认为,个体人格的重要形成阶段是在儿童时期,尤其是早期的亲子关系和家庭环境对儿童的人格具有较大的影响,不协调的亲子关系在子女不良性格和不良行为的形成中有着重要的作用。

有学者认为,初中阶段,亲子关系逐渐让位于同伴关系,青少年不再像婴幼儿那样依恋父母。但哈特普认为,在初中生所处的社会关系中,亲子关系仍然有着突出的地位,亲子关系的特性影响着青少年的社会化及其人格的形成。

针对大学生进行的访谈研究表明,不少大学生认为他们都曾受亲子关系不和或父母期望不当的困扰。研究还显示,父母在子女人格特征的形成中扮演着不同的角色。例如,母

亲对孩子性格的影响比父亲更大等。

4. 对子女问题行为的影响

问题行为是指违反社会公认的行为规范和道德标准以及在情绪或社会适应方面不成熟的行为,如侵害、破坏、偷窃、不守规矩、不合作,等等。

研究表明,各种不良的亲子关系是引发上述种种问题行为的重要原因。日本学者品川不二郎的研究显示,父母对孩子持拒绝态度,容易使子女产生粗暴、攻击等不良行为;父母对孩子支配过头,易激起孩子的反抗和撒谎行为;父母过分期待但孩子达不到父母的要求时,容易意志消沉、没有活力,产生自卑感和适应不良问题;父母对孩子盲从、溺爱,容易造成孩子以自我为中心的性格缺陷,缺乏自省能力。

第三节　　建立和谐的家庭关系

和谐的家庭关系能够促进家庭成员的健康发展,能够保障学生维持较好的心理健康水平。因此,建设健康幸福的家庭,是家长为子女健康成长提供的必要保障。

近年来,受各种因素的影响,大学生心理健康问题频发,受到社会各界的广泛关注。党和国家高度重视下一代的心理健康工作,党的二十大报告中强调要"重视心理健康和精神卫生"。为全面加强和改进新时代学生心理健康工作,提升学生心理健康素养,教育部等十七部门联合印发《全面加强和改进新时代学生心理健康工作专项行动计划(2023—2025年)》(教体艺〔2023〕1号),其中提到"随着经济社会快速发展,学生成长环境不断变化,叠加新冠疫情影响,学生心理健康问题更加凸显",并部署了相关重点工作,进一步为家校社协同加强学生心理健康工作指明了方向。

一、健康家庭的特征

想要建设健康幸福的家庭,首先要了解健康家庭的特征。综合美国教育家多洛斯·柯伦等学者的研究,健康的家庭往往具备以下共性特征:

(1)家庭成员之间相处融洽,具有相互交谈的愿望,并能倾听别人的谈话。家庭成员之间能以诚相待,直接表达自己的感觉和想法,关爱的传递是双向的,较少用埋怨的语气进行交流。

(2)家庭成员意见有分歧时,有解决问题的良好意愿,并能够做到求大同、存小异,且事后彼此之间不怀恨在心。

(3)家庭成员互相关心、互相帮助,家庭中没有只管自己不管他人的现象,每个人都维持一种既可靠又积极的自我形象。

(4)家庭生活有规则,但也富有弹性,规则会伴随孩子的成长或家庭结构的变化而做出调整。家庭内有一个共同分担家庭职责的体系。父母为了使孩子获得更多的生活经验和体会,能让孩子做力所能及的事情。孩子成长之后,双亲比较能体谅孩子的需要,允许孩子因参加社交活动而晚归,但会要求孩子回应长辈的担心。

(5)家庭中有明显的是非准则,成员各尽其职,荣辱与共。父母不在孩子面前争吵,一方在教育孩子时,另一方不在孩子面前护短说情。

（6）家庭成员具有积极正向的自我价值感，家庭气氛比较轻松、欢乐，有整体感且尊重家庭的传统；全体成员具有一起度过闲暇时间的愿望，且常一起参与活动，以增进彼此的了解和加深亲情；家庭购买贵重物品或出门度假时，家庭成员常一起参与讨论。

（7）家庭成员之间的关系是温暖的、亲密的、可信赖的。家庭成员之间既有彼此清晰的"你""我""他"的界限，又有和谐的"我们"。界限是自由的、清楚的，每个家庭成员的自尊心、自我价值都能得到尊重和满足；家庭成员具有相同的信仰和伦理道德观；家庭成员之间相互尊重各自的私事，不互相干涉。

（8）整个家庭和外界的关系是开放的，可以接受新事物和新意见，一旦家庭内出现某些不能解决的严重问题时，会积极向外寻求解决方案而不隐讳问题。

二、建立和谐家庭关系的方法

（一）掌握沟通技巧，学会换位思考

人与人之间的关系，不仅由彼此之间的直接交往所决定，还受第三方因素的影响。美国心理学家西奥多·纽科姆用"A—B—X"的模式来阐释这种关系。

在这个模式中，A 代表一个认识主体，B 代表另一个认识主体，X 代表第三者，这个第三者既可以是人，也可以是某种事物。纽科姆认为，A 与 B 之间是否具有协调关系，与他们对 X 的态度是否一致具有密切关系。如果他们对 X 的态度一致，其关系就是协调的、平衡的；反之，其关系就会紧张、不协调。他认为，A、B、X 三者总会构成一个体系，若此体系的结构出现了不平衡，那么为了求得平衡，其内部必然会发生变化，从不均衡转向均衡。

一般来说，父母与子女之间在受教育程度、家庭地位、年龄、人生阅历等方面存在着许多差异，因此，子女和父母在很多方面存在着态度与认识上的分歧是很常见的现象。为了协调两者之间的关系，他们之间就必须交流谈心，加强意见的沟通，只有这样才能消除歧义与误会，达成意见的一致。

人际沟通中，设身处地站在对方的立场上看问题，就会有更多的相互理解和共情。事实上，子女了解了父母在工作和生活上的压力、困难、烦恼、愿望和身体状况，感受到父母的生活处境，体验他们的情感，才有可能谈得上关心体贴父母。同样，父母要理解、尊重孩子的观点和想法。大学生已经具有独立思考的能力，对事物有自己的判断和分析，父母不可专制武断，导致孩子不愿敞开心扉。

（二）重叙童年家庭的故事

临床咨询经验显示，有抑郁情绪等心理障碍或心理疾病的青年往往会纠结于童年或少年时代对父母的一些怨恨，通俗来说，就是过去的情结未了，其心理发展就固执或停滞，即使长大了也无法与父母建立和谐的关系。因此，妥善解决好过去的心理遗留问题是非常有必要的。心理学的叙述疗法可以为这些青年提供一条转换情绪的可行途径。

（三）寻求自我满足，放下未完成事件

"未完成事件"一词来源于 20 世纪初德国的完形心理学（也称格式塔心理学）。由于未完成事件在知觉领域里没有被充分体验，因此就在潜意识中徘徊，并在不知不觉中被带入

现实生活里，从而妨碍了自己与他人的有效接触，这就是未完成事件给人们造成困扰的基本原理。

在心理治疗中，未完成情结一旦形成，纠正的办法一般有宣泄和补偿两种。未完成事件往往会持续存在，直至个人勇于面对并处理这些未表达的情感为止。解铃还须系铃人，只有增加对自己此时此刻状态的知觉，认识并清理被压抑的情绪和需求，才能促进人格健康的发展，实现个人成长。

如何将自己的未完成事件进行到底，实现个人成长呢？可以从以下几方面入手。

1. 提高自我觉察能力

注意自己在生活、学习中与他人的互动，提高对自己情感、思维、躯体感觉、信念和行为表现的自我觉察能力。可以通过写反思日记的方式，养成自我反思的习惯，提高自我觉察能力。以便敏锐地发现自己的未完成事件，实现个人成长的第一步。

2. 通过专业的心理咨询实现个人成长

当我们在生活、学习中发现了自己的未完成事件时，要积极寻求专业心理咨询师的帮助，以实现个人成长。也可以通过心理剧、角色扮演等方式，说出自己没机会向亲人表达的话，这样就能将未完成事件进行到底。当然，如果没有条件的话，到已故亲人的墓前说出自己想说的话，或通过给已故亲人写一封信然后在其墓前烧掉的方式来完成未完成事件，也会起到一定的效果。

3. 学会面对、接纳自己的过去

学会面对和接纳自己的过去，尝试用建设性的方法解决问题，学会积极归因，也可以减少未完成事件的消极影响。

4. 了解父母的成长经历，放下对父母的期待

孩子总希望父母能满足自己的所有需求，但遗憾的是，没有一对父母能全部满足孩子的需求。同时还要有一个认识，有的父母不是不爱孩子，而是不会爱；一个经常批评孩子的父母，是因为在他的成长经历中从来没有获得过父母的认可和赞美。

知识拓展 9

心理测试

家庭教养方式测试

父母的教养方式对子女的发展和成长有重要意义。家庭教养方式量表（表9—1），就是请你努力回想小的时候这些问题给你留下的印象。

问卷有很多题目，每个题目的答案均有 4 个等级，每个等级对应着相应的分数，即"从不"为 1 分，"偶尔"为 2 分，"经常"为 3 分，"总是"为 4 分，请你分别在最适合你父母的等级分数上划"〇"。每题只能选一个答案。你父母对你的教养方式可能是相同的，也可能是不同的，请你实事求是地分别回答。

如果幼小时父母不全，可以只回答父亲或母亲一栏。如果是独生子女，没有兄弟姐妹，相关的题目可以不答。问卷不记名，请你如实回答。

表 9 - 1　家庭教养方式量表

序号	题　目	从不	偶尔	经常	总是
1	我觉得父母干涉我所做的每一件事	1	2	3	4
2	我能通过父母的言谈、表情感受他(她)很喜欢我	1	2	3	4
3	与我的兄弟姐妹相比，父母更宠爱我	1	2	3	4
4	我能感受到父母对我的喜爱	1	2	3	4
5	即使是很小的过失，父母都会惩罚我	1	2	3	4
6	父母总试图潜移默化地影响我，使我成为出类拔萃的人	1	2	3	4
7	我觉得父母允许我在某些方面有独到之处	1	2	3	4
8	父母能让我得到其他兄弟姐妹得不到的东西	1	2	3	4
9	父母对我的惩罚是公平的、恰当的	1	2	3	4
10	我觉得父母对我很严厉	1	2	3	4
11	父母总是左右我该穿什么衣服或该打扮成什么样子	1	2	3	4
12	父母不允许我做一些其他孩子可以做的事情，因为他们害怕我会出事	1	2	3	4
13	在我小时候，父母曾当着别人的面打我或训斥我	1	2	3	4
14	父母总是很关注我晚上干什么	1	2	3	4
15	遇到不顺心的事时，我能感到父母在尽量鼓励我，使我得到一些安慰	1	2	3	4
16	父母总是过分担心我的健康	1	2	3	4
17	父母对我的惩罚往往超过我应受的程度	1	2	3	4
18	如果我在家里不听吩咐，父母就会发火	1	2	3	4
19	如果我做错了什么事，父母总是一脸伤心的样子，使我有一种犯罪感或负疚感	1	2	3	4
20	我觉得父母难以接近	1	2	3	4
21	父母曾在别人面前唠叨一些我说过的话或做过的事，这使我感到很难堪	1	2	3	4
22	我觉得父母更喜欢我，而不是我的兄弟姐妹	1	2	3	4
23	在满足我需要的东西方面，父母是很小气的	1	2	3	4
24	父母常常很在乎我的分数	1	2	3	4
25	如果面临一项困难的任务，我能感受到来自父母的支持	1	2	3	4
26	我在家里往往被当作"替罪羊"或"害群之马"	1	2	3	4

序号	题　目	从不	偶尔	经常	总是
27	父母总是挑剔我所喜欢的朋友	1	2	3	4
28	父母总以为他们的不快是由我引起的	1	2	3	4
29	父母总试图鼓励我，使我成为佼佼者	1	2	3	4
30	父母总向我表示他们是爱我的	1	2	3	4
31	父母对我很信任且允许我独自完成某些事	1	2	3	4
32	我觉得父母很尊重我的观点	1	2	3	4
33	我觉得父母很愿意跟我在一起	1	2	3	4
34	我觉得父母对我很小气、很吝啬	1	2	3	4
35	父母总是向我说类似"如果你这样做我会很伤心"的话	1	2	3	4
36	父母要求我回到家里时必须得向他们说明我在做的事情	1	2	3	4
37	我觉得父母在尽量使我的青春更有意义和丰富多彩（如给我买很多的书，安排我去夏令营或参加俱乐部）	1	2	3	4
38	父母经常向我表述类似"这就是我们为你整日操劳而得到的报答吗"的话	1	2	3	4
39	父母常以不能娇惯我为借口不满足我的要求	1	2	3	4
40	如果不按父母所期望的去做，我就会在良心上感到不安	1	2	3	4
41	我觉得父母对我的学习成绩、体育活动或类似的事情有较高的要求	1	2	3	4
42	当我感到伤心的时候，可以从父母那里得到安慰	1	2	3	4
43	父母曾无缘无故地惩罚我	1	2	3	4
44	父母允许我做一些我的朋友们做的事情	1	2	3	4
45	父母经常对我说他们不喜欢我在家里的表现	1	2	3	4
46	每当我吃饭时，父母就劝我或强迫我再多吃一些	1	2	3	4
47	父母经常当着别人的面批评我既懒惰，又无用	1	2	3	4
48	父母常常关注我交往什么样的朋友	1	2	3	4
49	如果发生什么事情，我常常是兄弟姐妹中唯一受责备的那个	1	2	3	4
50	父母能让我顺其自然地发展	1	2	3	4
51	父母经常对我粗俗无礼	1	2	3	4
52	有时为了一点鸡毛蒜皮的小事，父母也会严厉地惩罚我	1	2	3	4
53	父母曾无缘无故地打过我	1	2	3	4
54	父母通常会参与我的业余爱好和活动	1	2	3	4
55	我经常挨父母打	1	2	3	4

序号	题 目	从不	偶尔	经常	总是
56	父母常常允许我去我喜欢的地方，且他们不会过分担心	1	2	3	4
57	父母对我该做什么、不该做什么都有严格的限制，而且绝不让步	1	2	3	4
58	父母常以一种使我很难堪的方式对待我	1	2	3	4
59	我觉得父母对我可能出事的担心是夸大的、过分的	1	2	3	4
60	我觉得与父母之间存在一种温暖、体贴和亲热的感觉	1	2	3	4
61	父母能容忍我与他们有不同的见解	1	2	3	4
62	父母常常在我不知道原因的情况下对我大发脾气	1	2	3	4
63	当我所做的事取得成功时，我觉得父母很为我自豪	1	2	3	4
64	与我的兄弟姐妹相比，父母常常偏爱我	1	2	3	4
65	有时即使错误在我，父母也把责任归咎于兄弟姐妹	1	2	3	4
66	父母经常拥抱我	1	2	3	4

【计分方法】家庭教养方式中的父母亲评分标准如表9－2、表9－3所示。如果你的某个因子项的得分高于常模平均数，那么你就表现出对应的教养方式。

【测试结果】

表9－2　父亲教养方式评分标

父亲	题 目	常模平均分
情感温暖、理解	2，4，6，7，9，15，20，25，29，30，31，32，33，37，42，54，60，61，66	51.54
惩罚、严厉	5，13，17，18，43，49，51，52，53，55，58，62	15.84
过分干涉	1，10，11，14，27，36，46，48，50，56，57	20.92
偏爱被试者	3，8，22，64，65	9.82
拒绝、否认	21，23，28，34，35，45	8.27
过度保护	12，16，39，40，59	12.43

表9－3　母亲教养方式评分标准

母亲	题 目	常模平均分
情感温暖、理解	2，4，6，7，9，15，25，29，30，31，32，33，37，42，44，54，60，61，63	55.71
过分干涉、过度保护	1，11，12，14，16，19，24，27，35，36，41，48，50，56，57，59	36.42
拒绝、否认	23，26，28，34，38，39，45，47	11.47
惩罚、严厉	13，17，43，51，52，53，55，58，62	11.13
偏爱被试者	3，8，32，64，65	9.99

❖ **实践训练**

感 恩 父 母

1. 活动目的：

(1) 让学生加深对自己父母的了解，感激父母的养育之恩。

(2) 让学生把感恩意识融入自己的日常生活中。

2. 活动时间：25分钟左右。

3. 活动道具：歌曲《感恩的心》，每个同学一份我所了解的父母问卷。

4. 活动场地：以室内为宜。

5. 活动程序：

(1) 给学生五分钟的时间，让学生填写下面的空白处：

(播放背景音乐《感恩的心》)

我所了解的父母问卷

爸爸生日：_____	妈妈生日：_____
爸爸最喜欢吃的食品：_____	妈妈最喜欢吃的食品：_____
爸爸所穿鞋子的尺码：_____	妈妈所穿鞋子的尺码：_____
爸爸的兴趣爱好：_____	妈妈的兴趣爱好：_____
爸爸年轻时的理想：_____	妈妈年轻时的理想：_____
爸爸最得意的一件事：_____	妈妈最得意的一件事：_____
爸爸最后悔的一件事：_____	妈妈最后悔的一件事：_____
爸爸的最大优点：_____	妈妈的最大优点：_____
爸爸对我的期望：_____	妈妈对我的期望：_____

(2) 学生填写完后，让一部分同学起来分享他对父母的了解。

6. 注意事项：

(1) 如果条件允许，最好请几位学生家长亲临现场，与自己的子女互动，效果会更好。

(2) 在游戏分享的时候，一定要向学生说明要本着真诚认真的态度。有的同学不知道自己父母的生日，又害怕同桌或周围的同学看不起自己，个别同学觉得是自己家的隐私问题，不愿意回答，此时主持人就不要强求学生回答。

🤔 **课后思考**

1. 家庭结构的类型有哪几种？

2. 影响大学生心理健康的家庭因素有哪些？

3. 如何建立和谐的家庭关系？

项目十 大学生心理危机与危机干预

项目要点

- 大学生心理危机的类型
- 大学生心理危机的基本表现和特点
- 心理危机的识别方法及常见的心理疾病
- 自杀行为的识别与有效干预

学习目标

通过本项目的学习了解心理危机的含义、类型、表现和特点，能有效地识别大学阶段的心理危机和常见的心理疾病，能判别自杀行为并对其进行初步干预。

案例导入

小王，某高职院校一年级女生，入学3个月后，该生所在班级学生干部反映她与室友、同学关系紧张，常常旷课，不参与任何班级活动，没有稳定的朋友圈，辅导员曾多次与她单独谈话。根据小王个人陈述，她感到自己学习能力不足，对周围的事情都没有兴趣，目前的生活很空虚，基本上无法与周围人正常交流，与同寝室的同学时常吵闹，人际关系紧张，缺少生活目标，感到非常痛苦。小王希望自己能快点摆脱这种苦恼，但又找不到方法。某天晚上，班干部向辅导员反映小王与室友发生了激烈争吵后跑出寝室，凌晨两点仍然未归。辅导员立即联系小王，得知她因感到内心痛苦，不想再回寝室，在学校附近跑步。经过劝解，小王回到寝室休息。第二天清晨，辅导员将情况报告所在系领导，并对寝室纠纷进行了调查。后经过三次心理咨询，效果比较明显，在有效缓解小王内心痛苦的情况下，辅导员要求班干部密切关注小王的心理状态。

近年来，有关大学生自杀、伤人、杀人等社会事件在国内媒体报道中屡见不鲜，如药家鑫事件、杨元元事件、复旦大学投毒案等，给这些大学生自身和他人造成了莫大痛苦。逝者已矣，留给人们的除了伤痛，还有警示，生命是个体发展的前提与基础，没有生命，一切都失去了可能。正确识别大学生心理危机，及时采取干预措施关注学生健康，是大学生健康发展的需要。构建和完善大学生心理问题高危人群预警机制，对于防止自杀或伤害他人事件的发生，及早发现、及时预防和有效干预心理问题是非常重要且有必要的。

第一节　　大学生心理危机问题概述

作为一个特殊群体，大学生的心理具有青年中期的许多特点，但又不完全等同于社会上的青年。大学生的心理是否健康，需要多方面、多角度地进行甄别，而如何甄别心理危机、如何度过心理危机，都是需要学习的。

一、心理危机的含义

心理危机是指面临突然或重大的生活事件如亲人亡故、突发威胁生命的疾病、灾难等，个体既不能回避又无法用常用的方法来解决问题时所出现的心理失调。某一事件是否会成为心理危机，有三个影响因素：① 个体对事件发生意义的认识及其对自己将来影响的评价；② 个体是否拥有一个能够为自己提供帮助的社会支持系统；③ 个体是否能获得有效的应对机制，也就是个体能否从过去的经验中获得解决问题的有效方法，如哭泣、愤怒、向他人倾诉等。由于个体在这三个方面可能存在着较大的差异，因此，相同的事件不一定对每个人都构成危机。

人在什么时候会出现心理危机呢？生活中发生一些重大事件如亲人死亡、婚姻破裂、恋爱失败、学业受挫等，平时的应对方法不能解决时，人们就会出现心理危机，严重的话还可能出现自杀倾向。

二、心理危机的身心反应

个体面对危机时会产生一系列的身心反应，这些反应通常会持续6～8周。危机反应主要表现在生理、情绪、认知和行为等方面。

1. 生理方面

常出现肠胃不适、腹泻、食欲下降、头痛、疲乏、失眠、做噩梦、容易受惊吓、感觉呼吸困难或窒息、哽塞感、肌肉紧张等。

2. 情绪方面

常出现害怕、焦虑、恐惧、怀疑、沮丧、忧郁、悲伤、易怒、绝望、无助、麻木、否认、孤独、紧张、不安、愤怒、烦躁、过分敏感或警觉、无法放松、持续担忧、担心家人健康、害怕染病、害怕死去等。

3. 认知方面

常出现注意力不集中、缺乏自信、无法做决定，健忘、效能降低、不能把思想从危机事件上转移等。

4. 行为方面

常出现反复洗手、反复消毒、社交退缩、逃避与疏离、不敢出门、害怕见人、暴饮暴食、容易自责或怪罪他人、不易信任他人等。

三、大学生心理危机

（一）大学生心理危机的概念

大学生心理危机是指大学生个体或群体的心理能力不足以应对困难情境时所产生的可能对自身、他人或者社会造成严重危害的短暂性、紧急性心理失衡状态。

大学生产生心理危机的原因有很多，但主要是因为心理能力不足和遇到了困难情境。有效及时的危机干预对大学生来说是非常必要的，否则会对个体、他人或者社会造成危害。大学生心理危机的主要表现是短暂的心理失衡状态。

大学生正处在世界观、人生观、价值观形成的关键时期，随着自我意识的觉醒，其对于一些人生重要且根本问题的思考，如人生的目的、意义、价值、责任等，往往会导致个人内心的冲突和焦虑。大学生在认识自我和追寻生活意义的过程中会出现诸多心理矛盾，如果这些矛盾不能得到化解，就可能出现心理危机。要对大学生心理危机进行有效预防和干预，就必须制定有针对性的措施，从而促进其思想道德素质、科学文化素质和身心健康素质的协调发展。

（二）大学生心理危机的种类

按照引起大学生心理危机的原因，可以将大学生心理危机划分为发展型心理危机、境遇型心理危机、学习压力型心理危机、恋爱情感型心理危机、人际关系型心理危机、经济压力型心理危机、就业压力型心理危机等。

1. 发展型心理危机

发展型心理危机又称为适应型心理危机，是大学生在正常成长和发展过程中，面对急剧的变化或转变所产生的异常反应，如新环境下产生的学习危机、人际关系危机等。对于刚进入大学的新生来说，首先要完成从高中生到大学生的角色转换，适应大学环境是他们面临的首要问题。由于大学的管理与高中的管理有较大区别，因此需要大学生有较强的自我教育、自我管理和自我服务能力。每年大学开学期间，总有一些新生适应不良，他们自理能力较差，缺乏独立决策的能力，严重者会引发适应不良症。环境适应得不好，很容易引起厌学、人际关系紧张等问题，因此，环境适应差是引发大学新生心理危机的主要原因之一。这些危机是大学生生命中必须要经历的重大转折点，每一次发展型心理危机的成功解决，都是大学生走向成熟和完善的阶梯。

2. 境遇型心理危机

境遇型心理危机是指大学生因无法承受由突如其来、无法预料和难以控制的自然灾害或人为事件所带来的影响和压力，而产生的心理危机。近年来，部分地区发生的洪水、地震、内涝、泥石流等自然灾害以及学生个人及家人在灾害中受到的影响和伤害，往往会对大学生心理产生严重的影响，致使其产生心理危机，甚至出现继发性伤害事件。生活中的突发事件，如亲友去世、父母感情破裂、家庭破产、偶像幻灭、遭遇身体或财产的侵害等，随机性强，当事大学生没有心理准备，一旦发生，心理上的无助感和挫折感便十分强烈，非常容易爆发心理危机。

3. 学习压力型心理危机

学业成绩是家长、老师、同学、社会、用人单位对学生进行评价的主要依据，是大学生非常看重的成果。大学的学习内容多、信息量大，教学方法有别于高中，一些专业课的学习与高中成绩关联度不大，这些因素容易导致部分学生难以掌握大学的学习方法，从而影响学业成绩。一方面，大学同学的入学成绩较接近，同学间的学习竞争基本上要重新开始，大学成绩的好坏取决于每个人的努力程度；大学各专业的课程普遍较多，还有外语、计算机等过级的硬性要求，不少大学生感到学习压力很大。另一方面，因为就业的要求，大学生除了完成较重的必修学业之外，还要参加各种资格考试和等级考试；部分大学生对专业的不适应和排斥，也会造成学业上的巨大压力。这些学习上的压力往往使大学生长期处于身心疲惫状态，容易引发心理危机。

4. 恋爱情感型心理危机

大学生处于青年期，生理发育基本成熟，普遍具有欣赏和追求异性的心理。随着相关法律法规的认同，当代大学对于大学生恋爱的态度也越来越宽容。目前，高校大学生谈恋爱的现象非常普遍，如果感情和学业之间的关系处理得当，恋爱会促使两人相互监督、共同进步和提高。然而，有的大学生心理发展还不成熟，缺乏情感经验，无法处理好复杂的情感纠葛，一旦出现感情挫折（如遭遇倾慕异性的拒绝，恋爱过程中的分手，不慎的性行为，恋爱与学业、事业之间的冲突等），就容易陷入由恋爱引发的心理危机之中。

5. 人际关系型心理危机

当代大学生独生子女较多，成长环境相对封闭，在人际交往中常表现出个性缺陷。许多独生子女从小一直是家长和老师眼中的佼佼者，常以自我为中心，缺乏与人沟通的能力，缺少交往中必需的宽容、热情、信任和技巧，这一点在进入大学后的集体生活中暴露无遗，寝室关系紧张是大学生心理危机爆发的导火索。缺乏交往能力还表现在大学生容易出现骄傲、不懂得欣赏他人的优点等方面，这使得大学生在人际交往中缺乏主动性，同学之间的"心墙"越垒越高。除了与同学的关系紧张外，在与老师、家人或其他社会成员的交往中，大学生也常常感受到挫折。在碰到人际关系挫折后，他们往往表现出脆弱、抗挫折能力差的特点，没有勇气面对，更没有能力解决，很容易出现无所适从的心理，进而产生心理危机。

6. 经济压力型心理危机

目前，子女的教育费用，特别是高等教育的费用，已经成为家庭的重要消费支出。对于收入较低的农村家庭、城市低保户等经济困难的家庭来说，负担一名甚至多名大学生上学是巨大的压力，许多家庭因此背上了沉重的债务负担。近年来，国家出台的相关奖、助、贷、勤、免、补六位一体的资助政策，在一定程度上解决了大学生学费的问题，然而，日益上涨的生活费是经济困难家庭大学生面临的难题。虽然部分学生可以通过兼职收入在一定程度上缓解经济压力，但没能找到兼职的学生，在巨大的经济压力面前就容易感到无助和自卑，从而产生巨大的心理压力。生活在同一群体中的大学生，来自不同条件的家庭，具有不同的消费能力和消费习惯，家庭条件差的学生就容易羡慕家庭条件好、消费水平高的学生。有的学生还盲目攀比，甚至产生嫉妒心理，参与"校园贷"，给自己造成了不必要的经济压力，形成严重的心理负担。也有大学生以高消费来赢得恋人欢心，让自己背上了沉重的经济负担。

7. 就业压力型心理危机

当前大学生普遍存在着对前程的担忧，他们不知道毕业后该干什么、能干什么，感到前途渺茫，担心找不到好的工作，辜负父母的期望，甚至担心失业。高等教育的大众化和社会竞争的加剧，使大学生早已不再是"天之骄子"，他们几乎从一上大学起就在为就业做准备。这种就业压力一直伴随着大学生的整个大学生活，已经成为其面临的最大心理应激源，是大学生陷入心理危机的最主要原因。就业压力型心理危机还表现在求职过程中，一方面，用人单位对大学生的知识结构、社会实践、综合素质的要求越来越高；另一方面，高校毕业生的就业择业期望也越来越高，就业地大都倾向于大城市，不愿到艰苦地区磨炼自己，再加上就业领域存在的个别不正之风，致使不同家庭背景、地域条件、性别的大学生遭受到区别对待，在就业过程中，部分难以就业或与就业预期差距较大的学生容易产生心理危机。

上述分类是根据大学生心理危机产生的主要原因来划分的，大学生心理危机的产生也可能是几种甚至是多种因素综合造成的。我们在区分其类型、把握其特点、寻找针对性干预措施时应该注意区分，并抓住主要原因。

（三）大学生心理危机的特点

1. 存在性与发展性并存

大学生的年龄一般在 18～24 岁之间，尽管他们在生理上大多已经成熟，但在心理发展方面，却远未达到真正的成熟。大学生普遍存在的心理发展不平衡，是其心理危机发生的重要原因。一方面，大学生在心理发展中的自我意识逐步增强，总认为自己已经是成年人，强烈要求社会把他们当作成年人看待，而社会也多以生理标准来看待大学生，完全视他们为成年人，提出了超出其心理发展水平的社会要求，致使其承受着难以承担的心理压力，甚至形成心理问题，进而诱发心理危机。另一方面，大学生在生理与心理发展方面的不平衡，社会发展要求与大学生心理发展实际水平之间的矛盾，也容易导致大学生出现心理危机，这体现出大学生心理危机的发展性特点。

2. 潜伏性与突发性并存

大学生心理危机在爆发之前，往往有一个较长的潜伏期。在这个时期内，大学生的心理会出现一定程度的问题，并逐步累积、不断发展，有的还会在一定程度上影响到个体行为。但是这些心理问题程度较轻，不容易被发现，也没有表现出严重的危害性。随着心理问题的不断累积，影响大学生心理危机的各种环境、条件的进一步聚集，导致大学生心理危机的应激事件的出现，大学生心理危机才最终爆发。从心理问题出现到心理危机的最终爆发这个较长的潜伏期，即为大学生心理危机的潜伏性。这个时期是特别值得关注的，如果能早发现、早干预心理问题，将其消灭在萌芽阶段，就能避免大学生心理危机的爆发。大学生心理危机总给人以突发性感觉，但在看到大学生心理危机突发性的同时，也一定要高度重视其潜伏性。

3. 危害性与机遇性并存

当前针对大学生心理危机的研究，更多关注的是自杀或者致他人死亡的危害，而对其破坏社会公共系统的事件述及较少。事实上,大学生心理危机对社会公共系统的危害是不可忽视的。大学生心理危机虽然具有潜伏性的特点,但是通过一定的方法和手段可以对其进行识别,并进行有效干预。正确、及时和有效的干预,常常能使大学生的心理危机得到有效化解,而不至于形成危害性后果。如果不能进行及时有效的干预,大学生的心理危机就会造成严重的社会危害。因此,各相关部门应当把握机遇,防止大学生心理危机及其危害的发生。

第二节　大学生心理危机的识别

青少年所处的年龄阶段是危机经常发生的阶段,因为青年期是从稳定的儿童期走向稳定的成年期的过渡时期。大学生是青年中的一部分,会面临很多危机。一是发展性危机,二是境遇性危机,三是存在性危机。这些客观存在的危机,每个人在探索自我、探索人生时都会遇到。

心理危机不是哪一类人的专利,人人都有可能遭遇心理危机,原因可能是某一种角色没有了,某一种关系丧失了,某一种经验上的失败,比如考试不及格、遭受拒绝等。当我们承受着来自外界的压力、困扰时,每个人的心理都会不同程度地受到影响。

心理危机常常是比较严重的状态。从心理困扰一直到精神障碍,可以分为很多层次,一些轻的困扰,调节一下,或者寻求一些专业的帮助就可以化解,但如果不去寻求帮助,又不能自主解决,久而久之就可能会变成越来越严重的问题,甚至使人产生自杀的念头。

一、心理危机的识别

心理危机是可以识别的,主要表现在生理上、情绪上、认知上和行为上。生理方面表现为肠胃不适、食欲下降、腹泻、做噩梦、头痛、失眠、肌肉紧张、容易受惊吓等;情绪方面表现为经常感到害怕、焦虑、恐惧、沮丧、过分敏感和警觉等;认知方面表现为健忘、注意力不集中、缺乏自信心、精神萎靡等;行为方面表现为不信任他人、不敢出门、容易自责或怪罪他人等。因此,家长和老师应该正确理解心理危机,并积极关注和识别处于危机状态中的大学生,更好地为大学生的健康成长服务。

(一)把握心理危机多发时期

校园心理危机多发于新生适应期和考试期等关键时期。大学新生身处陌生的环境,面对陌生的同学和老师,再加上无法适应学习内容的难度或老师的授课方式,导致学习成绩下降或优越感丧失,便为其校园心理危机埋下了隐患。在考试时期,大学生如果对考试存在不合理的认知或考试失败,引起痛苦的情感体验,就极有可能造成不同程度的心理危机。另外,毕业期也是危机多发期,因为毕业离校意味着人生的转折,面临着别离,极有可能造成感情危机、人际关系危机等。

(二)关注心理危机多发群体

1. 家庭经济条件较差的学生

家庭的期望和经济的压力可能会使经济条件较差的学生背上沉重的心理包袱,同学之间的比较又可能会引发其自卑心理,打破他们的心理平衡,致使其出现心理危机。

2. 出现严重疾病的学生

心理学研究发现,急性、慢性疾病患者的心理反应有以下比较明显的表现:一是焦虑。病人会感到紧张、忧虑、不安,严重者还会感到大祸临头。二是恐惧。病人会对自身的疾病产生不同程度的恐惧感,轻者感到担心和忧虑,重者感到惊恐不安。三是抑郁。心理压力可导致病人情绪低落、悲观绝望,对外界事物不感兴趣,言语减少,不愿与人交往,不思饮食,严重者还会出现自杀行为。四是性格改变。例如,总是责怪医生未精心治疗,埋怨家庭未尽心照料等,故意挑剔或常因小事而勃然大怒。而且,他们对躯体方面的微小变化颇为敏感,常提出不切实际的治疗方案或照顾要求,由此导致医患关系及家庭内部人际关系的紧张或恶化。因此,患病学生也是心理危机的多发群体。

3. 受到各种伤害的学生

近年来,遭受"校园贷""网络营销"诈骗的学生出现心理危机的事时有发生。另外,女大学生被高校男老师性骚扰、性侵的事件也不时见于各类媒体,令纯净的大学校园蒙羞,为潜心育人的高校老师群体蒙上了一层阴影。关注受到侵害和伤害的大学生,防止他们出现心理危机,应成为高校心理健康教育的重点之一。

4. 缺乏社会支持系统的学生

缺乏社会支持系统的学生也容易出现心理危机,如因父母离异或长期冲突而遭受家庭暴力的学生,在校人际关系较差或人际交往能力缺失的学生,在家里感受不到父母的关爱、在学校没有朋友、经常独来独往的学生等,他们遇到危机事件时,更容易崩溃。

▶ 延伸阅读

社会支持系统

"社会支持系统"也称为"社会关系网",是20世纪70年代提出来的心理学专业词汇,即个人在自己的社会关系网络中所能获得的、来自他人的物质和精神上的帮助和支援。

社会支持从性质上可以分为两类:一类为客观的、可见的或实际的支持,包括物质上的直接援助以及社会网络、团体关系的存在和参与,后者是指稳定(如家庭、婚姻、朋友、同事等)或不稳定的社会联系(如非正式团体、暂时性的社会交际等)规模的大小和可获得程度。这类支持独立于个体感受,是客观存在的现实。另一类为主观体验到的情感上的支持,即个体在社会中受尊重、被支持、被理解的情感体验和满意程度,与个体的主观感受密切相关。有学者将其分别命名为社会支持的可利用度和自我感觉到的社会关系适合程度,以便用来评定被试者可获得的社会支持大小。

二、大学生心理危机的表现

从宏观方面来看,心理障碍、生理疾患、学习和就业压力、情感挫折、自我期望值过高、学习遇到挫折后产生的失落感和心理落差、经济压力、家庭变故和周边生活环境等诸多因素,都会导致大学生心理危机的产生。抑郁心理、孤僻性格、自卑心理,抑郁症、精神分裂等精神疾病,是引起心理危机、导致自杀等极端行为的主要原因。抑郁心理与孤僻性格往往与人格发展、早期经历不良等因素有关；自卑心理往往与自身缺陷、自我期望值过高或过低等因素有关；而抑郁症和精神分裂是心理问题已经出现危机，并且随时随地都有可能做出极端行为。

从微观方面来看，当一个人处在心理危机状态时，他会有一些言语、情绪、行为的表现。识别大学生个体心理危机时，可以从以下四个方面来判断。

1. 情绪反应

情绪反应方面表现为：情绪不稳定，容易流泪、抑郁，也容易被激怒或者过分依赖；明显不愿意和别人交往，有点逃避他人，显得孤僻、孤单，常无缘无故地生气、跟人作对；甚至产生酒精或毒品成瘾的问题，造成大脑受损或者行为紊乱。

2. 认知反应

认知反应方面表现为：直接表露自己处于抑郁痛苦、无望或者无价值感中，用语言表达出活得没有意思，总觉得自己运气不好，身心沉浸于悲痛之中，导致记忆和知觉改变。难以区分事物的异同，有时害怕自己发狂，体验事物间的关系时含糊不清，做决定和解决问题的能力受限，但危机得到解决后就可迅速恢复知觉。

3. 行为改变

行为改变方面表现为：上课无故缺席，成绩陡然下降，不能专心学习；个人卫生习惯改变，女生不注重梳妆打扮，男生不修边幅；回避他人或以特殊的方式使自己不孤单；丢弃或损坏个人平时十分珍视的物品；中断与社会的联系；出现针对自己或周围人、物的破坏性行为；拒绝帮助，认为接受帮助是软弱无力的表现；行为和思维情感不一致，出现过去没有的非典型行为。

4. 躯体反应

睡眠是人身心健康的第一关口。睡眠出现问题的表现为早起或者入睡困难、睡眠浅表、多梦等。如果一个人处在心理危机状态，只要能踏踏实实地睡觉，问题就不会太大，但如果连续一周失眠，白天没有精神，就要引起注意了。人处于心理危机状态时，还会伴有头晕、胃部不适、体重明显增加或降低、时常感觉疲劳等症状，但去医院又检查不出病因。

当大学生有了上述的反应或者变化时，辅导员老师应给予高度关注，并联系学校心理老师，或者安排学生前往学校的心理咨询中心甄别。

三、大学生心理危机的识别方法

1. 行为观察法

行为观察法就是直接在自然情境中观察相关学生的行为跟平时有什么不同。如果跟平时差不多，就没有什么问题；如果一些行为发生的频率出现异常，就可能是心理出现了问题。比如一个人一天去几次厕所，基本上是有规律的，如果突然有一段时间，他总是往厕所跑，甚至夜里也要去五六次，那么他的身心肯定出现了问题。因为一般来讲，人的消化系统和泌尿系统是非常敏感的，出现心理危机时，常常会出现尿频和拉肚子的现象。

2. 面谈诊断法

看到有的同学、同事、亲友最近情绪比较低落，可以主动关心他，但在关心帮助别人的时候，要考虑到受助者的感受。比如，在帮助经济困难学生时，如果只是简单地说"你有什么需要帮助的尽管说，我帮你"，会让别人很不舒服。可以尝试换一种说法："最近我看你好像挺沉闷的，是不是发生了什么事情？我能为你做点什么吗？"这样说，能让他感觉到你很关心他，因为如果你不关心他，就观察不到他的变化，进而传递出一种关心和陪伴的情谊。

3. 心理健康普查法

可以运用 UPI（University Personality Inventory，大学生人格量表）和 SCL－90（症状自评量表）等一些诊断心理问题、评估心理健康的量表，对大学生进行心理普查。近年来针对"新生适应综合征"的研究表明，大一新生出现环境适应不良的原因，主要是没能很好地完成由高中阶段向大学阶段的转变。经历高考重压之后刚刚踏入大学的新生，一方面渴望拥有充足的课余时间去参与各类社团活动锻炼自己；另一方面，又缺乏良好的时间管理能力，导致过多的活动安排影响到了自己正常的生活和学习，以致诱发心理危机。

四、判断正常与异常心理的三原则

判断正常与异常心理是一个比较复杂的问题，因为正常心理和异常心理没有明确的界限，正常人在某个时期也会有异常心理活动，精神病人哪怕在最严重时也会有正常的心理活动。近年来，国内外不少心理学家为正确地区分正常心理和异常心理，研发了不少测验工具和量表，并应用现代化的仪器去处理数据，使心理测量有了很大进步。但是，由于人的心理活动极其复杂，简单的量表测得的结果只能起到参考作用，判断一个人心理是否异常及异常的程度，主要还得靠认真细致的观察。

1. 主客观是否一致

主要是观察其心理活动与外界环境的协调性。正常情况下，一个人的心理及受它支配的情感和行为，应与外界协调一致，不应发生矛盾和冲突，他的言谈、举止和行为应该能够让正常的人理解。比如，一位同学在班级里唱一支歌曲，可能会引起大家的掌声，但如果在一个会议上突然引吭高歌，则会引起人们的惊讶。我们说前者为正常心理，后者为异常心理，因为它和外界环境不协调。

2. 知、情、意是否统一

主要是观察其心理活动与情感和行为的一致性。一个人的心理活动应与受它支配的情感和行为是一致的，人们常说的"人逢喜事精神爽，闷来肠愁盹睡多""酒逢知己千杯少，话不投机半句多"都说明了这种一致性。比如，一位同学面带笑容地讲述他的不幸遭遇时，我们会说他对痛苦的事件缺乏相应的内心体验。知觉、情感、意向不协调，也是一种异常心理。

3. 人格是否相对稳定

主要是观察当事人心理活动的相对稳定性。一个人受到遗传因素、家庭教育以及环境的影响，在现实中有比较稳定的态度和行为模式，这就是人的性格特点，它相对稳定。如果一个人几年来一直少言寡语，却突然变得话多而爱交往，给人一种判若两人的感觉，就很可能是心理出现了异常。

五、一般心理问题的识别

一般心理问题也称心理失衡，是正常心理活动中的局部异常状态，不存在心理状态的病理性变化，具有明显的偶发性和暂时性，常与一定的情景相联系，常由一定的情景诱发，一旦脱离该情景，个体的心理活动则完全恢复正常。

1. 一般心理问题具有特定的情景性

正常心理活动中的过度反应尽管也有明显的情景性，如第一次登台表演、第一次驾车外出时的过度紧张等，但这种情景性是极其广泛的，因为第一次遇到某种情景时由于无经验可言，心理上可能会因为准备不足而出现过度反应。正常心理活动中的过度反应也能因某种情景的反复出现、不断适应而逐步缓解乃至消除，如经常登台演出、经常驾车外出，则必定习以为常而不再出现过度紧张反应。但一般心理问题作为心理异常的一种表现则不然，即一般心理问题仅由特定的情景所诱发，在其他情景中不会出现。例如，学生考试情景中的过度紧张反应（心悸、手抖、冒冷汗等）只出现在考试情景中，在其他即使是第一次出现的情景中也不会产生如此强烈的心理反应。

2. 一般心理问题具有偶发性和暂时性

一般心理问题并不是经常出现，也不是持续出现的，只有在为数不多的特定情景的刺激下才会发生，而在其他情景中则不会出现，即具有某种一般心理问题的人，在大多数非特定情景里并不会表现出心理异常。例如，对考试具有过度紧张反应的学生，在其他正常学习的时间里，往往是一个心理健康的人。同时，一般心理问题也不稳定，大部分会自行缓解甚至矫正，但也有一些会累积、演变而发展成其他更为严重的心理异常。例如，对考试情景的过度紧张反应，就会因自我心理调整不当而演变为考试恐惧症。

3. 一般心理问题不存在心理状态的病理性变化

一般心理问题是轻微的心理异常，是正常心理活动中的局部异常状态，不存在因精神活动损害而伴随的自制力和定向力缺损、智力迟滞、情感淡漠、病态幻觉、妄想以及各种程度的意识水平降低和丧失等病理变化。也就是说，一般心理问题不存在心理活动和心理状态的病理性变化，不存在明显异于常人的各种病理性精神症状。这是它区别于其他类型心理异常的最显著的标志之一。

六、常见异常精神障碍的识别

大学生中常见的心理问题，大多是成长中的一般问题，通过自身的调节，朋友、家长及老师的帮助，通常都可以顺利解决。但也存在着极少数较严重的心理障碍，甚至是心理疾病，如精神病性障碍、心境障碍、神经症性障碍、反应性精神障碍、人格障碍、心理生理障碍等，这些精神疾病在很大程度上影响了大学生的身心健康，严重阻碍了其成长、成才和发展。特别是患有重度精神疾病的学生，对自身和他人都存在着极大的破坏性，是校园潜在的危险和危机。大学生及学生工作者必须学会识别这些精神疾病，做到及早识别、及早治疗，防患于未然。

（一）精神病性障碍

精神病性障碍是一类严重的心理障碍，大多数患者在患病期间对自己的异常心理表现完全丧失自我辨认能力，不承认自己有病，当然也就不会主动就医。有些精神病是由躯体疾病引起的，如传染病、中毒、外伤及其他严重躯体病引起的精神异常。在这种情况下，心理症状是整个躯体疾病临床表现的一部分，躯体疾病治好了，心理症状也会随之减轻或消失。这类障碍需要精神科和相应的内、外科医生共同处治，通常不会求助于心理咨询医生。另一些精神病如精神分裂症等，患者没有躯体疾病基础，其真正的病因至今还不清楚，需要专业的精神科医生来研究和诊治，不是心理咨询的服务对象。常见的精神病性障碍有如下几种。

1. 精神分裂症

精神分裂症为最常见的一种精神病，约占精神病院住院患者的 60%，患病率在我国为 0.1%～0.3%。长期随访结果表明，41% 的精神分裂症患者各种能力显著衰退或仅有部分工作生活能力，痊愈者仅占 26%，可见其危害性之大。精神分裂症的病因、发病机制迄今尚不清楚，虽有各种假设，但未被公认，一般认为与遗传有关，但其并非遗传性疾病，仅有遗传素质与倾向。

本症的主要临床表现是患者的思想情感和行为不同程度地与现实环境脱离，沉醉于自己的病态体验中，对外界事物的情感反应有淡漠甚至倒错或歪曲的现象；意向减退，行为懒散。多数患者在发病后相当长的时期内，还可以和别人保持交往，但有些表现正常人难以理解。早期常有关系妄想、被害妄想或幻觉。这些症状常使患者做出各种怪异行为。一旦发病，便逐步发展、加剧，自发缓解的极为少见。

本症常见的类型有：① 青春型，以显著的思维、情感及行为障碍为主要表现，典型的表现是思维散漫、思维破裂，情感、行为反应幼稚，可能伴有片段的幻觉、妄想；部分患者可以表现为本能活动亢进，如食欲、性欲增强等；② 偏执型，最常见的一种类型，以幻觉、妄想为主要临床表现；③ 紧张型，以紧张综合征为主要表现，患者可以表现为紧张性木僵、蜡样屈曲、刻板言行以及不协调性精神运动性兴奋、冲动行为；④ 单纯型，治疗进展缓慢，预后极差。治疗方面，各种抗精神病药物均可选用，应力争早期治疗，做到长期随访服药。

2. 偏执性精神病

偏执性精神病又称妄想性精神病，是以妄想为中心的一组精神疾病，属于内因性精神病范畴。除妄想外，人格常保持完整，并有一定的工作及社会适应能力。偏执性精神病，临床上主要分为偏执狂及类偏狂性精神病。

偏执狂性精神病患者具有不可动摇的、固定的系统性妄想，慢性演进，具有不易缓解的"持久性"。其妄想发展逐渐完整，从而自成体系，若不了解这些情况，会误认其人格结构完整，故很容易被蒙蔽。偏执狂性精神病患者可能对妄想对象实施暴力伤害，因此带有一定的社会危害性。患者无幻觉，难于治疗，必要时应长期收容疗养。

类偏狂性精神病也是以妄想为主，一般可伴有幻觉（以幻听、幻触为多见），但妄想结构不如偏执狂紧密，系统化程度较弱，人格也较完整，可保持一定的工作和生活能力。如果还有精神分裂症的基本症状，则属于精神分裂症妄想型；如果有明显精神因素，且因素消除后能较快缓解，则属于反应性类偏狂。

要将偏执性精神病与正常的猜疑区别开来。猜疑有一定的客观依据，或有可以理解的原因，经分析解释后通常不再坚持。偏执性精神病的发病年龄较晚。

3. 反应性精神病

反应性精神病又名应激性精神病，指的是一组由严重或持久的精神创伤所引起的精神障碍，这种精神创伤是超强度的急性刺激，或强度虽一般但持续时间较久。精神创伤是发生精神疾病的主要诱因，而且与临床症状密切相关，一旦精神因素消除，精神症状也随之消失。病前的人格多属情绪不稳定型。

反应性精神病根据起病缓急分为急性与慢性两大类。其临床表现围绕发病因素，有明显的紧张、恐惧、焦虑、抑郁等情绪障碍，有与所经历事件相关的不太荒诞离奇的妄想和幻听、幻视等，言语增多或沉默。急性发病者有轻度意识障碍且举止呆木。本症患者不论起病缓急、病程长短，预后一般良好，甚至不治自愈，部分残留神经症症状。

4. 器质性精神病与症状性精神病

器质性精神病分为两类，一类指原发于脑部的精神疾病，另一类为继发于除脑以外的躯体疾病的精神疾病。现在习惯上把器质性精神病特指脑器质性精神障碍，而把躯体疾病伴发精神障碍者，称为症状性精神病。当然，这个分类是相对的，随着科学的发展，越来越多的精神障碍被发现有器质性改变，最后必然导致"功能性障碍"的诊断范围缩小。

脑器质性精神障碍可由于脑部炎症、寄生虫、梅毒、肿瘤、脑血管病、脑外伤及脑变性病引起。其临床症状可分为急、亚急及缓慢三种，如脑炎引起者起病急，而脑肿瘤引起者一般起病较缓，但还需根据病变部位而定。患者主要有意识模糊、遗忘及痴呆等症状。前两者多见于起病之初，后者则是疾病的慢性表现。由于神经受损，常有神经系统损害的体征或有脑电图、CT、气脑检查的阳性发现。

症状性精神病的病因范围极广，内分泌紊乱、营养代谢不良及除脑部以外的各脏器疾病等均可引起。其临床表现中以谵妄等意识障碍为最重要、最常见，也有部分表现为各种神经症症状与精神病性精神症状，以及类精神分裂症、类躁郁症等。

器质性精神病与症状性精神病的诊断与鉴别，主要依靠病史、体格检查、神经系统检查（包括脑电图、CT等）和仔细观察。

（二）心境障碍

心境障碍又称情感障碍，是以明显而持久的心境高涨或低落为主的一组精神障碍，并伴有相应的思维和行为改变，大多数患者有反复发作的倾向。

同心境高涨一起出现的症状有思维奔逸和精神运动性兴奋，故称"三高症状"，有时会出现易激惹、自负自傲、行为莽撞等症状。这些症状表现持续一周以上，考虑为躁狂发作或躁狂症。

同心境低落一起出现的症状有思维缓慢、语言动作减少和迟缓，故称"三低症状"，往往伴有失眠、乏力、食欲不振、工作效率低和内感性不适（精神运动性抑制）。这些症状持续两周以上，称为抑郁发作，也常称为抑郁障碍或抑郁症。

心境障碍患者的抑郁或躁狂程度、症状组合形式有很大的差异，从极其轻微的心境波动至精神病性症状的出现都可见到。心境障碍的临床表现有以下几类。

1. 躁狂发作

躁狂发作可分为轻型躁狂症、无精神病性症状躁狂症、有精神病性症状躁狂症、复发性躁狂症等几种类型。

2. 双相障碍

本病的特点是心境高涨和低落反复（至少两次）出现。心境和活动水平明显紊乱，有时表现为心境高涨，精力和活动增加（躁狂发作）；有时表现为心境低落，精力降低和活动减少（抑郁发作）。发作间期通常以完全缓解为特征。

3. 抑郁发作

抑郁发作以心境低落为主，与其处境不相称，可以从闷闷不乐到悲痛欲绝，甚至发生木僵。严重者可出现幻觉、妄想等精神病性症状。某些病例的焦虑与精神运动性激越关联显著。包括轻型抑郁症、无精神病性症状抑郁症、有精神病性症状抑郁症、复发性抑郁症四种类型。

4. 持续性心境障碍

本类障碍表现为持续性，并常伴有心境的起伏，每次发作极少严重到足以描述为轻躁狂，甚至不足以达到轻度抑郁。但它一次常持续数年，有时甚至占据个体一生中的大部分时间，因而会造成相当程度的主观痛苦和功能残缺，主要包括环性心境障碍（反复出现心境高涨或低落）和恶劣心境障碍（持续出现心境低落）两种类型。

（三）神经症性障碍

神经症，旧称神经官能症，是一组精神障碍的总称。它们没有精神病性障碍，主要表现为烦恼、紧张、焦虑、恐惧、强迫症状、疑病症状或神经衰弱症状等，病前多有一定的素质和人格基础，起病常与心理社会因素有关。其症状无确定的器质性病变基础，依主要临床表现，可区分为以下若干类型。

1. 恐怖症

恐怖症又称恐怖性焦虑障碍，是一种以过分和不合理地惧怕外界客体或处境为主的神经症。患者会对某些情境、场合产生不必要的恐惧心情，不能自控地想要尽量回避，不但别人认为难于理解、全无必要，有时本人也知道这是不切实际、不合情理的，但却不能摆脱，甚为苦恼。患者采取回避行为时，会伴有焦虑症状和自主神经功能障碍一类的心理障碍。

恐怖症主要分为三种类型：一是场所恐怖。最初这一名称被用来描述对广场感到恐惧的综合征，目前已不限于广场，还包括对人群拥挤场合、商店、剧院、车厢或机舱等感到恐惧，也包括害怕空旷的地方、害怕离家或独自一人在家。二是社交恐怖。常起病于少年，表现为害怕被人审视、回避社交情境等。如在公共场所吃饭、讲话或与异性交谈时感到紧张不安，害怕被人观看、注视。三是特定恐怖。指由特殊物体或情境引起的不合理焦虑，如接近某些动物、登高、打雷、身处黑暗中、出血、接触到某些疾病时，等等，特定恐怖以儿童常见。

2. 焦虑症

焦虑症是一种内心紧张不安，预感到似乎将要发生某种不利情况而又难于应付的不愉快情绪，主要分为惊恐障碍和广泛性焦虑症两种类型。焦虑症与恐怖症不同，恐怖症发生在面临危险时，而焦虑症发生在危险或不利情况来临之前。

（1）惊恐障碍。

惊恐障碍的基本特征是反复发作的严重焦虑（惊恐发作），且发作不限于某一特殊情境或特殊场合，因而难以预料。主要症状因人而异，但常有突发的心悸、胸闷、窒息感和眩晕感。几乎所有惊恐发作的患者都会出现对死亡的恐惧，或害怕失去控制，害怕发疯。部分患者有出冷汗、手抖、站立不稳的症状。

（2）广泛性焦虑症。

广泛性焦虑症的基本特征为广泛和持续的焦虑，表现为缺乏明确对象和具体内容的提心吊胆和紧张不安。除了焦虑心情外，还有显著的自主神经症状和肌肉紧张以及运动性不安。

3. 强迫性障碍

强迫性障碍是以不由自主地反复出现某一观念、意向和行为为临床特征的一组心理障碍，简称"强迫症"。强迫症的特点是有意识的自我强迫和自我反强迫同时存在，二者的尖锐冲突使患者感到焦虑和痛苦，患者体验到强迫观念或冲动来源于自我且违反他的意愿，遂极力抵抗和排斥，但无法控制，即患者认识到强迫症状是异常的，但无法摆脱。病程迁延的强迫可表现为仪式化动作为主而精神痛苦显著减轻，但此时患者的社会功能严重受损。临床上根据其表现，大体可将强迫症划分为强迫思想及强迫行为两类。

（1）以强迫思想为主的临床相：包括强迫观念、强迫回忆、强迫表象、强迫性对立观念、强迫性穷思竭虑、强迫性害怕丧失自控能力等。

（2）以强迫动作为主的临床相：表现为反复洗涤、反复核对检查、反复询问或其他反复的仪式化动作等。

4. 躯体形式障碍

躯体形式障碍的主要特征是患者反复陈述躯体症状，不断要求给予医学检查，无视反复检查的阴性结果，不管医生关于其症状并无躯体疾病基础的再三保证。患者有时会有某种躯体障碍，但并不能解释其症状的性质和程度，不能解释患者的痛苦与先占观念。

躯体形式障碍包括躯体化障碍、疑病症、躯体形式的自主神经功能失调和持续的躯体形式的疼痛障碍等。

（1）躯体化障碍：一种以多种多样、经常变化的躯体症状为主的神经症。

（2）疑病症：突出表现为对自身健康状况过多关切，有各种主观症状，但各种检查均不足以证明其有任何器质性疾病，也未发现这些主观症状的躯体原因。医生的解释不能消除其疑虑。

（3）躯体形式的自主神经功能失调：患者表现出的症状似乎是由自主神经支配的器官或系统的躯体障碍所致，最常见的情况是心血管、呼吸和胃肠道症状，但并无有关器官和系统存在躯体疾病的证据。

（4）持续的躯体形式的疼痛障碍：精神性疼痛、心因性背痛或头痛以及其他与情绪冲突有关的躯体形式的疼痛可归入此类。伴有持久、严重、令人痛苦的疼痛，却又不能用生理过程或躯体障碍完全加以解释，是这类障碍的突出表现。

5. 神经衰弱

神经衰弱的主要临床表现是与精神易兴奋相联系的精神易疲劳，心情紧张、烦恼和易激惹等情绪症状，以及肌肉紧张性疼痛和睡眠障碍等生理功能紊乱症状。

神经衰弱的主要临床表现有：① 精神疲乏、注意力难集中、效率减低等衰弱症状；② 回忆及联想增多且控制不住、对声光敏感的兴奋症状；③ 易烦恼、易激惹的情绪症状；④ 紧张性疼痛；⑤ 入睡困难、多梦、易醒等睡眠障碍。

（四）反应性精神障碍及癔症

1. 反应性精神障碍

反应性精神障碍又称应激相关障碍，是一组主要由心理、社会（环境）因素引起的异常心理反应导致的精神障碍。决定本组疾病精神障碍发生发展的因素有：① 生活事件和生活处境，如剧烈的超强精神创伤或生活事件、持续困难处境等；② 社会文化背景；③ 人格特点、受教育程度、智力水平及生活态度和信念等。

反应性精神障碍包括急性应激障碍、创伤后应激障碍、适应障碍。

（1）急性应激障碍。

急性应激障碍以急剧、严重的精神打击为直接原因，在受刺激后立刻（1小时之内）发病。表现为强烈恐惧体验的精神运动性兴奋，行为有一定的盲目性，或者为精神运动性抑制，甚至木僵。如果应激源消除，症状往往历时较短，通常在5个月内缓解，预后良好，能够完全缓解。

（2）创伤后应激障碍。

创伤后应激障碍是由异乎寻常的威胁性或灾难性心理创伤导致的延迟出现和长期持续的精神障碍。主要表现为反复发生的创伤性体验重现、梦境，或面临与刺激相似或有关的境遇时，感到痛苦和不由自主地反复回想；持续的警觉性增高；持续的回避；对创伤性经历的选择性遗忘。

（3）适应障碍。

适应障碍是因长期存在应激源或困难处境，加上患者有一定的人格缺陷，而产生的以烦恼、抑郁等情感障碍为主、以适应不良的行为障碍或生理功能障碍为辅的精神障碍，并使患者的社会功能受损。应激因素消除后，症状持续一般不超过6个月。

适应不良的行为障碍有退缩、不注意卫生、生活无规律等；生理功能障碍有睡眠不好、食欲不振等。

2. 癔症

癔症是一种以解离症状和转换症状为主的精神障碍，这些症状没有可证实的器质性病变基础。癔症的起病常受心理、社会（环境）因素影响，常见于青年期和更年期，女性较多。

癔症的解离症状是指部分或完全丧失对自我身份的识别和对过去的记忆；转换症状是指在遭遇无法解决的问题和冲突时所产生的不快心情，以转化成躯体症状的方式出现。

（五）人格障碍

人格障碍是指人格特征明显偏离正常，使患者形成了一贯的反映个人生活风格和人际关系的异常行为模式。这种模式显著偏离特定的文化背景和一般认知方式（尤其在待人接物方面），明显影响其社会功能与职业功能，造成对社会环境的适应不良，患者为此感到痛苦，并已具有临床意义。患者虽然无智能障碍，但适应不良的行为模式难以矫正，仅少数患者在成年后可有程度上的改善。此病通常开始于童年期或青少年期，并长期持续发展至成年或终生。

人格障碍患者的个人内心体验与行为特征在整体上与其文化所期望和接受的范围明显偏离，且这种偏离是广泛、稳定和长期的，表现为对人和事物的感知及解释即认知的异常偏离；情感反应的异常偏离；控制冲动及对满足个人需要的异常偏离；人际关系的异常偏离。考虑人格障碍，须明确症状开始于童年后少年期，现年18岁以上，至少已持续2年。

临床常见的人格障碍有：① 偏执性人格障碍，以猜疑和偏执为特点；② 分裂性人格障碍，以观念、行为、外貌装饰的奇特，情感冷漠，人际关系明显缺陷为特点；③ 反社会性人格障碍，以行为不符合社会规范，经常违法乱纪，对人冷酷无情为特点；④ 冲动性人格障碍，以阵发性情感爆发、伴明显冲动性行为为特点，又称攻击性人格障碍；⑤ 表演性人格障碍，又称为癔症性人格障碍，以过分感情用事或夸张言行以吸引他人注意为特点；⑥ 强迫性人格障碍，以过分要求严格与完美无缺为特点；⑦ 其他类型，如依赖性人格障碍、焦虑性人格障碍等。焦虑性人格障碍的特点是一贯感到紧张、提心吊胆、不安全和自卑，总是需要被人喜欢和接纳，对拒绝和批评过分敏感，因习惯性地夸大日常处境中的潜在危险，所以有回避某些活动的倾向。依赖性人格障碍特征是依赖、不能独立解决问题，怕被人遗弃，常感到自己无助、无能和缺乏精力。

（六）心理生理障碍

心理生理障碍又称心理因素相关生理障碍，是指一组与心理社会因素有关的以进食、睡眠及性行为异常为主的精神障碍，包括进食障碍、睡眠障碍、性功能障碍。

1. 进食障碍

进食障碍是一组以进食行为异常为主的精神障碍，主要包括神经性厌食、神经性贪食及神经性呕吐。

（1）神经性厌食是一种多见于青少年女性的进食行为异常，特征为故意限制饮食，以使体重降至明显低于正常标准，并为此采取过度运动、引吐、导泻等非正常方法。

（2）神经性贪食也是一种进食障碍，特征为反复发作和不可抗拒的摄食欲望及暴食行为，患者有担心发胖的恐惧心理，常采取引吐、导泻、禁食等方法来消除贪食引起的发胖。神经性贪食可与神经性厌食交替出现，两者具有相似的病理心理机制及性别、年龄分布。

（3）神经性呕吐是指一组以自发或故意诱发反复呕吐为特征的精神障碍，呕吐物为刚吃过的食物。

2. 睡眠障碍

睡眠障碍是指由各种心理社会因素引起的非器质性睡眠与觉醒障碍，包括失眠症、嗜睡症和某些发作性睡眠异常情况，如睡行症、夜惊、梦魇等。

（1）失眠症以失眠为主，其他症状均继发于失眠，包括难以入睡、睡眠不深，易醒、多梦、早醒、醒后不易再睡、醒后不适感、疲乏，或白天困倦。失眠可引起患者焦虑、抑郁或恐惧的心理，并导致精神活动效率下降，妨碍社会功能。

（2）嗜睡症指白天睡眠过多，且不是由于睡眠不足、药物、酒精、躯体疾病所致，也不是某种精神障碍（如神经衰弱、抑郁症）症状的一部分。

3. 性功能障碍

性功能障碍是指一组与心理社会因素密切相关的性功能异常，常见为性欲减退、阳痿、性高潮障碍、早泄、阴道痉挛、性交疼痛等。

（1）性欲减退是指成年人持续存在的性兴趣和性活动降低，甚至丧失的状态。

（2）阳痿指成年男性有性欲，但难以产生或维持满意的性交所需要的阴茎勃起状态，如性交时阴茎不能勃起或勃起不充分或历时短暂，以致不能插入阴道，但在手淫时、睡梦中、早晨醒来时可以勃起。

（3）性高潮障碍指持续地发生性交时缺乏性高潮的体验，女性较常见，男性往往同时伴有不射精或射精显著延迟。

（4）早泄指持续地发生性交时射精过早导致性交不满意，或阴茎未插入阴道时就射精。

（5）阴道痉挛指性交时阴道肌肉强烈收缩，致使阴茎插入困难或引起疼痛。

（6）性交疼痛指性交引起男性或女性生殖器疼痛，且这种情况不是由于局部病变，也不是由于阴道干燥或阴道痉挛引起的。

第三节　自杀行为的识别与干预

随着年龄和阅历的增长，很多人反而有了越来越多的困惑，对生活越来越失去热情。自杀行为在大学生中越来越常见了。如何识别自杀征兆？觉察到自杀征兆时该如何应对？了解这些可以使我们给有需要的人提供及时的帮助。

一、自杀行为概述

1. 自杀的含义

自杀是指个体在复杂心理活动的作用下，蓄意或自愿采取各种手段结束自己生命的行为。

2. 自杀的类型

心理学上常把自杀分为情绪性自杀和理智性自杀两类。

（1）情绪性自杀。

情绪性自杀是由爆发性的情绪状态，如委屈、悔恨、内疚、羞愧、烦躁和赌气等引起的自杀。此类自杀进程比较迅速，发展期短，甚至呈现刹那发生的特征。这种类型的自杀只能当场进行阻止。

（2）理智性自杀。

理智性自杀是指个体在对自己的人生进行了充分的评价和体验、判断和推理后，逐渐萌发自杀的意向，并且有目的、有计划地选择自杀措施。这类自杀的进程比较缓慢，发展期长，可以在发现征兆时给予有效干预。

二、容易诱发自杀的因素

1. 抑郁

抑郁症状及自我封闭同时出现被称为青少年自杀的前兆。许多调查表明，四分之三的自杀青少年有多项抑郁症状，许多患有严重抑郁症。患抑郁症的女孩通常表现为退缩、沉默、沮丧及不活动，男孩有毁灭性及攻击性行为的倾向，以争取老师及父母的注意力。攻击性通常导致孤独，孤独也是诱发自杀的危险因素。

虽然抑郁症状常见于自杀者，但抑郁并非自杀未遂或自杀的绝对诱因。青少年可以在没有抑郁症状的情况下自杀；也可以出现抑郁症状，但并不自杀。

2. 焦虑

研究表明，焦虑症状与自杀行为是有关系的。男性自杀未遂与焦虑症状明显相关，女性相关性则不明显。

3. 精神疾病

虽然青少年患严重精神疾病如精神分裂症和狂躁抑郁症的人数较少，但一旦患上，其自杀危险系数极高。

4. 自杀未遂史

无论有无上述症状，曾有一次或多次自杀未遂史都是重要的自杀危险因素。最近的负性生活事件也是自杀行为的重要诱因。

5. 伤害性事件

脆弱的青年人易把轻微的冲突理解成具有伤害性的事件，从而诱发焦虑等过度反应。他们把常见的冲突看作是有损人格尊严的严重事件。主要的伤害事件包括：家庭变故；与朋友同学绝交；自己敬爱的人或对自己有重要意义的人死亡；恋爱关系破裂；与他人的纷争及权益丧失；发生违法违纪事件；受到同伴的排斥、孤立；受人欺负或迫害；学习成绩不理想或考试失败；考试期间承受过大压力；失业或经济问题；堕胎；患艾滋病或其他性传播疾病；重病；自然灾害，等等。

三、识别自杀的征兆

1. 言语上的征兆

如直接向人说"我想死""我不想活了"；间接向人说"我所有的问题马上就要结束了""现在没有人可以帮助我""没有我，他们会过得更好""我再也受不了了""我的生活毫无意义"；谈论与自杀有关的事或开自杀方面的玩笑；谈论自杀计划，包括自杀方法、日期和地点；流露出无助或无望的心情；突然与亲朋告别；谈论一些可行的自杀方法。

2. 行为上的征兆

出现突然的、明显的行为改变，如中断与他人交往或出现很危险的行为；明显减少与其生活中的重要人物的交流；有抑郁的表现；将自己珍贵的东西送人；有条理地安排后事；频繁出现意外事故；饮酒或吸烟的量增大等。

此外，以下的行为线索也很重要，包括：① 退缩和独处明显增加；② 出现失眠症状且很持久；③ 食欲不振；④ 工作或学习成绩下降；⑤ 强烈的自卑感和羞耻感等。

3. 其他征兆

其他征兆包括对周围的人诉说或在日记、绘画中表现出来想死的念头；情绪性格明显反常，焦虑不安，无故哭泣；抑郁状态，失眠；个人卫生习惯的改变（肮脏）；回避与人接触，与集体不融洽或过分注意别人；行为明显改变，对生活麻木冷漠的人像突然变了一个人似的，敏感又热情；无故送东西、送礼物给亲人或同学；无理由地向他人道谢或致歉；对学习失去兴趣、无故缺课、迟到早退。

四、如何帮助有自杀征兆的人

1. 表达关心与理解

向他表达你的理解和关心，同理他的心情，接纳他的感受，避免责备怪罪，询问他目前的困难以及困难带来的影响。如果看到身边有同学、同事、亲友最近好像情绪比较低落，可以主动关心他："最近你不怎么爱说话了，挺不开心的，能否告诉我是咋回事？不知道你遇到什么事情了，我可以为你做点什么吗？"当然在帮助别人的时候，也要考虑受助者的感受。因为一般人都不喜欢那种居高临下的帮助，有时候过了头的热情和帮助，反而让当事人觉得自己很无能。帮助别人时不是要代替他做什么，而是要让他看到自己的能力，去彰显他的力量。另外，在关心别人的时候尽量不要用肯定的语气，要用虚拟语气，要给对方和自己一个台阶，这样可以让人感觉舒服一些。

例如，有人要自杀，都站在楼顶边儿上了，马上就要跳了。如果你说："不要自杀，最蠢、最自私、最不负责的人才自杀"，或者说"要想想对不对得起爸妈啊"等，只会让他觉得这个世界上根本没人理解他。当一个人觉得自己不被理解的时候，通常是受到了责备、指责或者是被人喋喋不休地讲道理的时候。

一个试图自杀的人，最需要的是理解、关怀和希望，所以你可以跟他说："我知道你站在那儿是万不得已的选择，一定发生了什么事情让你很痛苦。要不谁想走这一步啊？"这在专业心理咨询中叫同理心。要设身处地地为当事人着想，不要公开跟试图自杀的人理论并劝告他停止自杀，因为这是很危险的做法，可能会导致悲剧的发生。

2. 多听少说

要更多地让当事人说，因为他说是一种倾诉，是一个自我整理的过程。如果他沉浸在自己的痛苦中，你说再多的话他也一句都听不进去，只能让他觉得你跟他距离很远，所以要少说多听，尤其不要教导。

3. 开放式提问

提问时要用开放式问题，例如，"发生了什么？你感觉怎么样？"要有耐心，不要因为他不容易与你交谈就轻言放弃，因为有时沉默以后会出现重要的信息。遇到当事人很伤心、痛苦的时候，你也可以试着什么都不说，只静静地陪在他身边，因为陪伴是有力量的。

4. 允许流泪

要允许他流泪，允许他表达，不要担心他会出现强烈的情绪反应，如果真的出现反而是好事。如果他大哭也没关系，释放完了以后他就会感到痛快和轻松，所以不要担心。这时千万不要跟他说不要哭，因为哭是一种治疗手段，哭能减轻压力。

5. 不批判

发现一个人有自杀的念头时，不要先批判他，而要先接纳他。这时候不要试图改变他内心的感受，不要试图改变他的观点，千万不要跟他辩论。

6. 给予希望

给予希望，让他知道面临的困境能够有所改变，不是完全无能为力的。

7. 不刻意回避

可以跟他谈论自杀。例如，可以问他"你有没有想过死？"如果他说想过，就接着问他"你是怎么想的？"这样你可以多了解他心里的想法。不要怕问这个问题，有时刻意回避反而可能错过一些机会。但不要这样问："你没有自杀的想法，是吧？"

8. 认真对待

相信他们说的话。当他们说要自杀时，应认真对待，宁可信其有，不可信其无，要及时跟辅导员或心理咨询中心联系，决不排斥或试图否认任何自杀念头的"合理性"。当有人谈到自杀时，绝不能把这一问题看作是"操纵性的"或并不是真的想自杀。如果这样做，处于危机中的人会真切地感受到这种排斥或谴责，这是很不明智的。

9. 不承诺保密

如果发现一个人有自杀倾向，不要承诺你会对此保守秘密。你可以跟他说，在你看来他的生命比任何东西都重要，你无法做出不跟别人说的承诺。

10. 避免独处

如果发现一个人有自杀的念头，或有自杀的行为，一定不能让他独处，要把他马上监管起来。这个监管并不是说要剥夺他的自由，而是一种保护。

▶ 延伸阅读

如何面对有自杀倾向的人？

面对有自杀倾向的人时，有一个"三要原则"：第一要倾听；第二要建立关系；第三要针对自杀者寻找他实施自杀的各种可能性，即他计划在什么时间、什么地点、以什么方式自杀，这些都要尽可能多地了解。

此外，还有一个"九不原则"：不要说不能自杀；不能认为要自杀很幼稚；不要说其实自杀者并不敢真的自杀；不要说自杀者的问题很快就会得到解决；不要跟自杀者讨价还价；不要对自杀者所说的事情表示震惊；不要答应自杀者你做不到的事情；不要讨论死得值不值这类问题；不要让自杀者感到孤单，因为每个人都渴望被别人理解、尊重、欣赏、称赞、支持、关怀，这是人性最根本的需要。

同时，还有一个"十二不要"原则：

（1）不要恐慌。

（2）不要单独一人应对。

（3）不要因过多怀疑而耽误时机。

（4）不要让大众媒体过度宣传报道。

（5）不要对求助者求全责备或说教。

（6）不要对求助者及其选择和行为提出批评。

（7）不要与其讨论自杀的是非对错。

（8）不要被求助者告诉你的关于他的危机已经过去的话所误导。

（9）不要否定求助者的自杀意念。

（10）不要将求助者一个人留下，不去观察他，不与其取得联系。

（11）不要因周围的人或事而转移目标。

（12）不要把过去或现在的自杀行为说成是光荣的、殉情的、荣誉的，或将其神化。

五、对自杀的误解

对于自杀，人们普遍存在着大量的误解，主要有以下几个方面。

（1）与可能自杀的人讨论自杀将诱导其自杀。

事实上通常可以和可能自杀的人讨论自杀，与一个想自杀的人讨论自杀，可能使其产生信任的感觉，能够帮助他们正确处理一些重大问题，并缓解他们的压力，使其愿意花时间重新获得自我调控能力。

（2）威胁别人说要自杀的人不会真正自杀。

事实上许多自杀身亡者曾经威胁过别人，或者对他人公开过自己的自杀想法。

（3）自杀是一种不合理的行为。

事实上从自杀者的角度看，几乎所有采取自杀行动的人都有充分的理由。

（4）自杀者有精神疾病。

事实上仅有小部分自杀未遂者或自杀成功者患有精神疾病。

（5）想要自杀的人是真的想死。

事实上很多人并不想死，他们只是想要逃离那个令人无法忍受的境遇，大部分有过自杀念头的人现在都很高兴他们还活着。他们说当时自己并不是想要结束生命，只是想终止痛苦。

（6）自杀有遗传倾向。

事实上自杀倾向没有遗传性，它是习得的或者是情境性的。

（7）想过一次自杀，就会总是想自杀。

事实上大部分人只是在他一生中的某个时候产生过自杀倾向，在这段时间里，他们要么克服这种想法，要么寻求帮助，要么死亡。如果他们能够从短时的威胁中恢复过来，学会适应与控制，就会使自己的生活丰富多彩。

（8）一个人自杀未遂后，自杀威胁可能解除。

事实上自杀最危险的时候可能是情绪高涨时期，因此当想自杀的人严重抑郁后变得情绪活跃时，就是一个危险的迹象，即在抑郁或者自杀未遂后出现"欣然"期。

（9）分享财产说明其病情可能已好转。

一个想自杀的人开始表现慷慨并和他人分享个人财产，并不表明这个人有好转和恢复的迹象。事实上大多数想自杀者只有在情绪好转后才有精力开始制订计划，安排他们的财产，而这种个人财产的安排有时类似于遗愿或遗嘱。

（10）自杀是一时冲动。

自杀并不总是一种冲动行为。事实上有些自杀是冲动为之的，另一些则是在仔细考虑之后才实行的。

心理危机人人都会有，没有什么可怕的。一般来讲，大部分人的危机在4～6周内可以解决。如果真的发生了个人难以应对的危机，就要找同学、朋友倾诉，找专业的心理医师诊治。同学、朋友若发现了这种情况，则要主动热情地接近这些人，帮助他们摆脱危机。

知识拓展10

课后拓展

❖ 心理测试

生命观测试

【测试说明】请你仔细阅读以下测试题，符合你情况的打"√"，不符合你情况的打"×"。

1. 在我生命中，我感到一种无以名状的失落感。 （ ）
2. 我觉得在我的生命中缺乏真正的意义和目标，而我也需要找到它。 （ ）
3. 生命的奥秘迷惑着我，并使我感到不安。 （ ）
4. 在我的人生中，有一般强大的驱动力，促使我去寻找自我。 （ ）
5. 我发觉有个强而有力的目标在指引着我。 （ ）
6. 我感到在生命中缺乏一件值得去做的工作。 （ ）
7. 我觉得有决心去完成某些超凡脱俗的事。 （ ）
8. 真正的爱永不褪色。 （ ）
9. 假如人要获得快乐，他必须以自我为中心。 （ ）
10. 苦难是对我性格力量的考验。 （ ）
11. 只有经历苦难，才会变成完整的人。 （ ）
12. 经历苦难的人必有后福。 （ ）
13. 我选择职业时，很重视该职业的声望。 （ ）
14. 假如一个病人遭遇苦难、濒临死亡，医生应该帮助病人安乐死。 （ ）
15. 苦难有助于人了解真正的人生意义。 （ ）
16. 关于死亡，我毫无准备，并感到害怕。 （ ）
17. 关于自杀，我曾经慎重考虑过，并认为这是一种解脱之道。 （ ）
18. 在经历苦难之后，我变得更能体谅别人。 （ ）
19. 死亡是生命的结束，再也没有其他意义。 （ ）
20. 将来有一天会死的事实，使我整个人生变得毫无意义。 （ ）
21. 我预期我的未来会比过去更有希望。 （ ）
22. 我已经找到一个满意的生命目的。 （ ）
23. 我生命中所发生的事，我能做决定。 （ ）
24. 生命的意义存在于我们的周围世界。 （ ）
25. 我觉得有需要为我的生命制定清晰的目标。 （ ）

26. 对死亡的自觉，使我觉得生命一刻比一刻重要。　　　　　　　　（　　）

27. 我决心使我的未来有意义。　　　　　　　　　　　　　　　　（　　）

28. 我生命的成就，大部分决定于我的努力程度。　　　　　　　　　（　　）

29. 新奇变化的事物吸引着我。　　　　　　　　　　　　　　　　　（　　）

30. 每个人都应为他自己的生命负责。　　　　　　　　　　　　　　（　　）

31. 我以极大的期待心盼望着未来。　　　　　　　　　　　　　　　（　　）

32. 我能依照我想过的方式生活。　　　　　　　　　　　　　　　　（　　）

33. 我很关心如何过一种有意义的生活。　　　　　　　　　　　　　（　　）

34. 基本上来说，我正过着一种我喜欢的生活。　　　　　　　　　　（　　）

35. 我目前的生活是我与未来的希望紧密相连的。　　　　　　　　　（　　）

36. 我正在追寻生活中令人兴奋的事物。　　　　　　　　　　　　　（　　）

37. 我时常觉得烦躁无聊。　　　　　　　　　　　　　　　　　　　（　　）

38. 生命对我而言，似乎是非常机械化的。　　　　　　　　　　　　（　　）

39. 对于生活，我有很明确的目标和计划。　　　　　　　　　　　　（　　）

40. 我个人的存在对生活是非常有意义的。　　　　　　　　　　　　（　　）

41. 每天的生活总是千篇一律。　　　　　　　　　　　　　　　　　（　　）

42. 如果可以选择，我宁愿没有出生。　　　　　　　　　　　　　　（　　）

43. 退休之后，我愿意无所事事地度过余生。　　　　　　　　　　　（　　）

44. 对于寻求生命的目的，我不断取得进展而终得圆满。　　　　　　（　　）

45. 我的生命充满兴奋美好之事。　　　　　　　　　　　　　　　　（　　）

46. 假如我今天就去世，我会觉得我的生命毫无价值可言。　　　　　（　　）

47. 想到我的生命时，我常不懂我活着的理由。　　　　　　　　　　（　　）

48. 每当我注视世界与我的关系时，这世界使我迷惑不解。　　　　　（　　）

49. 我是一个非常有责任感的人。　　　　　　　　　　　　　　　　（　　）

50. 关于人为自己做决定的自由，我相信人是完全被传统环境所限制的。（　　）

51. 对于寻求生命的意义、目标和使命，我是很有这种能力的。　　　（　　）

52. 我的生命受外界因素的影响，我不能控制。　　　　　　　　　　（　　）

53. 我发现人生并无任何目的与使命。　　　　　　　　　　　　　　（　　）

【计分方法】4、5、7、8、10、11、12、13、15、18、21、22、23、24、25、26、27、28、29、30、31、32、33、34、35、36、39、40、44、45、49、51题打"√"的得1分，打"×"的不得分。1、2、3、6、9、14、16、17、19、20、37、38、41、42、43、46、47、48、50、52、53题打"×"的得1分，打"√"的不得分。

【测试结果】将得分相加，得分大于等于40分，表明你对生活充满希望和信心；得分25～39分，表明你对生活有轻度无望感；得分小于25分，表明你对生活有重度无望感，甚至有自杀意愿，建议立即寻求心理援助。

❖ 实践训练

洞口求生

1. 活动目的：明确自己生命的重要性以及对他人重要性的珍视，思考人生的价值。

2. 活动时间：约 25 分钟。

3. 活动程序：

（1）把班级成员分成 5～6 个人一组。每组围圈坐下，尽量缩短相互之间的距离，留个出口，为增强气氛可以拉上窗帘，关上灯，出口最好靠近门或窗。

（2）老师介绍情景：有一群学生到郊外旅游，不巧遇到泥石流倾泻，全部被困在几米深的地下，只有一个出口，而出口随时都有倒塌的危险，谁先出去就有生的希望。请每个人说出自己求生的目的及将来可能对社会做出的贡献，然后大家一起协商表决第一个出洞的人，并排出次序。

（3）全体同学一起讨论活动过程及自己的感受。

4. 注意事项：

游戏过程中，同学们要认真体会生命的重要性，要能够对生命有热爱与珍惜之情，发现生命的美。

课后思考

1. 大学生心理危机的表现有哪几种？

2. 如何正确识别大学生存在心理危机？

3. 如何对有自杀征兆的人进行心理疏导？

参考文献

[1] 宁维卫. 大学生心理健康教育[M]. 北京：高等教育出版社，2022.

[2] 杨小丽，孙宏伟. 大学生心理健康教育[M]. 3版. 北京：科学出版社，2020.

[3] 俞国良. 大学生心理健康[M]. 2版. 北京：北京师范大学出版社，2023.

[4] 杨世昌. 大学生心理健康教程[M]. 4版. 北京：中国科技出版传媒股份有限公司，2022.

[5] 唐颖彦，胡燕. 大学生心理健康教育[M]. 北京：清华大学出版社，2023.

[6] 王祖莉，简洁. 大学生心理健康教育[M]. 北京：北京理工大学出版社，2023.

[7] 刘新民. 大学生心理健康的维护与调适[M]. 4版. 合肥：中国科学技术大学出版社，2020.

[8] 冉威，简冬秋. 大学生心理健康教育[M]. 北京：科学出版社，2021.

[9] 黄希庭，郑涌. 大学生心理健康教育[M]. 3版. 上海：华东师范大学出版社，2020.

[10] 赵新作. 大学生心理健康教育的理论与实践研究[M]. 天津：天津社会科学院出版社，2022.

[11] 王刚，曹菊琴. 大学生心理健康教育[M]. 北京：北京理工大学出版社，2020.

[12] 路晓英，孙锋. 大学生心理健康教育[M]. 天津：天津科学技术出版社，2019.

[13] 张敏生，谭娟晖. 大学生心理健康教育与训练[M]. 北京：北京师范大学出版社，2022.